# 民俗传统与现代生活

## （第 2 版）

# Folklore Tradition and Modern Life

主 编 王彦章

副主编 张云霞 王德民

U0736987

合肥工业大学出版社

# 内 容 提 要

民俗作为一种无处不在的社会事象,是人民群众在社会生活中世代传承、相沿成习的生活模式,是一个社会群体在语言、行为和心理上的集体习惯。民俗与生活紧密地融合在一起,成为人们生活习惯的重要组成部分,表现为生活化的模式和模式化的生活;反过来,民俗也影响、约束着人们的生活,培养、塑造一代代人按照某种模式而生活,从而起着文化保存的重要作用。本书通过对传统民俗的挖掘,以民俗的独特视角,生动展示传统社会到现代社会过渡过程中人们生活的深刻变迁,有助于加深对历史文化和基本国情的认识,增强民族自信心和自豪感,开阔视野、优化知识结构,培养新时代大学生的人文精神及全面发展的综合素质。

## 目 录
## CONTENTS

# 绪 论 ◀

老北京民俗风情

　　著名画家马海方先生独创"老北京风情人物画"，用画笔表现一种京味文化，回溯一种生活方式，体会一种人生五味，堪称雅俗共赏的典范。这组画原名《老北京风情四帧》，分别为"天桥旧景抖空竹图""京城戏迷图""老北京小吃卖茶汤图""磨剪子磨刀抢菜刀"，生动展示了老北京人的民俗活动与世态风情。

　　现代生活的许多方面与传统社会的思维方式、道德准则、行为方式等密切相关，其中民俗对中国人产生的影响可谓至深且巨。民俗在社会生活中几乎无处不在，包括衣食住行等生活习俗、游牧农耕等生产习俗、婚丧嫁娶等人生仪礼。以婚嫁习俗为例，中国古代汉族婚姻讲究"六礼古习"，每一程序包含着丰富的内涵；少数民族婚俗异彩纷呈，云南石屏县彝族"成婚三年，落居夫家"的"花腰新娘"、川滇交界处泸沽湖畔纳西族的"阿注婚"等都别具民族风情与地方特色。

## 一、从风俗到民俗

俗话说"十里不同风，百里不同俗"。不同的地域、民族、时代，其取信方式、审美标准、相处之道表现出极大的差异："故胡人弹骨，越人契臂，中国歃血也，所由各异，其于信，一也。三苗髽首，羌人括领，中国冠笄，越人劗鬋，其于服，一也。帝颛顼之法，妇人不辟男子于路者，拂之于四达之衢；今之国都，男女切踦，肩摩于道，其于俗，一也。"① 各个地方的饮食习俗也大不相同："东南之人食水产，西北之人食陆畜。食水产者，龟蛤螺蚌以为珍味，不觉其腥臊也。食陆畜者，狸兔鼠雀以为珍味，不觉其膻焦也。"② "海南人食鱼虾，北人厌其腥；塞北人食乳酪，南人恶其膻；河北人食胡葱、蒜、薤，江南人畏其辛辣而身不自觉。此皆水土积习，不能强同。"③ 为什么不同的地方会出现差异较大的风俗？有学者指出："风者，气也；俗者，习也。土地水泉，气有缓急，声有高下，谓之风焉；人居此地，习以成性，谓之俗焉。"④ 简而言之，"风"是指因自然条件的不同而造成的行为规范的差异，"俗"则为社会文化差异造成的行为规范的差异。风俗是人们日常生活中反复出现、相沿成习，被一个地区或民族共同遵守的生活方式和思考方式。对这些现象和方式进行研究，找出根源，分清优劣，并引导人们走向更高的文明，这就是民俗学。

"民俗"一词在我国史籍中出现得较早："故君民者，章好以示民俗"⑤；"楚民俗好庳车，王以为庳车不便马，欲下令使高之"⑥；"乐者，所以变民风，化民俗也"⑦；"古之欲正世调天下者，必先观国政，料事务，察民俗"⑧。"民俗"一词虽然被较早使用，但其含义与"风俗""习俗""民风""谣俗"等并没有多大区别，都是指民俗事象，还没有上升为一种理论高度。就这些词语的使用频率而言，大致经历了由"风"而"俗"、由"风俗"而"民俗"的演变过程，其含义并未发生太大变化。把风俗称为民俗，强调的是它具有民间自发而成、又在民间广泛存在的性质，以区别于宫廷的典章制度和达官贵人的官场礼仪排场。

民俗即民间风俗，是在一个国家或民族的广大民众中传承的社会文化传统，是被民众所创造、享用和传承的生活文化。民俗起源于人类社会群体生活的需

---

① 刘安：《淮南子·齐俗训》。
② 张华：《博物志》卷3。
③ 王士性：《广志绎》卷1。
④ 刘昼：《新论·风俗》。
⑤ 《礼记·缁衣》。
⑥ 司马迁：《史记》卷119，中华书局1959年版，第3100页。
⑦ 班固：《汉书》卷56，中华书局1962年版，第2499页。
⑧ 管仲：《管子·正世》。

要，在特定的民族、时代和地域中不断形成、扩布和演变，为民众的日常生活服务。民俗一旦形成，就成为规范人们行为、语言和心理的一种基本力量，同时也是民众习得、传承和积累文化创造成果的一种重要方式。民俗学是研究民间风俗习惯的一门学问，它告诉我们祖宗生活的历史，也分析民俗在现代社会中的形态和功能等。作为一门学问发展，它和民俗现象的发展有联系，但不是一回事。例如，古脊椎动物消失了，但研究古脊椎动物的学问还照样存在。

一个地方之所以与其他地方不同，表现出不同于其他地方的特点，主要是靠风俗来体现的。总体而言，北方人性情豪爽，解决问题爽快利落；南方人性情平和，处理矛盾和风细雨。北方人以面食为主，饮食比较粗糙；南方人以米食为主，饮食较为精致。北方人多肉少汤，南方人则少肉多汤。北方人唱戏锣鼓喧天，南方人唱戏却抑扬顿挫。我国疆域辽阔，民族众多，各民族、各地区的人们因地制宜，创造了自己的生活方式，形成了各自的民俗习惯。按照不同的生产形态，我国大致可分为四种民俗文化区，它们分别是：长江流域的水稻种植文化区，以米为贵，以糕为美食；黄河流域的麦黍文化区，以小麦为贵，以水饺、面条、馍馍等为美食；北方的森林草原畜牧区，以奶制品为贵，以乳酪肉食、奶茶油茶为美食；沿海和湖泊的渔业文化区，以鲜猛鱼虾为贵，以水产品为美食。由饮食习惯和生产方式形成了人际交往的礼数、仪式，构成具有鲜明特色的民俗习惯。

**中国的民俗文化区及其饮食特色**

| 民俗文化区 | 饮食特色 |
| --- | --- |
| 长江流域的水稻种植文化区 | 以米为贵，以糕为美食 |
| 黄河流域的麦黍文化区 | 以小麦为贵，以水饺、面条、馍馍为美食 |
| 北方的森林草原畜牧文化区 | 以奶制品为贵，以乳酪肉食、奶茶油茶为美食 |
| 沿海和湖泊的渔业文化区 | 以鲜猛鱼虾为贵，以水产品为美食 |

所以，一个有教养、有礼貌的人，从来都是虚心地了解该地的习惯，不先入为主地划分优劣，更不以己代人地贬低对方的习俗。这方面，中国古代的先哲们有很好的榜样，"入竟而问禁，入国而问俗，入门而问讳"[1]，"入其国者从其俗，入其家者避其讳"[2]，文化圣哲孔子也强调"每事问"。国外也有一句类似的谚语"When in Rome do as the Romans do"。所有这些都表现出一种尊重他人、虚怀若谷的风度。这就要求我们先了解，然后加以考察，理解其成因，并

---

[1] 《礼记·曲礼上》。

[2] 刘安：《淮南子·齐俗训》。

在充分尊重其科学成分的基础上，因势利导，革其陋、倡其新。对于长期以来的风俗民情进行梳理，保留其进步科学的部分，摒弃其愚陋有害的部分，使整个民族的素质得以提高，使一个地区的生活方式得到完善，以适应历史的进步和时代的要求。仅仅在中国境内，尚会因风俗的差异而形成诸多问题，世界五大洲文化风俗千姿百态，就更加需要加强理解。因而我们应当了解世界民俗的差异，尊重各民族人民的文化创造和风俗习惯，主张各国人民不分肤色、信仰、种族，共同拥有一个地球村，反对以一种文化压制其他的文化，更不能以自己的习俗为天赋优越而蔑视甚至诋毁别的民族的风俗。

1846 年，英国考古学家汤姆斯（W. J. Thoms）将撒克逊语之"Folk"和"Lore"合二为一创造出新词"Folklore"（"民众知识""民众学问"之意）。但是，汤姆斯提出的"Folklore"具有"民俗"与"民俗学"双重含义。"folk"意为民众；"lore"意为知识与研究。他认为，民俗是"在普通人们中流传的传统信仰、传说及风俗"以及如"古时候的举止、风俗、仪式、迷信、民曲、谚语等"。在汤姆斯的心目中，"Folklore"一词是"民俗"与"民俗学"两种概念的混同为一。他所指的"民俗"是在民间流传的传统性信仰、传说及风俗等，大都表现为精神文化的社会事象；"民俗学"则是对这种社会事象的研究。如此"民俗"与"民俗学"两个不同概念严重混淆不分的状况，不仅使"民俗学"表现为对精神文化事象的开拓性研究，而且还为后世民俗概念的界定制造了不少麻烦。大概正是因为这种原因，近年来鉴于"Folklore"一词既指"民俗"又指"民俗学"，容易引起混淆，因此国际学术界以"Folkloristics"作为"民俗学"的专用术语，而"Folklore"则专指民俗事象。

"民俗"的概念虽然已经出现了，可是"民俗"一词作为专门术语被我国学术界所使用，却是较为晚近的事情。1913 年，周作人率先由日本引入"民俗学"这一概念。民俗学被中国学术界所重视，肇始于 1918 年以北京大学为中心的歌谣征集活动。1918 年 2 月 1 日的《北京大学日刊》发表了《北京大学征集全国近世歌谣简章》，从此揭开了中国民俗学的序幕。1922 年，周作人为北京大学《歌谣》周刊撰写《发刊词》使用"民俗学"一词后，"民俗学"这一术语便逐渐在国内流传开来。

## 二、民俗的分类、功能与特点

### （一）民俗的分类

关于民俗的分类问题，由于不同学者侧重点不同，因而有多种划分方法。著名民俗学家钟敬文先生认为，民俗大致可以分为物质民俗、社会民俗、精神民俗、语言民俗。

1. 物质民俗。物质民俗是指人们在创造和消费物质财富过程中不断重复的、带有模式性的活动以及由这种活动所产生的带有类型性的产品形式。它主要包括生产民俗、商贸民俗、饮食民俗、服饰民俗、居住民俗、交通民俗、医药保健民俗等。

2. 社会民俗。社会民俗亦称社会组织及制度民俗，指人们在特定条件下所结成的社会关系的惯制，它所关涉的上从个人到家庭、家族、乡里、民族在结合、交往过程中使用并传承的集体行为方式。它主要包括社会组织民俗（如血缘组织、地缘组织、业缘组织等）、社会制度民俗（如习惯法、人生仪礼等）、岁时节日民俗以及民间娱乐习俗等。

3. 精神民俗。精神民俗是指在物质文化与制度文化基础上形成的有关意识形态方面的民俗。它是人类在认识和改造自然与社会过程中形成的心理经验，这种经验一旦成为集体的心理习惯，并表现为特定的行为方式世代传承，就成为精神民俗。精神民俗主要包括民间信仰、民间巫术、民间哲学伦理观念以及民间艺术等。

4. 语言民俗。语言民俗是指通过口语约定俗成、集体传承的信息交流系统。它包括两个大的部分：民间语言与民间文学。语言是一种文化载体，各个民族、各个地区都有特定的语言，即民族语言和方言，它们是广义的民俗语言。狭义的民俗语言是指在一个民族或地区中流行的那些具有特定含义，并且反复出现的套语，如民间俗语、谚语、谜语、歇后语、街头流行语、黑话、酒令等。民间文学是指由人民集体创作和流传的口头文学，主要有神话、民间传说、故事、歌谣、说唱等形式。

（二）民俗的功能

1. 心理娱乐。许多民俗事象如故事、游戏、谜语、绕口令、民间舞蹈、民间竞技等，给人的最初印象往往是它们的娱乐性。没有人把讲故事、做游戏、扭秧歌和听笑话当作是一种工作或沉重的负担。相反，它们是人们工作和劳动之余的一种放松和休息。民间故事的讲述时间常常在晚饭以后，或者是夏天在室外乘凉的时候，或者在孩子睡觉以前。有些故事是在一些特殊的时间和场合讲述的，如在茶馆、亲戚朋友的聚会和农闲时节的炕头上等。因此，从某种角度来看，故事是人们闲暇时的一种娱乐活动，是人们紧张、繁忙劳动生活之余的一种精神上的放松。尤其是对那些居住在农村及偏远地区的没有其他娱乐活动的人们来说，讲故事、听故事是人们的一种重要的娱乐活动。还有那热闹的庙会、野外的戏台、节日的食物乃至走亲戚等形式的交往，都有娱乐功能的存在。

2. 社会调控。所谓民俗的社会调节与控制功能，指的是民俗通过自身所具有的不成文程式化规矩属性，对其流行范围内的群体成员的行为和意识所起的约束作用，通过对社会各种关系和行为及意识进行规范，以维护这种民俗所流行区域内民众群体的利益。在社会规范中，参与社会调节和控制的文化事象大体有法律、纪律、道德和民俗四种，可以在社会的四个不同控制层面上发挥各自的作用。其中，民俗是起源最早的一种社会调节与控制规范。而且，民俗作为一种社会规范，是存在最为广泛的、约束面最宽的调节与规范。在社会生活中，法律和纪律等成文规范虽然是强制执行的一种行为准则，但是在全部社会调节和控制规范中这仅是微不足道的一部分。在一些地区，尤其是对那些没有文字和缺乏各种教育设施的民族和人们来说，一些民俗事象，例如谚语、寓言、故事、童话、英雄传说及历史故事等便成为一种教育工具。另外，以捕鱼为生的渔民非常忌讳说与"船翻"有关的词汇，也是民俗具有社会调控功能的具体事件。民俗中的说教倾向对于一个社会来说是非常重要的，它不是告诉人们怎样去创造，而是告诉人们怎样去认识生活和处理事情。

3. 文化保存。从某些方面来看，民俗事像是文化传统的镜子，准确而又真实地反映了一种文化的特征，例如神话、仪式、各种祭祀活动、风俗、节日等。神话往往是在特定的仪式活动中讲述的，通过周期性的仪式表演，加深下一代人对自己文化传统的认同和理解，同时还提醒他们作为民族的一员，在保持和延续自己文化传统上的责任和义务。英国人类学家马林诺夫斯基认为："神话在原始文化中有必不可少的功用，那就是将信仰表现出来，提高了而加以制定；给道德以保障而加以执行；证明仪式的功效而有实用的规律以指导人群，所以神话乃是人类文明中一项重要的成分；不是闲话，而是吃苦的积极力量；不是理智的解说或艺术的想象，而是原始信仰与道德智慧上实用的特许证书。"① 各种祭祀、风俗活动不仅保存了文化，而且强化了人们的民族意识。例如，在现代都市生活中，民族与民族之间的差异似乎在迅速缩小，只有在节日活动中，人们穿上民族服装，吃着民族食品，参与各种民族游艺活动，才能产生一种强烈的民族感。尤其对那些即将被周围文化淹没的民族来说，这一功能尤为突出。海外异文化包围中的华人，从春节的饺子、端午的粽子、中秋的月饼这几种食品中，便可以找到自己的同胞，从中体会出一种浓浓的乡情和亲情。

（三）民俗的特点

1. 有异文。任何民俗事象都不是唯一的或只存在于某一地区的。有异文是民俗事象的一个非常显著的特征。民俗学研究的内容是活动着的，每一个人在讲述民俗事象时，都可以说是一种再创造。民俗事象传承方式的特殊性决定了民俗事象不可能只有一个文本，因为每一个人在讲述、表演、模仿和重复某一种民俗事象时，都可以说是一种再创造。例如，1 000 个人讲述《牛郎织女》的故事，我们就会有 1 000 个《牛郎织女》故事的异文。而且，不同的文化传统中都会有相同类型的民间故事的流传。这就是说，一个故事可以出现在不同的

---

① 马林诺夫斯基著、李安宅译：《巫术科学宗教与神话》，中国民间文艺出版社 1986 年版，第 86 页。

国家和地区，所以异文可以是跨文化、跨地区的。尽管异文之间存在着明显的差异，但它们却属于同一个故事类型。不仅仅故事具有异文，其他民俗事象如神话、谚语、民间游戏、民间工艺美术、民间歌谣等都具有这一特点。因此，我们在进行民俗学研究时，必须首先明确这一点，即任何民俗事象都不可能是唯一的，或只存在于某一地区的，我们的眼光必须放得远一些。

2. 传统性。民俗是以传统的形式，或者说是以非书面、非官方、非正式的形式流传和保存的文化传统，其中包括这些文化传统的内容、形式、风格及传播过程和方式。各种民俗事象都是活的、流动的，因此也就永远不会被全部记录下来。民俗事象在很多方面来说，是一种实践，是无法从书本上和正规教育当中得到的，人们只能通过生活中的耳濡目染、亲身经历、切身体会、观察模仿来获得。例如，人们从出生开始，就周期性地参与各种祭祖活动，无形之中就继承了这种祖先崇拜思想。这些人们根本不需要去学，这就是生活的一部分。在实践活动中，我们承袭了这种文化传统，接受了这种生活习惯，获得了这种价值观念和道德标准，并不自觉地成为这种文化的载体，把它传给一代又一代。

任何民俗事象也不可能脱离其赖以生存的文化环境。一方面，文化传统需要借助于各种民俗事象作为其存在与传播的载体；另一方面，各种民俗事象必须具有一定的文化内涵才具有真正的价值和意义。尽管一些民俗事象在全国各地乃至世界各地都有异文，但如果把这些异文进行比较的话，我们会发现每个地区或民族的异文都反映出了不同的文化背景，在某种程度上代表着某个地区或民族的处事态度、价值观念等。某一故事类型在不同地区和民族的异文，往往传递出不同的文化信息，反映了不同的文化传统。因此，民俗事象无论怎样发展与变化，都离不开传统的渗透与影响。

## 三、民俗与文化之间的关系

从某种意义上说，民俗是传统文化的重要组成部分。民俗产生于民间，是人们生活方式和表达方式的汇聚，因此民俗往往具有强烈的文化内涵。作为一种文化现象，民俗存在于一个民族或人群中的共同生活方式体系，包括与之相匹配的思想观念、语言表达、风俗习惯、行为规范和伦理道德等体系的规约和支配。但是，即便在同一文化传统内部，彼此之间的差异也是十分明显的。就中国文化而言，由于表现形式和传播方式的不同，人文学者将其划分为三个不同层面：精英文化、通俗文化、民间文化，并认为精英文化处于最上层，中间部分是通俗文化，最下面的是民间文化。民间文化是传统文化的基础，通俗文化与精英文化建立在民间文化的基础之上；精英文化和通俗文化中包含着人们对民间文化的理解与提炼，而民间文化则更多地表现为传统文化的自然形态，有其自身发展的内在逻辑和结构。三者之间并行发展，同时又互相影响、互相渗透、互相依存，共同构成传统文化的主体。

　　传统与现代民俗是一种动态性社会生活文化事象。虽然某种民俗事象的形成是一种文化长期积淀的结果，但是当社会处于转型阶段，民俗的变异将出现异常迅速的局面，新的民俗事象将纷纷产生，旧的民俗事象将迅速变异和消亡。社会的快速进步、经济的迅速繁荣、文明的显著昌盛、科学的飞速发展，将使新旧两种文化处于异常尖锐的冲突和碰撞之中。在这种巨大的社会变革潮流中，一些过去曾经发挥过重大作用的旧风俗将被打入陋习之列而被民众所抛弃，被时代所荡涤。20世纪末，在我国出现的改革开放浪潮将成为有史以来对传统观念和意识冲击最为巨大和深刻的一次社会变革，由农业国向工业国的过渡必将使千百年来所流传的民俗事象接受一场全面而深刻的变革洗礼。处在世纪之交的中国人不仅应该欢迎新的更加文明的民俗事象的诞生，而且应该关注中国民俗学的发展和深化，用一种新的民俗理论来指导我国民俗事象的变异，移风易俗，开拓中国民俗学的新时代。

**复习思考题：**

1. 什么是风俗、民俗？
2. 简述民俗的分类、功能和特点。
3. 民俗与文化之间的关系是什么？

**视频教学指南：**

《百家讲坛·铃记中华（三）民俗》等。

# 第一章

# 服饰民俗 ◀

《簪花仕女图》（周昉）

绢本设色，46 厘米×180 厘米，现藏于辽宁省博物馆。反映衣着艳丽的贵妇赏花游园的情景，分为采花、看花、漫步、戏犬四段，线条简劲圆浑而有力，设色浓艳富贵而不俗。高髻簪花、晕淡眉目、露胸披纱、丰颐厚体的风貌，是中唐仕女形象的典型特征。该画是目前全世界范围内唯一认定的唐代仕女画传世孤本。

中国自古便有"华夏"之称，"华夏"一词源于《春秋左传正义》孔颖达疏："中国有礼仪之大，故称夏；有章服之美，谓之华。""华"是指精美绝伦的服饰，"夏"则是博大精深的礼仪。"服"是穿着的衣装，"饰"是佩戴的饰物。服饰是人类为适应精神和物质需求而创造出来的，是人类社会进入文明时代的重要标志，最能体现出一个时代的生活风貌。在中国古代的宗法文化背景下，服饰不仅是生活必需品，也有"昭名分、辨等威、别贵贱"的作用，服饰是区别穿着者身份与地位的标识之一。

## 第一节　服饰的起源与功能

### 一、服饰的起源

上古传说把衣服的发明归功于黄帝，"黄帝、尧、舜垂衣裳而天下治。"[①]实际上，衣服的出现要早得多。考古学家在周口店山洞发现了骨针，由此可知18000年前的山顶洞人已经穿衣服了，只不过我们无法知道他们穿什么样的衣服罢了。但是人们对于衣服这种物质和精神需求，并不是在地球上出现人类的时候就有的，而是人类祖先在生存斗争的漫长过程中，伴随着生存条件的改善、纺织缝纫技术的出现、审美标准的提高，才逐渐地产生并朝着越来越高的标准发展的。

人类服饰的起源与这一时期直立行走和火的使用密切相关。在人类不会直立行走和用火以前，人身上的毛皮和兽类身上的毛皮一样起着护体作用，而当人类学会了手脚分工，直立行走，并能用火烧烤食物，用火取暖，改变长期生活条件之后，人的体质也逐渐发生了变化，原先的体毛逐渐退化，皮肤逐渐细腻，这就需要制造衣物来护体御寒。为了保护一些身体部位不致受伤，所以最初衣物便围护在腰部，以保护下腹部。由于自然界的冰封雪冻，加之各种野兽侵袭，人的生命时时受到威胁。为了生存，人只有与自然界及凶残的猛兽做斗争。为了保护自己的身体，就依赖兽皮、树皮和树叶遮盖，这种行为说明人已经脱离了动物的范畴，这是人类向创造衣服迈出的第一步。

旧石器文化的最后一个阶段，人类祖先继承漫长的旧石器文化积累的经验，开始了农耕畜牧，从被动向大自然觅食变为主动生产繁殖生活资源，使获取食物更为容易，因此会有闲暇时间制造各种装饰品来装扮自己。他们营造房屋，改变穴居野外的居住方式，男子出外狩猎、打制石器，女子从事采集制陶，发明纺麻，养蚕缫丝，缝制衣服。这样就改变了原始的裸态生活，进步为戴冠穿衣、佩戴首饰的文明生活。这个时候，人类的认识能力和智慧日益提高，手的动作日益完善与灵巧，石器工具已有极大的发展，这时对石质的选择已经从石英石、燧石、砾石等扩大到更精美的石墨、玛瑙、水晶石、黑曜石等，石器造型已根据使用效率来加工。在制造石器的基础上，进一步利用石英石、碧玉、玛瑙、黑曜石等半透明有颜色的矿石加以精细加工，创造出美化生活的装饰品。

人类通过自己的劳动，创造性地发明纺织和缝纫技术，根据功能需要和

---

①　《周易·系辞下》。

审美要求来制造适体的服装。距今 25000 年的北京山顶洞人时期，人们已用骨针缝制兽皮的衣服，并用兽牙、骨管、石珠等做成串饰进行装扮。新石器时代，装饰工艺的品类和水平有了极大的发展，它们在社会生活中占有突出的位置。

人类大约在旧石器时代中段开始利用兽皮来裹身御寒，那时候的兽皮未经人工裁剪缝拼。到了旧石器时代晚期，人类从智人阶段演进到现代人阶段，才创造出骨针来缝制兽皮衣服，使之较好地符合人体穿着的需要，这时人类已经利用植物纤维捻制绳索。直到新石器时代创造了纺纱织布的工具，利用植物纤维编织成衣料，才为制作成型的服装创造了条件。

## 二、服饰的功能

人为什么要穿衣服？有人说是为了护身、为了御寒，这是从功能的角度来解释的；有人说是为了遮羞、为了礼貌，这是从道德的角度来解释的；也有人说是为了好看、为了吸引异性，这是从审美的角度来解释的。服饰的功能可以概括为以下几个方面：

1. 实用功能。在寒冷的北方冬季，人们往往穿着厚厚的棉衣以便御寒保暖。南方夏季穿行于山间，上身穿着薄薄外衣，下身穿着紧腿长裤，一则用以辟除暑热，二来防止蚊虫侵害。人与动物的根本区别是人有羞耻之心，《旧约全书·创世纪》中夏娃用无花果树叶遮挡下体即为遮掩羞耻的例子。

2. 标识功能。在阶级社会中，服饰有"昭名分、辨等威、别贵贱"的作用，是身份与地位的象征；服饰可以标识宗教信仰，如藏传佛教穿戴不同颜色的僧衣僧帽，因此区分为白教、红教、黄教等教派；服饰还可标识政治派别，如太平军将士一律头戴红巾，拒绝剃发易服，因此清朝官书称其为"长毛"。

3. 仪礼功能。中国古代被称为"礼仪之邦"，不同场合穿着不同服饰，如祭祀有祭服、朝会有朝服、婚嫁有吉服、从戎有军服、服丧有凶服等。中国古代男女成年，分别举行冠礼与笄礼，也是服饰具有仪礼功能的体现。

4. 象征功能。2013 年 1 月 25 日，中共中央总书记习近平会见访华的日本公明党党首山口那津男，两人所戴领带的颜色被赋予更多政治含义：山口佩戴橘红色领带，表明他的心情十分愉悦，因为已将安倍首相的亲笔信成功转交；习总书记佩戴蓝色领带，除了表达郑重之意，也有保持冷静的意味。

5. 审美功能。人们常说的"人靠衣装，马靠鞍"。服饰能满足人们的审美需要，也就是服饰具有装饰作用。通过身上的着装，可以反映出一个人的修养与素质：对生活充满信心的人，他的服饰往往整洁美观；文化素养较高的人，其穿戴经常端庄高雅；勇于进取、热情似火的人，他的装扮大多新颖不俗，富于创造性。

# 第二节　中国古代服饰发展史

商周时代衣服的基本形制是上衣下裳，"上曰衣下曰裳。"① 下身穿的裳实际上是裙，而不是裤。金文中常见有周天子赏赐给臣下"赤芾"的记录。"赤芾"是一块红色的布，系在腰间垂于腹前，是贵族的服饰和身份的标志，又叫"韦韠"，后世称为"蔽膝""襞积"等。华夏族的习俗是束发的，发髻要用发笄别住，商代遗址中出土为数众多骨笄即为明证。

先秦时代，华夏族服饰的特点是上衣下裳、宽衣博带。衣服是右衽窄袖、长度在膝盖上下。领、袖、襟、裾都用花边装饰，没有纽扣，以带束腰。而胡人的服饰是短衣窄袖，左衽长裤，革带皮靴。赵武灵王把胡服引进中原，这对战国秦汉时期华夏族服装的变化产生了积极影响。

春秋战国之际，出现一种新式服装叫作"深衣"。"衣裳相连，被体深邃，故谓之深衣。"② 战国秦汉之人不论贵贱、男女、文武都穿深衣，贵族以冕服为礼服、深衣为常服，平民以深衣为吉服、短褐为常服。深衣连衽钩边，穿时要束腰带。贵族用丝织的绅带，故称"绅士"或"缙绅"。皮带已经流行，皮带的两端分别用带钩和环相连接，叫作"钩络带"或"蹀躞带"。皮带上可以悬挂佩带刀剑、弓箭、印玺、荷包等物件。

战国曲裾深衣

---

① 许慎：《说文解字》卷8。
② 郑玄注、孔颖达疏：《礼记注疏·深衣》。

先秦时期没有棉花，所谓"布衣"是指用麻布裁制的衣服。夏天穿的细麻布叫"葛"，冬装有袍和裘。穿在里面的夹衣叫"袍"，内充丝棉，填充新棉的叫"襺"，填充旧絮的叫"袍"。穷人填不起丝棉，只能填些碎麻，叫作"缊袍"。袍因是内衣，所以只能居家穿着，但不能作为礼服，外出时只能衬在正服里面。短袍叫"襦"，就是后来所说的"袄"。质地粗劣的襦叫"褐"。裘是皮衣，先秦时代也是主要的冬衣。

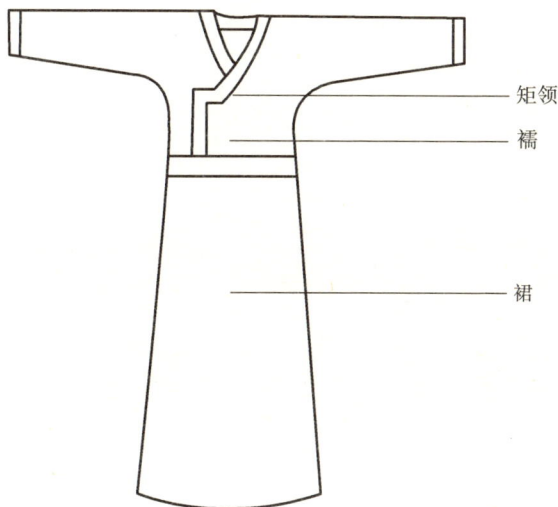

矩领

襦

裙

战国襦裙

秦汉时代的服饰比先秦丰富得多，"衣不帛襦袴。"[1] 这是因为襦和袴（绔）都是内衣，儒家崇尚俭朴，认为不应该用丝绸来裁制内衣。而到了六朝时，那些世家子弟居然用白色的丝绸来做裤子，所以被称为"纨绔子弟"。古代的裤子通常都没有裤裆，只有两只裤脚管，上端连在一起，用带系在腰间，所以叫作"袴"。"跨也，两股各跨别也。"[2] 袴是内衣，不能外露，袴的外面一定要穿裙或深衣。平民劳作时穿短衣，袴内要系一兜裆布，就像日本相扑运动员的装束。在宋初的《盘车图》中还能见到这种穿法。连裆的短裤，叫作"裈"。裈短如牛鼻，俗称"犊鼻裤"。司马相如带卓文君回到成都，就穿着犊鼻裤当垆涤器，以羞辱卓王孙。

男子的外衣亦统称为"袍"。袍身长大的下摆叫"袂"，袖子宽松。紧窄的袖口叫"袪"。袍有衬里，是夹衣，单衣叫"禅"。袍和袪的衣襟有曲裾、

---

[1] 《礼记·内则》。

[2] 刘熙：《释名·释衣服》。

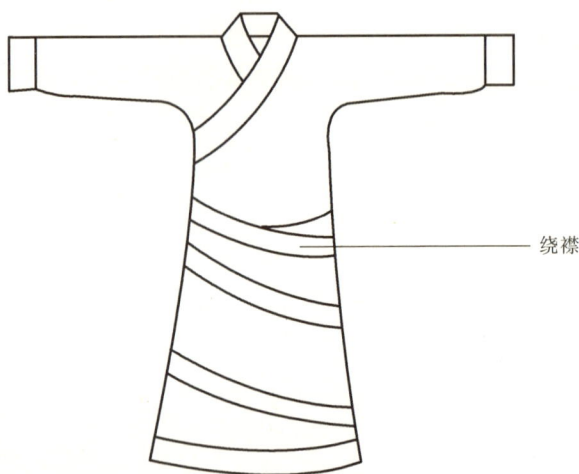

绕襟

汉代绕襟深衣

直裾两种，曲裾就是深衣。深衣穿着时包裹身体行动不便，慢慢被直裾的襜褕所取代了。女子穿连体的深衣或者分体的襦裙，汉代女装的式样与男装差别不大。

魏晋南北朝时期的服饰出现了两个变化，一个是汉装的定式被突破了，另一个是胡服被大量地吸收融合进汉人的服饰之中。

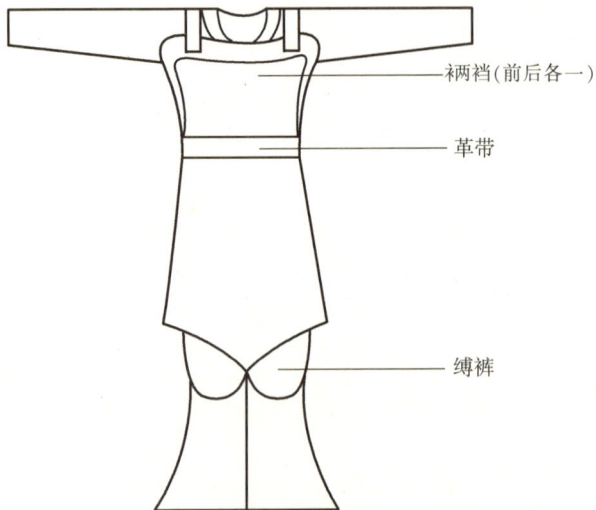

裲裆(前后各一)

革带

缚裤

北朝裲裆缚裤

男子服饰以衫代替了袍，"衫，衣末无袖端也。"[1] 就是说衫的袖端没有袖，因此衫袖比袍袖更加宽大，大到"一袖之大，足断为两；一裾之长，可分为二"[2] 的地步，这样走起路来甩手的时候就显得更加潇洒。秦汉时服色以青、紫为贵，平民布衣只能穿白色的衣服。而六朝一反常态，服色尚白。由于经学的独尊地位受到冲击，儒家的冠服制度也动摇了。不仅服装的式样、颜色都突破了汉代的规矩，而且穿法、打扮也常常标新立异，或科头跣足，或袒胸露背，或袍裙襦裤，或奇装异服，都突破了旧时的礼仪。

围裳

髾

襳

魏晋襳髾女服

妇女服饰也崇尚褒衣博带，有的把裙摆放长，裁剪成三角形，叫作"髾"；有的在肩臂间搭一披帛，走起路来大袖翩翩、华带飞舞，显得格外飘逸。恰若曹植《洛神赋》所描述的洛水女神："其形也，翩若惊鸿，婉若游龙……仿佛兮若轻云之蔽月，飘飘兮若流风之回雪。"

胡人的裤褶和皮靴已经被汉人普遍接受。胡服的裤是作为外衣穿的长裤，裤腿宽松，膝盖处用带束缚，叫作"缚裤"。褶是与裤相配时紧身齐膝的短衣。裤褶和皮靴都适合于骑射。

隋唐时代经过长期的民族融合，加上经济繁荣、社会开放，服饰也日趋丰富华丽。唐玄宗开元以前女装以窄袖为时尚，胡服尤其盛行。初唐妇女多喜欢戴胡帽，穿翻领窄袖袍、条纹小口裤，着软靴，系蹀躞带；中唐以后衣衫又趋于宽大。唐代社会上思想比较开放，常有妇女穿着男装，还流行袒胸的低领衣

---

① 刘熙：《释名·释衣服》。
② 沈约：《宋书》卷82，中华书局1974年版，第2098页。

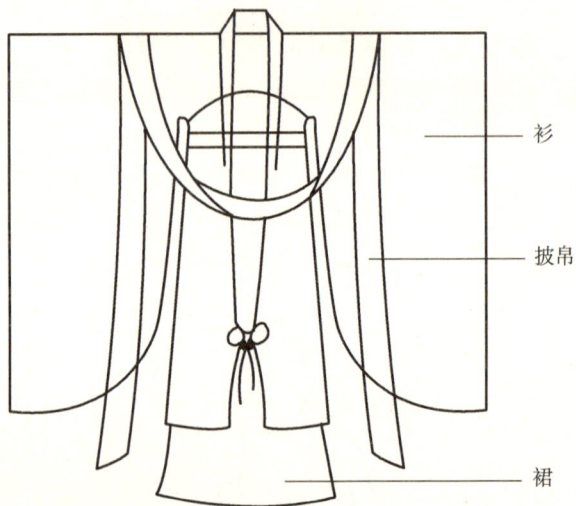

衫

披帛

裙

唐代大袖衫

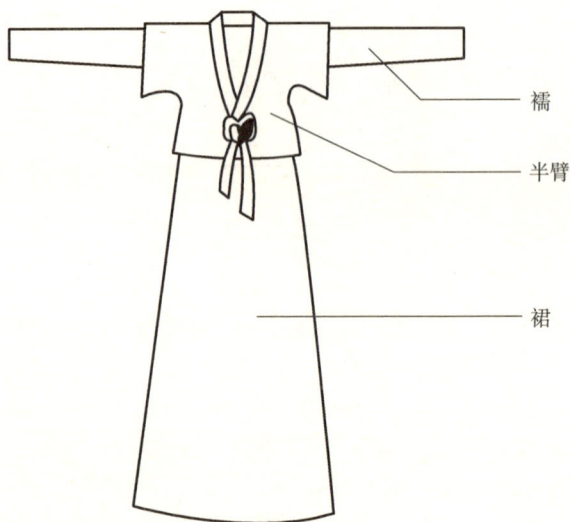

襦

半臂

裙

唐代半臂襦裙

服，喜欢在襦衫外面罩一件"半臂"，肩部搭一条披帛。唐代女裙的式样繁多、色彩艳丽，尤其流行像石榴花那样的红裙，诗人称之为"石榴裙"。男装以圆领窄袖袍衫为主要的服饰，靴已成为士庶通用的鞋子。

宋代把单上衣叫作"衫"，衫的袖口没有祛。有作为内衣的短小的衫，也有作为外衣的长大的衫。下摆加接一幅横襕的襕衫是男子的常服。夹衣和棉衣分别叫"襦"和"袄"，襦袄是平民的常服。宋代还流行在衣衫外面加罩一件

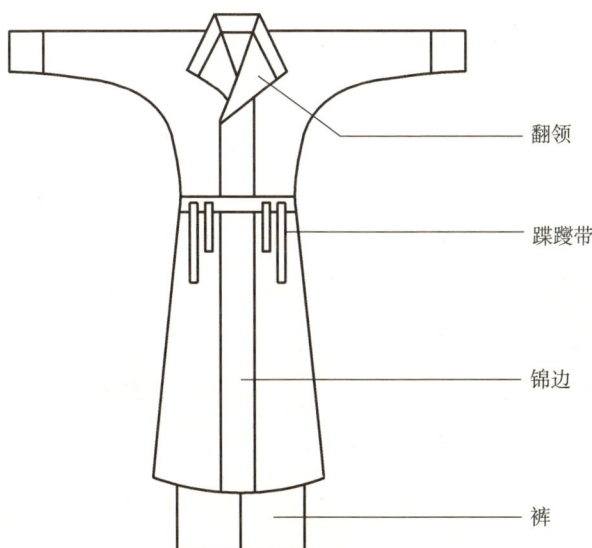

翻领

蹀躞带

锦边

裤

唐代胡服

不加横襕的宽大外衣,斜领交裾的叫"直身",直领对襟的叫"鹤氅"。女装外衣以襦衫和裙服为主,上衣趋向短窄贴身,下裳流行褶裥裙。内衣有抹胸和裹肚,裤子是不露在外面的,只有下等人才单穿裤子。唐代流行的"半臂"是一种短袖外套,而宋代流行的外套叫"背子"。背子有长有短,有长袖有短袖,其特点是两边的衩一直开到腋下。

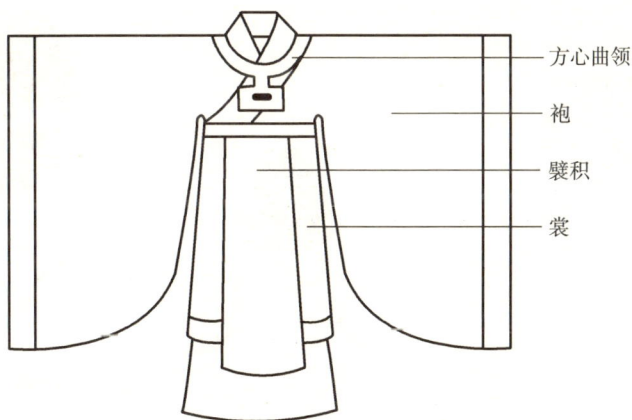

方心曲领

袍

襞积

裳

宋代朝服

辽、金、元都是少数民族建立的政权,契丹族、女真族、蒙古族的服饰都有鲜明的民族特色。契丹族服装不论男女,都穿左衽、圆领、窄袖长袍。袍的里面有衫袄，下身穿套裤，裤腿塞在靴中。妇女在袍里穿裙，也穿皮靴。女真族服饰和契丹族相似，由于北方气候寒冷，衣服以毛皮为主。元朝时，汉人保持原来的服饰；蒙古族男子以窄袖长袍和套裤为主要服饰，由于受汉人影响，多改为右衽，但妇女袍服仍以左衽居多。

《卓歇图》（胡瓌）

明代官员的袍服为团领衫，系革带，带上镶有玉片，这就是所谓的"玉带"。职官的服色和花纹按品级高低而异，前胸和后背各织一块方形的纹饰，叫作"补子"。文官的补子绣飞禽，武官的补子绣走兽，纹样按品级各不相同。儒生都穿镶黑边的蓝色直身，戴有黑色垂带的软巾，又称"儒巾"。皂隶穿青色布衣，市井富民商人虽然能穿绫罗绸缎，但是只许用青色或黑色。万历年间以后禁令松弛，艳衣丽服得以遍及黎庶。

笼冠（魏晋南北朝）

幞头（唐代）

通天冠（宋代）

顾姑冠（元代）

乌纱帽（明代）

达拉翅（清代）

　　朝廷命妇的礼服为凤冠、霞帔和大袖衫，常服为袄衫和裙子，很少穿裤。背子穿得更加广泛，合领大袖的背子可以作为礼服，直领小袖的背子则为便装。还有一种无领、无袖、长至膝盖对襟的"比甲"，深受青年妇女喜爱。

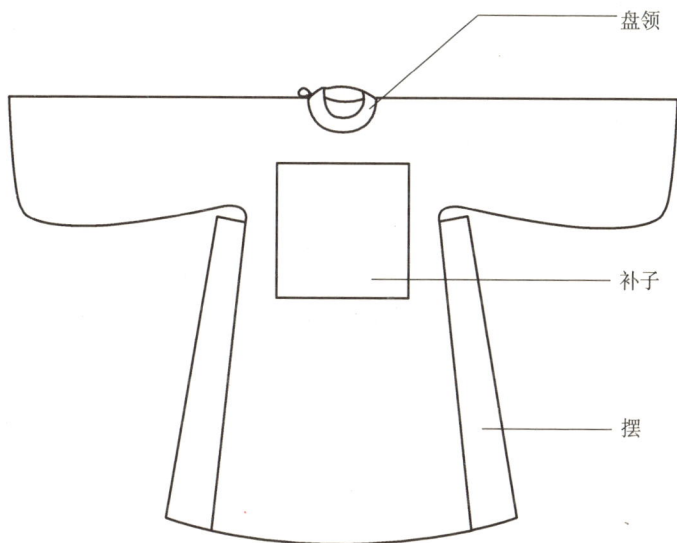

盘领

补子

摆

明代补服

　　满族入关后，用武力强迫汉人接受了满族的服饰。男子的服饰有袍、衫、褂、裤。清代的长袍以衩来区分贵贱，皇族宗室开四衩，官吏士人开两衩，一般市民不开衩。袍的袖口装有箭袖，平时翻起，行礼时放下，因其形似马蹄，又称"马蹄袖"。职官朝服的前胸、后背正中各缝一块补子，称为"补服"。补子也沿用明制文禽武兽，但是花纹与明朝不同，而且由于清朝补服是对襟的，所以胸前的一块分成两半。有一种长不及腰、袖仅掩肘的短褂，叫作"行褂"，又叫"马褂"。马褂以黄色为贵，非皇帝特赐不能穿。还有马甲，北方称为"坎肩"或"背心"，是无袖短衣，男女都能穿。男子下身穿裤，女子穿裙已不多见。

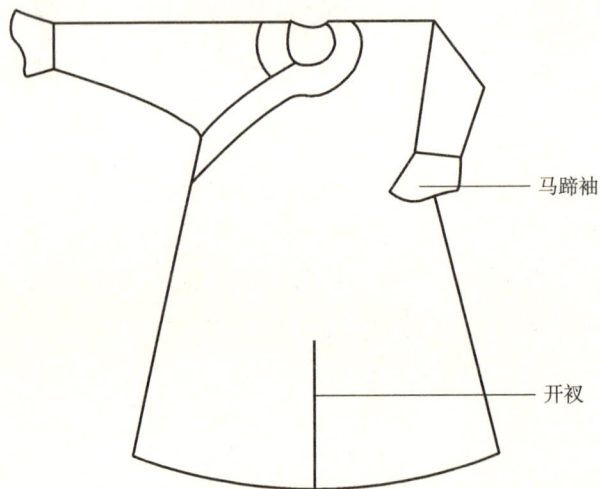

马蹄袖

开衩

清代开衩袍

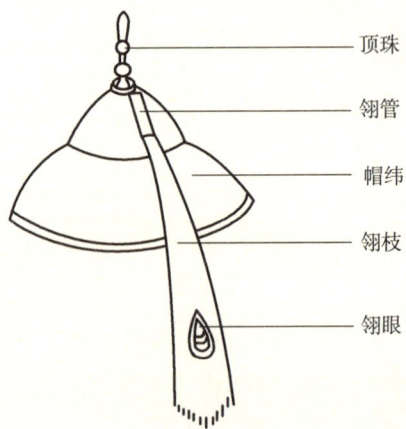

顶珠

翎管

帽纬

翎枝

翎眼

清代凉帽

一品文官仙鹤补服

二品文官锦鸡补服

三品文官孔雀补服

四品文官鸳鸯补服

五品文官白鹇补服

六品文官鹭鸶补服

七品文官鸂鶒补服

八品文官鹌鹑补服

九品文官练雀补服

一品武职麒麟补服

二品武职狮子补服

三品武职豹补服

四品武职虎补服

五品武职熊罴补服

六品武职彪补服

| 七、八品武职犀牛补服 | 九品武职海马补服 |

清代文武官员补服

　　清初改服易冠规定"男从女不从"，所以妇女的服饰有满汉两式。汉族妇女的头饰有簪、钗、冠子、勒子等，满族妇女则以高如牌楼的"达拉翅"最具特色。满族妇女的服装和男子相似，也穿袍衫马褂，但一般比较紧窄，不像汉族女装那么宽大。汉族妇女在清初仍穿明装，以裙衫为主。以后满汉服饰慢慢合流，衣衫渐趋短小，外面罩一件齐膝背心。女装特别讲究装饰衣缘，于是花边越滚越多，形成宽宽的衣缘。晚清流行穿裤子，穿裙子较为少见。

慈禧太后肖像画

## 第三节　近代以来的服饰变迁

### 一、1912—1949 年：变化多端的流行

　　民国初年，对传统服饰进行了较大革新，出现了穿硬领头的风尚，领头越高越时髦。冬天的衣领，里面毛茸茸的，外面的衬领少则四五寸，最高的有长至七八寸的，而且硬邦邦的像铁板一样，像戴了枷锁一样，头和脖子扭动起来都很困难。领导这次潮流的不是大家闺秀，而是不幸落入风尘的女子，或是走出闺门投身社会的新潮女子。在她们的带动下，摩登男女也纷纷穿起高而硬的领头，越高越摩登，越高越时髦，高领风行一时，成为一种时尚。物极必反，到了一个鸟语花香、春光明媚的季节，仿佛在一个早晨，人们从梦中醒来，发现高领已经过时，人们有了新的审美观念，暴露是美，性感是美，裸露出脖子、肩头、胸部等。这又是一种大胆、一种狂野、一种时髦。生活在大城市的青年女子，标新立异，想别人不敢想，穿别人不敢穿，追逐一种无领的衣服，如同出水芙蓉一般，于是无领衣服又成为一种摩登潮流。

　　说过衣领，再说上衣。棉的称为"袄子"，单的叫作"布衫"。先前的妇女上衣，是一种前垂过膝，后挡臀部的大半截衫，衣袖宽大。民国以后，女子衣衫由长渐短，变得窄而紧身，仅及腰际，向刻画人体凸凹曲线发展。到 1920 年前后，女子衣衫已经短至腰际，紧紧地裹在身上，下摆作圆角形。衣服的袖子从宽大到瘦小，而逐渐短缩，露出胳膊。裤脚由肥到瘦也是民国初年的一种时尚，紧身的裤脚，再扎一根缎带。女人的服饰由长而短，由肥而瘦，无穷无尽地变化着，无论长短肥瘦宽窄，都是一定时期的一种时尚，无合理可言，也没有规律可循。

　　后来，身穿旗袍脚穿高跟鞋又风靡一时。旗袍长度忽短忽长，腰身或宽或窄，腿部开衩有低有高，袖子时长时短。1931 年，上海滩又掀起了一场"旗袍花边运动"。不久，又为领上缀花、肩上嵌花所代替，这是一种新的时尚、新的潮流。一般女学生，开始是白衫黑裙、长袜、布鞋，朴素大方，但也经不起美的诱惑，换上经洗耐穿、永不褪色的阴丹士林布（iondanthren cloth）[①] 的旗袍，构成女性世界中一道淡蓝色的风景线。富家千金、名媛佳丽等专门聘请洋裁缝为她们设计时装，传统加西洋，配以西式外套或西式裘皮长短大衣，一条夸张而名贵的狐皮大衣领，更显得雍容华贵。

---

　　① 阴丹士林本是人造染料的一种名称，原有各种颜色，但是人们常说的"阴丹士林色"多是指的青蓝色，它的颜色比其他布更为鲜亮。

20 世纪 30、40 年代的旗袍

　　30、40 年代，每当夜幕降临，华灯大放异彩的时候，各种档次的舞厅都沉浸在爵士乐和圆舞曲的海洋中。年轻美貌的舞女穿着一双漂亮的高跟鞋，从豪门千金到名媛淑女，乃至身穿洗得发白的阴丹士林布的合体裙装的女学生、女职员，配上一双鲜红的、漆黑的、奶白的、墨绿的、粉红的、天蓝的、橘黄的、淡紫的或其他颜色的高跟鞋，细而长的约四寸左右的高跟，然后小心翼翼地站起来，低着头，左顾右盼，走上两步或转上两圈，顿时足下生辉，与众不同。

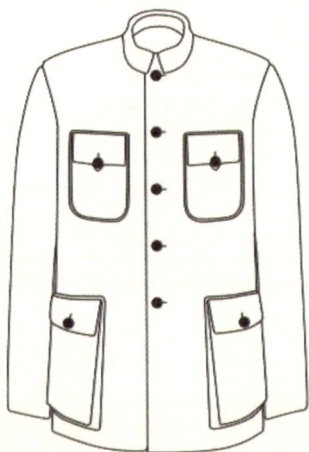

中山装

身着中山装的孙中山

## 二、1949—1978 年：着装的"蚂蚁"时代

　　服装一向是时尚的直接表现，即使最朴素的服装也同样体现了一种时代流行的时髦。新中国成立后的 50 年代，人民装和干部装既是物质化了的意识形态，又是重质轻形的审美倾向。男人们一律是单调的打扮，只有女人才会在棉袄外套上一件花罩衫。曾经在相当长的时期里，一种"一字领"的两用衫便是女性化的服装，因而大多数女性有一两件"出客衣裳"就行了。

　　新中国成立之初的女性穿着蓝、灰、军绿色或者小碎花的上衣，穿着蓝、灰、军绿色或者黑色的裁剪肥大的裤子。夏天也有人穿裙子，只有学龄女孩穿花裙子，成年妇女的裙子则是蓝、灰、黑色的，裙子上小心翼翼地打了褶。时髦的追求美的姑娘会穿白裙子，质地是白"的确良"的，因为布料的原因，有时隐约可见裙子里面的内衣颜色。这种白裙引来老年妇女和男性的异样的目光，穿白裙的姑娘往往被视为"不学好"的浪女。

　　女孩子过了 18 岁大多到乡下插队去了，街上走动的大多是已婚的中年妇女，她们拎着篮子去菜场买豆腐或青菜。有些女孩下乡插队后与农村的小伙子结为伴侣，类似的婚事在当时常常登载在报纸上，作为一种革命风气加以提倡。那样的城市女孩子被人视为新时代女性的楷模。她们的照片几乎如出一辙：站在农村的稻田里，短发、戴草帽、赤脚，手握一把稻穗，草帽上隐约可见"广阔天地，大有作为"的一圈红字。浪漫的恋爱和隐秘的偷情在那个年代也是有的，女孩子有时坐在男友的自行车后座上，羞羞答答穿过街坊邻居的视线。①

　　戴毛主席像章也是"文革"中的一种时尚。无数人对毛主席崇拜得五体投地，顶礼膜拜。在帽子上、衣服上能有一枚闪闪发光的毛主席像章，对革命者是莫大的荣耀与自豪。像章的种类越做越多，大的、小的、方的、圆的、瓷的、铝的、塑料的，最大直径有脸盆那么大，最小的有比一分硬币还小的。当时人们都以交换和收藏毛主席像章为时尚。当时报纸上还大肆宣传，毛主席像章成了世界人民都渴望得到的一种圣物。一位非洲船员到中国得到了一枚毛主席像章，当时因为没有穿上衣，就将这枚像章直接别在胸膛上。中国人一下子被外国人的忠心和虔诚折服了，有些赶时尚的革命者，也脱去上衣，将像章后面的别针插进皮肤里，鲜血直往外淌，却强忍疼痛笑着说："一点都不疼！"

---

　　① 参见吴亮、高云主编：《日常中国——70 年代老百姓的日常生活》，江苏美术出版社 1999 年版，第 3—6 页。

20 世纪 50 年代流行的列宁装

苏联女专家给中国带来了布拉吉热

江青裙成为特定时代的着装特征

　　新中国成立后到 1978 年的近 30 年里，涌动于大江南北宽街窄巷的中国人的着装，被西方时尚界讥笑为千篇一律的"蚂蚁"。这个词包含了以下意义：渺小、灰头土脸、碌碌营营，此蚂蚁跟彼蚂蚁没有什么区别。这群蚂蚁人只穿四种颜色的衣服：灰、黑、蓝和军绿，再配以宽松得近乎邋遢的式样，每个人都散发出霉气。他们最常穿的衣料叫"的确良"，他们认为最有品位的服装款式是中山装或毛服。白衬衫既昂贵又"高档"，得花七八元才能买到。那时候中国人的服饰打扮极为单调，反映了社会的沉闷和压抑。

　　1978 年，虽然单调的灰色和蓝色衣服仍然是标准的服装，但是妇女开始涌向百货商店，从有限的供应品种中选购衣料。在城市，新时兴的是卷发和电烫发型（这些长期以来都被斥为受资产阶级和西方的影响）。北京排队最长的地方是理发店。

告别了严寒刺骨的冬季，终于盼来了一个五彩缤纷、百花争艳的春天。1978年十一届三中全会以后，随着思想解放的深入发展，社会开始活跃起来，中国人特别是城市居民的服饰打扮开始有了生气，发生了巨大变化。服饰时尚一浪接着一浪。从国外传来的喇叭裤受到青年人的喜爱，并且从城市到农村迅速流行起来，动摇了这个东方大国数十年的整齐划一和单调乏味。与此同时，女青年的发式也打破了短发或辫子的模式，出现了新的花样。表现年轻女性特点和魅力的披肩发，受到女青年的青睐。至于男青年，则出现了蓄长发的时髦群。

但是，由于国家封闭日久，加上四人帮愚民政策的毒害很深，服装发式的更新同样遇到了很大阻力。年轻人穿喇叭裤、留披肩发经常成为社会各界议论和关注的热点。《中国青年》1979年第6期发表一篇引起争论的文章《谈引导——从青年人的发式和裤脚谈起》。文章一方面规劝青年："我们并不赞成青年人蓄长发、穿喇叭裤，不主张青年在衣着、发式等问题上花过多的精力，青年应该把自己的精力用在工作、学习上去。"另一方面，文章转向重点："但我们也不赞成在青年的衣着、发式等个人生活问题上过多地评头论足和指摘干涉。""在林彪'四人帮'横行期间，青年人一律绿军装，挽起袖口，强剪辫子，豁牛仔裤，没收后跟稍高一点的皮鞋等。这种'全面专政'，我们还不曾遗忘。肃清林彪、'四人帮'的流毒，应该也包括肃清它在文化和生活方面散布的形而上学的影响。""毛主席在谈到批评问题时曾经指出，批评要注意大的方面，不要只注意小的方面，对个人的缺点，'如果不是与政治的和组织的错误有联系，则不必多所指摘，使同志们无所措手足。'在个人生活爱好问题上，只要不违反法纪，无伤于道德风尚，是应当允许求大同、存小异的，无须强求一致，更不宜把一般生活爱好都联系到思想原则问题上来分析批判。头发的长短、裤脚的大小和思想的好坏并没有必然的联系。"[1] 这篇文章所讲的不过是人人都懂的常识，在今天看来好像不值得大惊小怪。但是当时这篇文章的问世竟是冒着极大的风险，很多人看了之后心里同意这篇文章也不敢公开说出来。

当喇叭裤出现在年轻人身上时，老年人纷纷皱眉摇头，认为穿这种流里流气的服装很像美国嬉皮士，根本无法接受。时代的潮流终究是阻挡不住的，时间一长也就习惯了。继而，都市中又流行了牛仔装，青年男女都变得潇洒起来，不少老头老太也看顺了，认为穿着随便，可以在各种场合出现，家居、旅游都十分方便。一头白发，身穿牛仔服、旅游鞋的时髦老人也随处可见。不知何时，健美裤从芭蕾舞演员的身体，移植到青春女孩的身上。长腿细腰高个的女孩，

---

① 郭思文：《谈引导——从青年人的发式和裤脚谈起》，《中国青年》1979年第6期。

穿得挺拔、美观、丰满，成为一种新潮。于是女性趋之若鹜，从小女孩到家庭主妇，甚至退休的老大妈都争着去穿，也不分场合、不分年龄、不论气质，一窝蜂地都穿上了身，有的穿着真可谓"惨不忍睹"。

### 三、20 世纪 80 年代以后：穿着的多样化[①]

从大喇叭腿裤在中国流行的 80 年代初开始，牛仔服、牛仔裙、健美裤、西服领带、紧身衣裤、超短裙、乞丐服、旗袍、晚礼服等层出不穷。街上什么样的都有：超短的、加长的、紧身的、宽松的、镂花的、滚边的、古典的、前卫的、露肩露背露肚脐的、半遮半掩半透明的……

1. 文化衫。80、90 年代之交的中国，大街上、马路上、校园里，到处可以看到那种圆领、短袖、肥大、宽松的文化衫，形成一种文化衫现象。市面上流行的文化衫，从形式上可分为广告文化衫、画像文化衫和文字文化衫；从内容上可分为幽默文化衫、戏谑文化衫和纯情文化衫。穿广告衫的流露出一种随意性；穿画像衫的表现出明星崇拜和领袖崇拜；而文字衫则五花八门，从"烦着呢，别理我"到"活着真累"，从"拉家带口"到"酸甜苦辣"，从"真窝火"到"不会来事"，从"一事无成"到"所成无敌"，从"千万别爱我，没钱"到"情人眼里出西施"，从"咱们的领袖毛泽东"到

"广阔天地，大有作为"，还有的前面印"有气"，后面印"没钱"等。真可谓千姿百态，雅俗共赏。文化衫现象是 80、90 年代中国大众文化的一个组成部分，表现了青年人的不同心态，也反映了一定的社会问题。从文化形成上看，文化衫以幽默与新奇为主调，给我们这个缺少幽默诙谐的民族，多多少少带来了一些新的生机，也反映了求新求异的青年文化特色。

2. 男人穿花衣服。有人说，20 世纪 90 年代时尚的开端始于 1990 年上海兴起的"男人穿花衣服"热潮。这一点虽然无从考证，但是此后各种"沙滩装""植物图案装""田园风光装""回归自然装"等概念，很快出现在时尚杂志上，像上海东方大厦这样的高级时装店也挂满了这样的服装。一下子，青年男女穿着各种各样的"概念服"出现在大街小巷，由此还引发了一场"男性着装标准"的讨论。在"花衣服热潮"的带领下，青年人穿衣服变成了穿"概念"：回归自然、复古主义、"环保风"、休闲衫、个性化、极简主义、"新生代"、

---

① 参见陈微：《青年时尚的足迹（1990–2003）》，《中国青年研究》2003 年第 7 期。

"后新生代"、"次新生代"等。重温一下这些概念的演绎，可以清楚地感受到青年着装潮流与世界时尚潮流的接轨。从典雅西服到"乞丐装"，从传统熟知的色系到水果色、泥土色甚至大花翻，从传统的着装搭配到上紧下松、上松下紧错落有致的穿法，男性青年通过着装时尚体现了他们的价值偏好：宽容、随意、自我主义。

3. 精品屋。从20世纪80年代中期开始，上海九江路一带就出现了各式各样的小店，专门出售同一品牌的物品，如"耐克"跑鞋、"老人头"皮鞋、"阿迪达斯"网球鞋等，被称之为"专卖店"。之后到90年代初，与之相类似的、装饰得更精美的、每一件物品都被

仔仔细细包装得十分"华丽"的小店相继出现，被人们称之为"精品屋"。逛"精品屋"有一种非常"城市"的感觉，因为里面的物品丰富、精致、前卫，给人以无限的想象：别针、丝巾、戒指，拥有了它仿佛拥有了浪漫的生活品质；花发夹、红头绳，好像又回到了童言无忌的年代；古朴的腕饰、小巧的挂件，似乎在述说着一段幽婉的故事……"精品屋"其实不是在卖"物品"，而是在卖"观念"——优雅、妩媚、格调、品位等新的生活方式。"精品屋"成为年轻人的精神寄养地与时尚发布室。

4. 美容。如今的女性终于发现，做女人挺好！因为这个年代的女人们想怎样"美"就可以怎样"美"：纹眉、纹眼线、睫毛加长、漂唇、高分子合成双

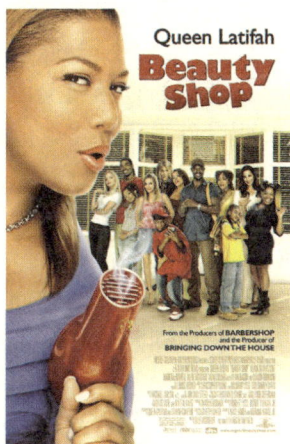

眼皮、无疤痕去眼袋、无痛拉皮除皱、激光祛斑、电子漂白、人工酒窝、软组织注射隆胸、超声乳化抽脂减肥……这些诱惑着多少青年女性加入了"人工美"的大军。而且，美容一直美到头发，让头发越来越柔，越来越飘，越来越"花"，也越来越短，满大街都是飒爽英姿的短发女郎。新偶像梁咏琪的一首《短发》亦风靡大街小巷："我已剪短我的发，剪断了牵挂……"

5. 假发。1996年底，在城市的"新生代"中开始了一轮"假发"的时尚追逐，以

后逐年攀升。城市的娱乐空间，充斥着"假发一族"，她们竞相以一种变化了的形象相互对视，又自我陶醉。甚至有的人的头上还出现了 10 种不同颜色的假发，她们的理由是，这些假发可以对应身上不同色调的服饰颜色，从而营造出不同的风格。有些女孩子戴着假辫子，试图显示出莫里哀时代的做派。她们不仅仅为了表现极端和前卫，还诠释一种新的服饰理念：头发、服装、背包、鞋子、饰品的同款、同色、同风格、同时代，"伪装"的是美丽的，是富有审美情趣的。

6. 迷你裙。"迷你裙"曾在 70 年代末风起于青萍之末，但出于对生命、本能、性感的恐惧，彼时的"迷你裙"被定义为"邪恶""猥琐""卑污"，作为一种"文化禁忌"而遭到扼杀。20 世纪 90 年代中期，青年人冲破了这堵"禁忌"之墙。以"迷你裙"为主要物象特征、以性感为主要特质的青年文化，正席卷着上海等一些工业文明比较高的城市。这股激荡的性感文化潮流，表现出青年的勇敢、自信、活力，让年长一代也不得不注意：身体本身是我们生活中不能回避的最大主题。然而，部分青年对"性"的过度崇拜，冲淡了迷你裙中透露出来的社会意义，也部分消解了迷你裙族回归自然和解放自身的社会意蕴。

7. 凉拖鞋。1997 年之夏，美女都爱穿凉拖。拖鞋本是家居和澡堂里的专利，但如今城市中对时尚有着偏执激情的年轻女性，在必备的日常消暑用品拖鞋上掀起了新一轮时尚，大街上出现了趿着五颜六色的凉拖鞋的。但她们追逐的对象，却是朝着做工精致与质地粗劣两种截然相反的方向发展。城市时尚的"前卫主义"者，是做工精致的凉拖鞋的拥趸者，她们成分复杂，阶层不一，但清一色的漂亮、性感、魅力四射。她们穿着售价四五百元左右做工相当精致的拖鞋，姿态优雅地出入各种高档娱乐场所。一双双涂着红色、银色、玫瑰色指甲油的脚与色彩相同的拖鞋、衣服相配，炫耀着一种从头到脚的自信与美丽。进入城市的"异乡人"则偏好质地粗劣的凉拖鞋。她们所受的教育不多，成就也并不很大，因而常常选用便宜的复合皮质拖鞋，有的干脆穿着塑料拖鞋。宽大的鞋面无法裹住脚，半只脚经常"冲出"鞋面，或者歪向一边，劣质的硬鞋底发出"啪嗒、啪嗒"的声音，肆无忌惮地敲打着地面，像是生活在乡野市井，并不在乎传统的清规戒律，随意甚至有点放任自流。两种截然相反的方向，映射着拖鞋的质地及其拥有主体心态的不同。但她们却又殊途同归，集结于对传统的反叛和"放纵脚"的强烈需求。

8. 彩发。当香港影星刘德华一头黄发出现在镜头中时，少男少女们的心一下子沸腾了：原来五彩缤纷的头发可以把黄皮肤的脸衬托得如此漂亮。似乎一夜之间，染成棕色、栗色、金色、红色的头发像彩旗般飘荡在城市的大街小巷。走在街上，对面的金发女孩看过来，红发男孩看过去，满头红棕色头发中夹杂着一缕蓝发的少男少女也相对而视，彼此不需要语言，心境已十分相近：标新立异，洋溢着想象力、热情冲动和青春不羁的情怀；紧跟时尚，明知是个泡沫，也要欢欢喜喜地洗个泡沫浴；我行我素，把自己变成一个鲜明的标志，在都市街头冲击着每个人的视觉，体验青春的刺激和嚣张；对主流文化的反叛和挑战……正是这样一些情愫，培育起了青少年中的"彩发一族"。

9. 黄金饰品。1997年深秋，仅就上海来说，借助于以世界黄金协会为首的有关金饰品的一系列推广活动，金属饰品再一次冲击着都市的时尚生活，青年男女也加入了以拥有金饰品为荣的队伍。他们追逐金饰品，不仅仅因为其高贵和漂亮，还在于展示他们的内心：脖子上悬挂的是在细节处理上富有创意和艺术性的做工精巧的项链，他们为拥有一条个性化的金项链而感到时尚的满足；一些女子手指上戴着两个以上的戒指，其中一些造型非常独特，以示她们在经济上的地位以及文化品位绝不是无足轻重的；那些在"后消费时代"成长起来的男性"细小族"，也会在脖子上和耳垂下，装饰起千变万化的金饰品，或者是一只怪怪的小动物爬在耳朵边，或者一条很粗的金链紧紧地箍着脖子，体现的是自恋的情结、实力的炫耀、放荡狂野的个性；许多女子见别人买了她也要买，不管链子的形状如何，往脖子上一挂都是漂亮的，因为大家都挂了，我不挂，难看。在金饰品的追逐中，年轻人的心态是不尽相同的。

10. 斯沃琪。1997年夏季，可以看见一些腕上展现时尚风情的青年男女。根据人们佩带的手表，可以将他们分为不同的层面：年轻、有活力、爱赶时髦的年轻人，佩戴的是多姿多彩、新潮的"斯沃琪"手表；价位在二三千元、表面闪烁着宝石光芒的手表，是城市"白领族"购买的对象；真正的城市有产者腕上佩戴的是"雷达""劳力士""罗莱克斯"这些老牌子，其包含着高贵、声望、经济实力等意味。腕上的时髦在告诉人们，手表是装饰品而不是计时器的历史早已开始，不同阶层人士追逐的是不同的品牌与品位。

11. 松糕鞋。1998年初夏，一种又厚又笨又重的类似"松糕"的皮鞋和凉鞋在城市里流行起来。"松糕"是过去温暖过童年心灵但今日几近绝迹的物件。然而，现在的青年喜欢"松糕鞋"并不是为了那份童年的回忆，而是因为新鲜

与另类。传统的女性形象是鞋头尖尖、后跟高高的皮鞋，对应曲线玲珑的身子，配上精巧的饰品和精美的服饰所形成的那份精致的美感。现代女青年无暇顾及这份精致，但她们同样需要维持玲珑、纤弱，于是反向而行，配之以笨拙、粗犷、生猛。这种反向搭配，使她们显得很突出，不能再被忽视。无论这种不被忽视是属于让人不寒而栗，让人惊奇侧目，还是属于又一次冲击了美的视觉，总之，她们需要的就是不被忽视。

12. 洗头、洗脚加桑拿。20 世纪 90 年代初流行起来的洗头多少带有"暴富者"心态：现在咱也有钱了，花钱让人服务服务。于是，大街小巷遍布洗头房。邀上两三好友洗洗头，是一种时髦的休闲方式；商务招待也时兴"请你洗头"。洗头成为有钱有闲的象征。不久又出现了一股"桑拿热""按摩热"。按摩当然是异性的。本来享受舒坦是人之常情，劳累一天，洗洗澡，出身汗，去去身上的油垢，松快松快。当然，有人给你全身按摩一遭，解解乏，更是享受。但是当按摩一弄成异性，就变了味儿。所以，去进行桑拿、按摩的青年，在人们眼里便有了色情的嫌疑。政府当然不能任其发展，一声令下：一律取消。商家变着法子周旋：不让按摩全身就偏重两头，即按摩头和按摩脚。洗脚加按摩一面市，便大受欢迎。一是它国际化，在国际流行的养生项目中，有一项称之为足疗，就是脚底按摩；二是它养生，因为脚底对人体五脏有反射治疗的效果；三是避嫌，可以正大光明地享受异性脚底"按摩"。这也是外国文化在本土化过程中，烙上中国色彩的文化融合过程。

13. 纯银饰品与穿布鞋。戴黄金宝石证明你俗气，戴白金钻石证明你有钱，戴纯银饰品才时尚。北京、上海等城市的高档商店都卖西藏银饰品，价格不菲。古董一条街及著名旅游景点也都出售式样古旧、带着氧化特征的纯银手镯、锁

片。经常光顾纯银首饰的不仅是 20 几岁，还有 35 岁左右的中青年。银饰品特有的"远古""质朴""并不金贵但与什么衣服都能相配"等气质，重新唤回了年轻人对它的热衷。那种白底黑面、在脚面上切出一个狭长的 V 字、走路悄无声息的布鞋，曾经被人们当作低档货，放到地摊上去叫卖，现在又开始热销起

来。西装笔挺腋下夹高档公文包的成功商人、企业家，头顶彩发身着前卫的艺术家，挎着双肩背包、顶着厚眼镜的莘莘学子等，都热衷全手工、千层底的布鞋。穿布鞋的理由似乎很一致：方便、舒服、对身体有利。从纯银饰品到穿布鞋，折射出青年人对"随意方式"的偏好。

14. 剪个平头，喝点红酒。生活处处皆可成为时尚的突破点。男士头发也是烦恼丝，着实需要花费一番心思。长发嫌造作，光头嫌唐突，离头皮半厘米的平头正好。平头最大的好处是简单，显现出男性的阳刚。平头配衬衣或T恤，粗犷够性格；平头能衬托起男人不苟言笑的本色。于是大街小巷，留平头的男士比比皆是。流行剪平头，也流行喝红葡萄酒。餐桌上，无论男女都举起了红葡萄酒杯。"我只喝红酒"被当作高尚生活品质的象征。红酒于身体有益，喝红酒的人懂得保养身体，懂得生活。喝红酒约定俗成的习惯需要慢慢培养，比如不能一口饮尽，要配上好酒杯，不能高声喧哗，更不能大行酒令等。叫得出几个外国红酒的名称，如"波尔多""布艮地"等，因为那是身份的缘故，经常需要应酬。所以，端起红葡萄酒杯便与修养和身份有了一定的联系。剪平头与喝红酒并没有必然联系，但其间反映出青年人的复杂性：粗犷与优雅并存，简单与复杂共享。

15. 中空与热裤。2001年春夏流行服装十分抢眼。有一种很短的露出腰身和小肚子的上装，被称为"中空"。这种服装受到年轻女性狂热崇拜。年轻女性穿上它，摇曳着腰肢走在马路上，那感觉马上让人联想到印度女郎的"肚皮舞"，热烈、青春、健壮、活力，强烈地传递着大胆、公开而裸体的着装美学信号。与之呼应的是更加紧身的超级短裤，英文译作"HOTPANTS"——"热裤"。为什么短裤要用"热"来描述？一是"热裤"适合热天穿；二是它带给人们火辣辣的视觉冲击；三是它传递着一种现代情绪：结实修长的双腿显示出人体美；性感、俏丽、时尚的款式把奔放的味道发挥到极致；有限的体积和明快的线条演绎出来就是简洁；短短的裤子搭配短短的上衣，浑身散发着健康随意的生活意味……当然，女孩子们是否敢穿热裤，除了穿着的场合和穿着的心态外，还需要紧绷的肌肉、小麦肤色、流畅曲线的下肢，这一切是运动、营养、护理后才有的效果，那叫现代生活方式。

16. 炫耀红色。2001年，红色成为都市成熟女士的一种审美情结。头发染成红色，其好处是：红色头发在脸部的阴影和反光，使脸部更富于立体感；透红的肤色与红发有着相对的统一，形象自然而整齐；更有人喜欢用夸张而富有刺激性的正红、橘红和桃红染发，用挑染的方法，把醒目的红一丝一丝地放到一个整体的发色中去，亮丽、炫耀却并不唐突。另外还流行偏暖的胭脂红，如朱红、橘红、橙红、棕红、咖啡红，那是一种随意、自然、生活化、成熟的色彩。红装配红鞋十分走俏，偏向稳重而高贵的深红、暗红、紫红和枣红来进行搭配。红色的运动鞋，是个奇怪的新产品。它行销全球的搭配方式是乱配——

款式上的乱、色彩上的乱与配法上的乱，有人用淡天蓝的服装配它，有人用花边蕾丝裙配它。"红色风潮"卷起，并不单是一种流行色，也是一种心绪：纯女性化却并不妖媚；明朗却并不一览无余；全新、异类、随心所欲。人们看到的是成熟与偏执并存，矛盾又充满着挣扎的心绪。

17. 美甲。在指甲上涂上颜色，历来是女性优雅、闲适的一种样式。而现在，指甲涂上油彩有了变奏版：在一片小小的指甲上画上各种图案：白梅花俏皮地盛开在蔻丹指尖上，精致的小圆点在紫罗兰油彩的映衬下显得活泼、俏皮、有点含蓄，散发着浓浓的女人味。"美甲"还包括脚趾甲。夏季穿丝袜不再被认为很"洋气"，赤脚穿凉鞋，裸露着脚丫，脚趾涂上与衣服色彩相配的颜色才是时尚。更有甚者，大拇脚趾领军主色，与衣服颜色相呼应，其余脚趾色彩作为点缀。年轻女性们的生活愈发精致与浪漫，凡裸露之处都要而且都可以进行美化与修饰，又不完全是古典的，是在古典的含蓄中透着稍稍的"野气"，是在装饰下的"暴露"。"冲出传统，但又是适度的"，这种情结在年轻人的着装、染发、"美甲"中处处存在。

18. 韩流。20世纪末，一股韩国流行文化在中国大陆狂飙突进。从最早的酷龙、HOT，到后来的NRG、安在旭，乃至刚刚初露锋芒BABYVOX，均无一例外地在京城甚至全国掀起一阵"韩流"飓风，一大群韩国偶像型歌星影星全面登陆。中国青少年群起模仿，黑嘴唇、金黄或银白头发、上身绷紧下身宽松，耳朵鼻子甚至肚脐眼上打眼儿，被称之为"哈韩族"。从上世纪末到21世纪初，"韩流"依旧强劲，依然奔流不息。韩国流行文化推出一群精致、细腻、漂亮的男小青年和一大群惊艳美女。男小青年极尽柔情蜜意、缠绵悱恻的感情，肝肠寸断的分别离散，甚至对刁钻野蛮美女的一往情深。凡此种种，激起女性们对温情的爱怜。惊艳美女不仅激起男性青年的一片唏嘘声，眼瞳急剧扩大；同时女性也艳羡她们的风华绝代。从歌手到电影演员、电视演员、戏剧演员，人们欣赏到了男性的柔情、刚毅、忍让和执着与女性的青春、活力、善良、爱意和美丽。正是爱情和美丽这两大主题，在今天容易稀缺的年代，成为青年人最现实的追求。

19. 男人穿上透明装。在女式服装走马灯式变换的时代背景下，男士服装也逐步摆脱昏昏欲睡的沉闷与无趣，变得越来越鲜艳。目光所及之处，紧身T恤、花衬衫、垂挂流苏和收臀阔腿的裤子甚至透明装；面料上极尽闪亮、柔和、其而妖艳的效果；早先藏在领子里的红、橙、紫等冲击性很强的色彩，也毫无顾忌地登台亮相。男人掀起了又一轮穿花衣服潮流，而且比90年代初更加兴盛。他们在服装上不仅向女人看齐，连用品也向女人靠拢。人们惊呼：男性用品女性化了！同时，女人用品也在转向男性化。女孩子喷 BOSS 香水，剃个比男孩头发还短的板寸，套件夸张而肥大的地道的男式衬衫，这身打扮已司空见惯。这种反性别消费作为一种新的消费方式，受到青年人的青睐，不能简单地归结为性别意识淡化，其中还有要求个性张扬，在乎自我感受，不在乎外界评价等因素，甚至还反映了职业形象变异的痕迹和社会对双性人的需求——女性要求干练，男性要求温和。

## 附录一　历代服饰沿革表[①]

表一

| 朝代 | 西周 | 东周 | 秦代 |
|---|---|---|---|
| 公元 | 前 11 世纪—前 771 年 | 前 770—前 221 年 | 前 221—前 207 年 |
| 男子服饰 | | | |
| 特点 | 窄袖衫，大襟，腰佩大带，并饰有蔽膝 | 曲裾袍，大襟，腰系大带 | 窄袖衫，腰系革带，带端缀有带钩，下着裤 |
| 女子服饰 | | | |
| 特点 | 窄袖衫，矩领，腰带下饰有蔽膝 | 窄袖衫，鸡心领，腰系革带，以带钩相连 | 窄袖长袍，领袖各叠为三层，腰系丝带 |

① 李妙龄《中国历代服饰大观》，百龄出版社 1984 年版，第 244–245 页。

表二

| 朝代 | 汉代 | 魏晋 | 南北朝 | 隋代 |
|------|------|------|--------|------|
| 公元 | 前 206—220 年 | 220—420 年 | 420—589 年 | 581—618 年 |
| 男子服饰 |  |  | 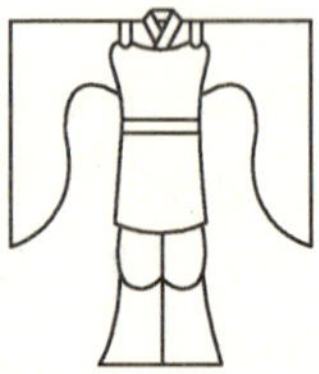 | 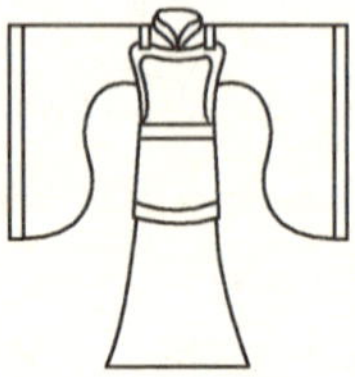 |
| 特点 | 曲裾袍，袖祛宽大，腰系大带，下着围裳 | 大襟衫，两袖宽博，腰系围裳 | 袴褶，裲裆，裤管膝盖处各缚一带 | 大袖衫，盘领，外着裲裆 |
| 女子服饰 |  |  | 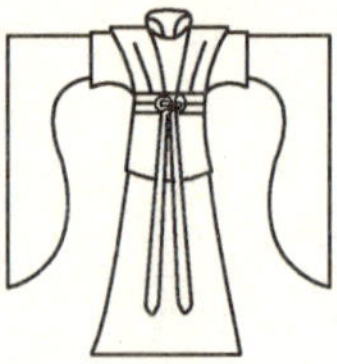 | 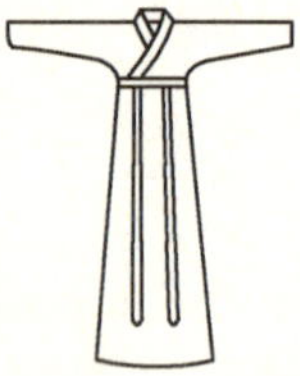 |
| 特点 | 曲裾袍服，大袖，衣襟盘旋而下，腰系丝带 | 窄袖衫，外着帔子，下穿长裙 | 对襟衫，两袖宽大，下着长裙 | 窄袖短襦，长裙曳地，裙腰系在腋下 |

表三

| 朝代 | 唐代 | 辽代 | 宋代 | 元代 |
|------|------|------|------|------|
| 公元 | 618—907 年 | 916—1125 年 | 960—1279 年 | 1271—1368 年 |
| 男子服饰 | 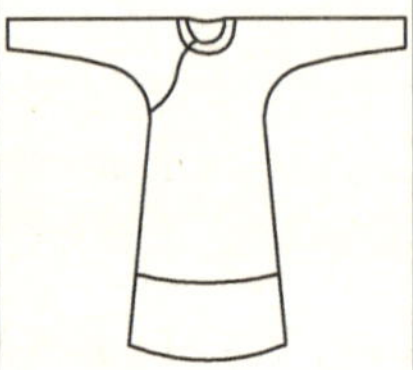 | 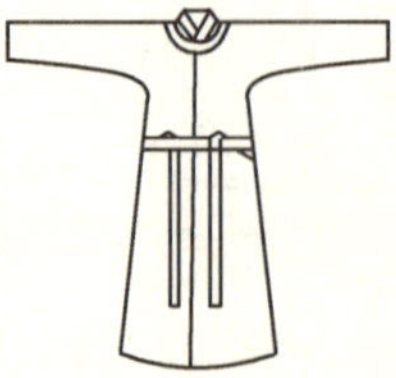 | 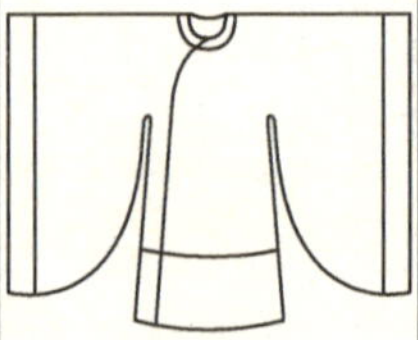 | 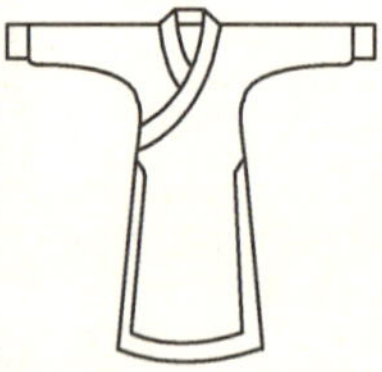 |
| 特点 | 圆领大襟袍，窄袖，膝下施一横襴 | 圆领窄袖袍，腰间系带，下垂过膝 | 圆领袍衫，大袖，膝下施一横襴 | 大襟袍，窄袖，下垂至地 |

| 朝代 | 唐代 | 辽代 | 宋代 | 元代 |
|------|------|------|------|------|
| 公元 | 618—907 年 | 916—1125 年 | 960—1279 年 | 1271—1368 年 |
| 女子服饰 |  |  | 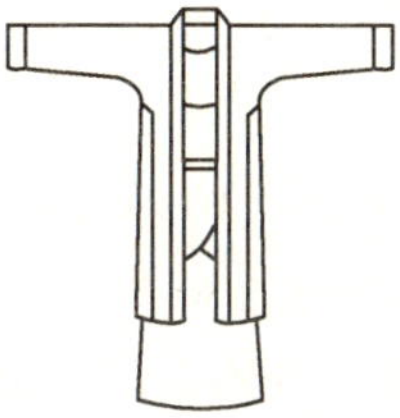 |  |
| 特点 | 窄袖短襦，长裙，外着半臂 | 圆领窄袖袍，左衽，腰间系带，下垂过膝 | 窄袖对襟背子，下着长裙 | 大襟袍，袖端收敛，下垂至地 |

表四

| 朝代 | 明代 | 清代 | 近代 |
|------|------|------|------|
| 公元 | 1368—1644 年 | 1644—1911 年 | 1911—1949 年 |
| 男子服饰 | 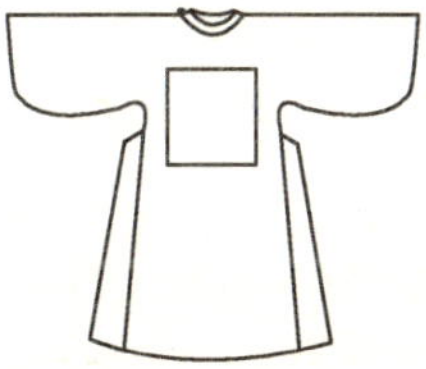 |  |  |
| 特点 | 盘领袍，前后各缀一方补子，左右 | 胁下缀摆马蹄袖，长袍，开衩，外着窄袖对襟马褂 | 窄袖长衫，外着对襟窄袖马褂 |
| 女子服饰 | 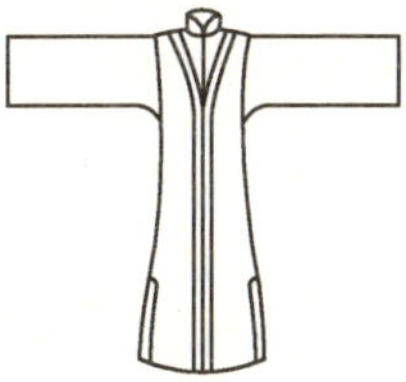 |  |  |
| 特点 | 宽袖对襟衫，长裙，外着比甲 | 窄袖旗袍，外着大襟马甲 | 无袖旗袍，元宝领，下长曳地 |

第一章 服饰民俗

# 附录二　妇女缠足起源考

　　关于妇女缠足起源，主要有三种说法：

　　第一种说法认为起自战国。清人赵翼《陔余丛考》引用《史记·货殖列传》："赵女郑姬，设形容，揳鸣琴，揄长袂，蹑利屣"，认为"利屣者，以首之尖锐言也，则缠足之风战国已有之"。

　　第二种说法认为起自南朝。《南史·齐东昏侯本纪》载：东昏侯萧宝卷"凿金为莲华以帖地，令潘妃行其上，曰：'此步步生莲华也'"。

　　第三种说法认为始于五代十国的南唐。元末陶宗仪《南村辍耕录·缠足》载：后唐"李后主宫嫔窅娘，纤丽善舞，后主作金莲，高六尺……令窅娘以帛绕脚，令纤小屈上作新月状，素袜舞云中，回旋有凌支之态。由是人皆效之，以纤弓为妙，以此知扎脚自五代而来方为之"。

　　前两种说法不确。南北朝男女靴可以互穿，唐代妇女穿男子靴衫成为一时风尚，绝不会是三小金莲。从审美观念上看，唐代妇女以壮健、丰满为美，纤细的金莲与时代风尚格格不入。所以，起自五代十国的说法为学术界所公认。

　　缠足的具体方法，在清人李汝珍的《镜花缘》中描述得非常详细。一般从四五岁开始，将脚趾并在一起，前脚掌向内弯进，脚成弓形，脚心凹处以能塞进一个鸡蛋为宜。然后用二寸宽的裹脚布狠狠地缠，一边缠一边用针线缝紧。时间一长，十趾腐烂，鲜血淋漓。一年后，足上腐烂的血肉已变成脓水流尽，只剩几根枯骨。

　　由于各种吹捧三寸金莲陋俗的推波助澜，致使缠足成为一种无奈的自觉，形成了一种扭曲了的审美观念，"牌坊要大，金莲要小"，一双金莲成为衡量妇女美与丑的鲜明标志。正常健康的大脚成为莫大的耻辱和终生的苦恼，"母以为耻，夫以为辱。"

**复习思考题：**

1. 服饰是怎样产生的？
2. 不同朝代服饰的主要特点。

**视频教学指南：**

《百年中国·时尚（帝国旧影）》《百年中国·时尚（文明新装）》《百年中国·时尚（共和新景）》《百年中国·时尚（旗袍春秋）》《百年中国·时尚（摩登生活）》《百年中国·时尚（朴素年代）》《百年中国·时尚（五彩缤纷）》等。

# 第二章
## 饮 食 民 俗 ◀

Shanghai,
28. October 1900

Chinese Dinner

中国家庭的晚餐

　　这是晚清外国明信片中关于中国家庭晚餐的记录。清朝统治者源于白山黑水之间，其饮食习惯是在东北形成的。东北满族淳朴的食风、简单的饮食方式随着清朝皇室入关也带到了北京城，正如嘉庆年间满洲旗人得硕亭在《草珠一串》竹枝词中所写："关东货始到京城，各处全开狍鹿棚。鹿尾鲟鱼风味别，发祥水土想陪京。"①

　　中国的饮食文化历史悠久，博大精深，在世界上素有"饮食王国"之称。"治大国若烹小鲜"的饮食哲学、以《饮膳正要》为代表的饮食著述、无与伦比的烹饪技艺、平衡膳食的优良传统、"三分治七分养"的食疗理论等，均是中国饮食对世界做出的巨大贡献。无论社会发展到哪个阶段，饮食都是一个亘古不变的话题。2012 年 5 月，大型美食类纪录片《舌尖上的中国》在中央电视台播出，立刻在社会上引起了强烈反响，饮食这一古老话题再次引起人们的关注。

--------

　　① 杨米人等著，路工编选：《清代北京竹枝词（十三种）》，北京古籍出版社 1982 年，第 54 页。

# 第一节　中国饮食文化及其贡献

## 一、饮食文化

　　饮食文化是指食物原料的开发利用、食品制作和饮食消费过程中的技术、科学、艺术以及以饮食为基础的习俗、传统、思想和哲学，即由人们食生产和食生活的方式、过程、功能等组合而成的全部食事的总和。通俗地说，饮食文化就是有关人类饮食活动的内容及其各种表现形式的总称。

　　从历史和现状来看，饮食文化包括物质型饮食文化和精神型饮食文化两个方面，物质型饮食文化包括狭义的饮食文化、酒文化和茶文化；精神型饮食文化包括礼仪、宗教、习俗、禁忌、艺术和节庆等。物质型饮食文化体现文化的物质属性，满足人的生理需求；精神型饮食文化体现文化的精神属性，满足人的心理需求。饮食文化的发展阶段和水

中国的菜肴往往是一件艺术品

平，体现物质文明和精神文明的基本特性，是一个社会文明的象征。

　　人类的饮食历史大体经历了自然饮食状态（生食阶段）和烹制饮食状态（熟食阶段）两大发展过程。随着人类社会历史的不断发展，人类的饮食活动也逐步具有了文化色彩，并由此产生和形成了包括物质与精神的饮食文化。

　　在远古社会，原始人茹毛饮血、食肉寝皮。先秦时期，饮食文化有了很大的进步。秦汉、魏晋南北朝、隋唐时期，铁制炊具开始取代青铜制炊具并推广使用，饮食资源继续开拓和大量外来食物传入，烹调技艺进一步提高和植物油、油煎法出现，饮食等级差别扩大和统治阶级筵宴规格升级，饮食市场和素食长足发展，各种地方风味加强。《齐民要术》《备急千金要方·食治》等划时代的烹调原理和食疗理论名著相继问世。我国的饮食结构逐步形成和发展，即以五谷为主食，辅以蔬菜、鱼肉，我国传统的饮食文化基本形成。五代、宋元、明清时期，我国的饮食文化发展迅速，饮食原料进一步丰富，烹调技艺趋于高超，名菜名点大量涌现，饮食市场日益繁荣，地方风味菜系定型，清代已形成鲁、川、扬、粤四大菜系。《饮膳正要》《随园食单》等一批较有影响的饮食专著出现，表明饮食理论越来越成熟。而奢华的宫廷饮筵则标志着我国古代的饮食文化达到了最高水平。近现代时期，随着西方帝国主义和日本军国主义的侵入，西方饮食文化和东洋饮食文化相继传入中国。改革开放之后，中西文化交流大大发展，中西饮食文化也得到了广泛交流，西餐、西式糕点等逐步为普通百姓

所接受。目前，中国饮食文化向高、精、尖方向发展，达到色、香、味、形、声、器六美俱全。

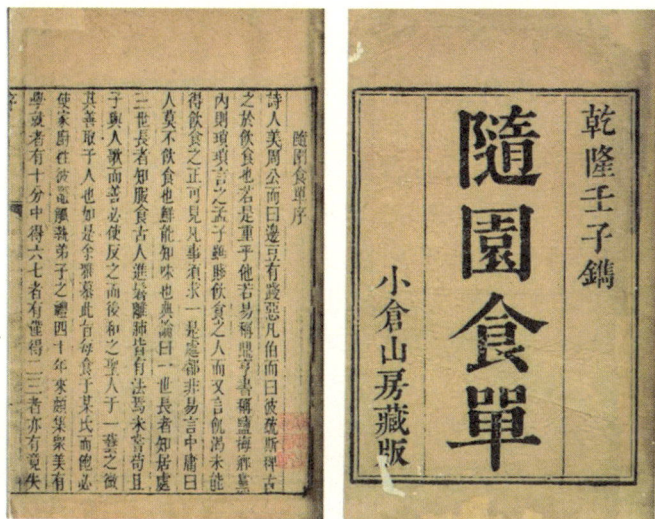

被誉为"文人食谱"的《随园食单》

## 二、中国饮食文化对世界的贡献

1. 中国饮食文化走向世界的五路先锋——筷子、陶瓷餐具、铁锅、大豆制品和饮茶风尚。中国饮食文化的对外影响，首先是餐具的外传。早在3000多年前的商代，中国已经使用筷子。到了汉代，筷子开始传到朝鲜，后来传到日本、越南等地。今天使用筷子的国家，包括中国、日本、韩国、朝鲜、越南、新加坡等，约16亿人口。加上约5 000万海外华人以及世界各地约16万家中式餐馆，全世界每顿饭约有17亿双筷子在被使用，占世界人口的近三分之一。

中国陶瓷餐具的外传地域，比筷子还要广泛，大约于汉晋期间，开始传入邻近各国。隋唐以后，传到南洋、印度洋沿岸和西亚、北非各国，接着传到欧洲和北美。外国称中国为"China"，就是以"瓷"来命名的。

宋代以后，中国佛山出产的铁锅，以轻薄耐用、不粘锅、不费油等优点而闻名遐迩，不仅深受南方各省人民喜爱，还畅销于南洋各国，少量销到北美和欧洲。

中国首创的制造豆腐技术，在唐代鉴真东渡时传到了日本，以后在朝鲜和东南亚各国陆续传开。近年西方世界发现他们传统的四高膳食（高蛋白、高脂肪、高热量、高胆固醇）中含有的过多的动物蛋白和脂肪对健康很不利，豆腐和大豆制品在欧美各地正日益崭露头角，现在我国的豆腐制品已达100多个品种，近年香港畅销于美国的维他奶就是豆奶。中国的大豆制品已逐渐普及全世界，为世界人民的健康和美味做出贡献。

中国是茶叶的故乡，栽培茶树已有 3000 年以上的历史。汉代以后，饮茶之风逐渐普及全国。唐宋期间，开始传到东亚和西亚各国，17 世纪以后，逐渐传到欧洲、北美、大洋洲和北非各国。如前所述，现在饮茶之风已普及世界五分之四人口。唐宋以来，茶叶、丝绸、瓷器成为中国三大传统出口产品，直到现在仍然如此。

2. 平衡膳食的优良传统和食疗学、烹调技艺走向全世界。中国膳食平衡的优良传统，对中华民族的健康繁衍起着积极的作用。今天那些素有"四高"膳食传统的国家的高发病，如肥胖症，直肠癌，膀胱癌，心血管疾病，糖尿病和过早衰老等，在中国的发病率都较低。世界医学界和卫生界公认，这与中国膳食平衡的民族传统有关，中国人的饮食结构，已成了当前世界的营养卫生学家研究和借鉴的重要课题。

中医很早就认识了医食同源的道理，中国又是本草学最发达的国家，早在2000 多年前，就萌发了食疗学理论。食疗学是建立在中医营养卫生理论和食品学结合的基础上的专门学科，对防病治病都起着重要作用。中医从中国养生学的要领中总结出治病的一条根本方针，即药物和营养相结合，也就是"三分治七分养"。

中国有着源远流长的烹调传统，早在春秋战国时期，已有比较系统的烹调理论，有关烹调的各个方面的经验，从选择屠宰对象，烹调与时令，主副食搭配，刀功，调味与火候等，都有丰富的经验总结。

3. 中国特产和园艺业在海外结出硕果。中国有不少特产，输出后经过培植改良，成为世界名产。饮誉世界的斯里兰卡红茶，是 19 世纪 20 年代才从中国引种的，他们的制茶技术也是从中国传入的。印度的种茶和制茶技术也是那时从中国引入的。现在斯里兰卡和印度都已是产茶大国。近年欣欣向荣的摩洛哥茶园，也是中国援建的。

4. 温饱工程和"菜篮子工程"为第三世界树立了榜样。中国在全国各地建立的粮、棉、油、肉、蛋、奶、茶、果、药生产基地数以千计，这是保证全国食料调剂，保证出口，保证国家储备的基本条件。同时在全国各省区和大中城市，推行"菜篮子工程"，把各省区的基本粮食和副食品，纳入省政和市政建设的战略地位，切实保证粮食和副食品生产的土地资源，确立基本农田保护区，保证优质高产的配套措施。因为粮食和副食品的供应，是维护社会安定，保证人民安居乐业，促进社会经济文化发展的首要条件。所以，在城市规划和国民经济中，保证粮食基地和实施"菜篮子工程"，始终占有战略性地位。因此，时任国家主席江泽民 1994 年 3 月 28 日会见金泳三时说："中国有近 12 亿人口，其中 8 000 万人还处于贫困状态，解决好这个问题就是对世界的一大贡献。"这些经验对于第三世界国家来说具有重要的参考价值。

## 第二节　传统饮食文化的原则与特性①

中国饮食文化的辉煌发展，主要得益于饮食思想的悠久的历史、丰富的内涵。这种深厚坚实的思想渊源，表现为基础理论的四大原则以及相关的五大特性。

### 一、中国饮食文化的四大原则

1. 食医合一。早在原始农业开始以前漫长的采集、渔猎生活时代，先民们就已经注意到人们日常食用的食物中有些品种具有某些治疗功能。可以说，医药学孕育于原始人类的饮食生活中。"民有疾病，未知药石，炎帝始味草木之滋，……尝一日而遇七十毒，神而化之，遂作方书，以疗民疾，而医道立矣。"② 由于饮食获取营养和医病二者的相互借助与影响，从"医食同源"的实践和初步认识中派生出中国饮食思想的重要原则，形成了中国特色的"食医合一"的宝贵传统。正因为如此，中国历史上饮食著述便与农学、医药学著作结下了不解之缘，无论是贾思勰的《齐民要术》，还是李时珍的《本草纲目》，或是其间与其后汗牛充栋的相关著作，莫不如此。

神农尝百草图

2. 饮食养生。先秦时代，把养生主张表达得最丰富突出的莫过于老子和庄子，他们主张用"吐故纳新"的"导引"气功来健身长寿。屈原甚至就饮食与长寿的关系发出由衷感慨："彭铿斟雉，帝何飨？受寿永多，夫何久长？"③《吕氏春秋》也注意到饮食对于长寿的作用："凡食之道，无饥无饱，是之谓五藏之葆。口必甘味，和精端容，将之以神气。""大甘、大酸、大苦、大辛、大咸，五者充形，则生害矣。"④《吕氏春秋》书中的相关论说可视为先秦饮食养生思想的荟萃，反映了时代的认识水平。

---

① 参见赵荣光：《中国饮食文化概论》，高等教育出版社 2003 年版，第 12—24 页。

② 叶沄：《纲鉴会编》卷 1。

③ 屈原：《楚辞·天问》。

④ 吕不韦：《吕氏春秋》卷 3。

43

但总的说来，我国饮食养生思想的明确及走上独立发展道路，乃至成为一种社会性的实践活动，却是进入汉代以后的事情。西汉淮南王刘安（公元前179—前122年）以皇族封国之富贵身体力行，在中国饮食养生思想和实践的历史上占有很重要的地位，他和门下士提出了一整套简单易行的养生方法："凡治身养性，节寝处、适饮食、和喜怒、便动静，使在已者得，而邪气因而不生。"①。三国时期的嵇康是位著名的养生理论家，他认为"呼吸吐纳""服食养身"是基本实践，"善养生者……识厚味之害性……"。② 东晋人葛洪也是一位著名的养生家，他主张"养生以不伤为本"，在饮食方面见解颇有见地："不欲极饥而食，食不过饱。不欲极渴而饮，饮不过多。凡食过则结积聚，饮过则成痰癖……不欲多啖生冷，不欲饮酒当风……五味入口，不欲偏多。"③

元代饮膳太医忽思慧的《饮膳正要》一书，对饮食养生及食疗、保健思想和成就进行了集大成式的工作，该书是中国乃至世界上第一本饮食卫生与营养学专著。忽思慧认为，饮食的原则应是利于养生，"故善服药者，不若善保养；不善保养，不若善服药。"④ 通过合理的饮食实现健康长寿的目的，逐渐成为中国古代的科学饮食观。元明之际著名养生家贾铭，不仅写出了我国第一部详论饮食禁忌的专著《饮食须知》，而且身体力行，享年106岁。他生于宋末，明初已达百岁高龄。他在回答明太祖朱元璋养生术之问时说："无它，只是注意饮食而已。"明代李时珍《本草纲目》一书，把饮食养生思想牢固地建立在科学唯物的

世界上第一本饮食卫生与营养学专著《饮膳正要》

基础之上。清代文人顾仲对烹调颇有研究，他将菜肴同养生结合起来，阐明了菜肴与养生的关系："饮食之人，大约有三。一曰饕餮之人，秉量甚宏，多多益善，不择精粗。一曰滋味之人，求工烹饪，博及珍奇，又兼好名，不惜多费，损人益之，或不暇计。一曰养生之人，务洁清，务熟食，务调和，不侈费，不尚奇。食品本多，忌品不少，有条有节，有益无损，遵生颐养，以和于身。日

---

① 刘安：《淮南子·诠言训》
② 嵇康：《嵇中散集》卷4。
③ 葛洪：《抱朴子·内篇》。
④ 忽思慧：《饮膳正要》卷1。

用饮食，斯为尚矣。"这样既达到了"养生"的目的，也符合"饮食以卫生"的原则。①

3. 本味主张。注重原料的天然味性，讲求食物的隽美之味，是中华民族饮食文化很早就明确，并且不断丰富发展的一个原则。中国人对食物隽美之味永不满足的追求，中国上流社会筵宴上味道的无穷变化，美食家和事厨者精益求精的探索，终于创造出中国饮食文化"味"的独到成就，形成中国饮食文化的突出特色，以致使洋人惊呼：中国人不是在吃食物，而是在"吃味道"。对于饮食品讲究色、香、味、形、声、器并举，这是中国传统饮食文化一个很显著的特色。在许多特定场合的餐桌上，可以看到所摆设的各种菜肴，不仅是营养与保健并存的美味佳肴，而且宛如陈列着形象高超的艺术作品，会使人感到赏心悦目，垂涎欲滴。

4. 孔孟食道。孔孟食道即孔子和孟子关于饮食的基本风格与思想倾向。孔

孔子像

子的饮食思想和原则，集中体现为："食不厌精，脍不厌细。食馐而餲，鱼馁而肉败不食；色恶不食；臭恶不食；失饪不食；不时不食；割不正不食；不得其酱不食；肉虽多，不使胜食气；唯酒无量，不及乱；沽酒市脯不食，不撤姜食，不多食；祭于公，不宿肉；祭肉，不出三日，出三日，不食之矣。"② 孔子饮食主张可以概括为：饮食追求美好，加工烹制力求恰到好处，遵时守节，不求过饱，注重卫生，讲究营养，恪守饮食文明。孟子完全承袭并坚定地崇奉着孔子饮食上的信念与准则，并且通过他对饮食的理解与实践，深化发展为系统化的"孔孟食道"理论：食治—食功—食德。孟子主张"非其道，则一箪食不可受于人；如其道，则舜受尧之天下不以为泰"。③ 因此，他提出不碌碌无为白吃饭的"食治"原则，这一原则既适用于劳力者，也适用于劳心者。

## 二、中国饮食文化的五大特性

1. 食料选取的广泛性。一方面是由于中国幅员辽阔，北南跨越寒温带、中温带、暖温带、亚热带、热带，东西递变为湿润、半湿润、半干旱、干旱区、高原、山地、丘陵、平原、盆地等各种地形地貌交错，形成自然地理条件的复

---

① 顾仲：《养小录序》。

② 《论语·乡党》。

③ 《孟子·滕文公下》。

杂性和多样性特征。

2. 进食选择的丰富性。与广泛性互为因果、相互促进的则是进食选择的丰富性。应当说这种进食心理选择的丰富性是世界各民族的共性，但是中国人将这一人类共性发展为突出的民族个性。这种进食心理选择的丰富性表现在餐桌上，就是肴馔品种的多样性和多变性。

3. 肴馔制作的灵活性。由于上述的广泛性和丰富性以及中国人对于饮食、烹饪的独特观念，富于变化的传统烹调方法，从根本上决定了中国人肴馔制作的灵活性。手工经验操作的中国肴馔，既然不是通过严格定量由机械规范生产的产品，它们就只能一地厨师一个样，一个厨师一个样，一时厨师一个样；这种千个厨师同时操作千个样，一个厨师千时操作千个样的文化现象，正是中国肴馔手工经验操作的必然结果。

4. 区域风格的传承性。我国疆域辽阔，各地气候、物产等存在着较大的差异，加之各区域民族、宗教、习俗等诸多情况的不同，在中国之内历史地形成了众多风格各异的饮食文化区。这种从饮食文化角度审视的文化区域风格的形成，是在漫长的历史过程中缓慢实现的。它的存在与发展，都体现出饮食文化的历史特性——封闭性、惰性和滞进性，这种特性在以自给自足的自然经济条件下尤为突出。从某种意义上说，某一人群的社会生活越是孤立、封闭，其文化的地域性便越明显，该种文化民族的和历史的，即传统的色彩便越典型，个性的特征便越鲜明。人类的历史文化，至少是殖民时代以前的世界多民族的文化，首先便是这种意义的地域性文化。

5. 区域文化的通融性。文化就其本质来说，非常明显的特征却没有十分严格的地理界限。只要有人际往来，便有文化的交流。饮食文化因其核心与基础是关乎人们的基本物质需要，即以食物能食的实用性为人类所需要，便具有不同文化区域间的天然通融性。

## 第三节 "八大菜系"

中国菜肴在烹饪中有许多流派，其中最有影响，最具代表性，为社会所公认的，主要有鲁、川、粤、闽、苏、浙、湘、徽等菜系，即人们常说的"八大菜系"。一个菜系的形成和悠久的历史与独到的烹饪特色是分不开的。同时也受到这个地区的自然地理、气候条件、资源特产、饮食习惯等影响。有人把"八大菜系"用拟人化的手法描绘为：苏、浙菜好比清秀素丽的江南美女，鲁、皖菜犹如古拙朴实的北方大汉，粤、闽菜宛如风流典雅的公子，川、湘菜就像内涵丰富充实、才艺满身的名士。中国"八大菜系"的烹调技艺各具风韵，其菜肴之特色也各有千秋。

## 一、菜系之首的鲁菜

山东菜简称"鲁菜"，是黄河流域烹饪文化的代表。鲁菜由济南、胶东两地的地方菜演化而成。其特点是清香、鲜嫩、味纯，十分讲究清汤和奶汤的调制，清汤色清而鲜，奶汤色白而醇。济南菜擅长爆、烧、炸、炒，其著名品种有糖醋黄河鲤鱼、九转大肠、油爆双脆、清汤燕窝等。胶东菜以烹制各种海鲜而闻名，口味以鲜为主，偏重清淡，其著名品种有干蒸加吉鱼、油爆海螺等。

九转大肠

油爆双脆

## 二、巴蜀美味的川菜

四川菜简称"川菜"。川菜历史悠久，风味独特，驰名中外。正宗川菜以成都、重庆两地的菜肴为代表。其特点是酸、甜、麻、辣香、油重、味浓，注重调味，离不开三椒和鲜姜，以辣、酸、麻闻名于世，为其他地方菜所少有，形成川菜的独特风味，享有"一菜一味，百菜百味"的美誉。烹调方法擅长烤、烧、干煸、蒸。川菜善于综合用味，收汁较浓，在咸、甜、麻、辣、酸五味基础上，加上各种调料，相互配合，形成各种复合味，如家常味、咸鲜味、鱼香味、荔枝味怪味等23种。代表菜肴的品种有大煮干丝、黄焖鳗、怪味鸡块、麻婆豆腐等。

鱼香肉丝

鲜花豆腐

### 三、清淡鲜活的粤菜

　　广东菜简称"粤菜"。粤菜是以广州、潮州、东江三地的菜肴为代表而形成的。原料广泛，花色繁多，形态新颖，善于变化，讲究鲜、嫩、爽、滑，一般夏秋力求清淡，冬春偏重浓醇。调味有所谓"五滋"（香、松、臭、肥、浓）、"六味"（酸、甜、苦、咸、辣、鲜）之别。烹调擅长煎、炸、烩、炖、焗等，菜肴色彩浓重，滑而不腻。尤以烹制蛇、狸、猫、狗、猴、鼠等野生动物而久负盛名，著名的菜肴品种有三蛇龙虎凤大会、五蛇羹、盐焗鸡、蚝油牛肉、烤乳猪、干煎虾碌和冬瓜盅等。

金龙乳猪

海南椰子盅

### 四、金齑玉脍的苏菜

　　江苏菜简称"苏菜"。苏菜是由苏州、扬州、南京三地菜肴为代表而构成的。苏菜有以下几个特点：一是选料严谨，制作精细，因材施艺，按时治肴；二是擅长炖、焖、煨、焐、蒸、烧、炒等烹饪方法且精于泥煨、叉烤；三是口味清鲜，咸甜得宜，浓而不腻，淡而不薄；四是注重调汤，保持原汁。著名的菜肴品种有清汤火方、鸭包鱼翅、松鼠鳜鱼、西瓜鸡、盐水鸭等。

松鼠鳜鱼

蟹粉狮子头

## 五、南料北烹的浙菜

浙江菜简称"浙菜"。浙菜是以杭州、宁波、绍兴、温州等地的菜肴为代表发展而成的。浙菜有以下几大特征：一是用料广博，配伍严谨，主料注重时令和品种，配料、调料的选择旨在突出主料、增益鲜香、去除腥腻；二是刀工精细，形状别致；三是火候调味，最重适度；四是清鲜嫩爽，滋、味兼得；五是浙菜几支，风韵各具。代表性的菜肴有西湖醋鱼、生爆鳝片、东坡肉、龙井虾仁、干炸响铃、叫化童鸡、清汤鱼圆、干菜焖肉、大汤黄鱼、爆墨鱼卷、锦绣鱼丝等。

西湖醋鱼

东坡肉

## 六、清鲜和醇的闽菜

福建菜简称"闽菜"，以烹制山珍海味而著称。闽菜是以福州、泉州、厦门等地的菜肴为代表发展起来的。其特点是色调美观，滋味清鲜。烹调方法擅长炒、溜、煎、煨，尤以"糟"最具特色。由于福建地处东南沿海，盛产多种海鲜，如海鳗、蛏子、鱿鱼、黄鱼、海参等，因此多以海鲜为原料烹制各式菜肴，别具风味。著名菜肴品种有佛跳墙、醉糟鸡、酸辣烂鱿鱼、烧片糟鸡、太极明虾、清蒸加力鱼、荔枝肉等。

佛跳墙

香露全鸡

## 七、香酥酸辣的湘菜

湖南菜又称"湘菜"，以湘江流域、洞庭湖区和湘西山区的菜肴为代表发展而成。其特点是用料广泛，油重色浓，多以辣椒、熏腊为原料，口味注重香鲜、酸辣、软嫩。烹调方法擅长腊、熏、煨、蒸、炖、炸、炒。其著名菜肴品种有腊味合蒸、东安子鸡、麻辣子鸡、红煨鱼翅、汤泡肚、冰糖湘莲、金钱鱼等。

冰糖湘莲

东安子鸡

## 八、古色古香的徽菜

徽菜是安徽菜的简称，又叫"皖菜"。徽菜由沿江菜、沿淮菜和徽州菜构成。沿江菜以芜湖、安庆的地方菜为代表，以后传到合肥地区，以烹调河鲜、家禽见长。沿淮菜由蚌埠、宿州、阜阳等地方风味菜肴构成。皖南的徽州菜是徽菜的主要代表，起源于黄山脚下的歙县，即古代的徽州。后因新安江畔的屯溪小镇成为"祁红""屯绿"等名茶和徽墨、歙砚等土特产品的集散中心，商业兴旺，饮食业发达，徽菜的重点逐渐转移到屯溪，在这里得到进一步发展。徽菜主要有四个基本特征：一是就地取材，以鲜制胜。安徽盛产山珍野味河鲜家禽，就地取材使菜肴地方特色突出并保证鲜活。二是善用火候，火功独到，根据不同原料的质地特点，成品菜的风味要求，分别采用大火、中火、小火烹调。三是娴于烧炖，浓淡相宜。除爆、炒、熘、炸、烩、煮、烤、焐等技法各有千秋外，尤以烧、炖及熏、蒸菜品而闻名。四是注重天然，以食养身。徽菜继承了祖国医食同源的传统，讲究食补，这是徽菜的一大特点。著名的菜肴品种有符离集烧鸡、无为熏鸭、火腿炖甲鱼、腌鲜鳜鱼、火腿炖鞭笋、雪冬烧山鸡、红烧果子狸、奶汁肥王鱼、毛峰熏鲥鱼等。

八公山豆腐

无为熏鸭

# 第四节　中国的茶文化与酒文化

## 一、茶文化

### （一）茶文化的形成

中国是世界上最早发现茶树、利用茶叶和栽培茶树的国家，被称为"茶叶的故乡"。中国人对茶的熟悉，上至帝王将相、文人墨客，下至贩夫走卒、平民百姓，无不以茶为好。"文人七件宝"——琴、棋、书、画、诗、酒、茶，茶道六艺是我国传统文化艺术的载体。在中国人的心目中，品茶既是物质生活的享受，又是文化艺术的鉴赏，它既能促进身体健康，又能陶冶情操。如今，茶已经成为中华民族的国饮，与咖啡、可可并称为"世界三大饮料"。

茶文化产生之初是由儒家积极入世的思想开始的。魏晋南北朝时，一些有眼光的政治家便提出"以茶养廉"，以对抗当时的奢侈之风。魏晋以来，天下大乱，文人无以匡世，渐兴清谈之风。这些人终日高谈阔论，必有助兴之物，于是多兴饮宴，所以最初的清谈家多酒徒，如竹林七贤。后来清谈之风发展到一般文人，但能豪饮终日不醉的毕竟是少数，而茶则可以长饮且始终保持清醒，于是清谈家们就转向好茶。所以后期出现了许多茶人。

唐代长安是当时的政治、文化中心，中国茶文化正是在这种大气

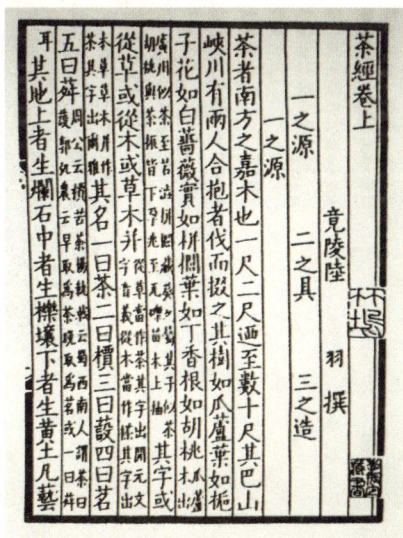

被誉为"茶叶百科全书"的《茶经》

候下形成的。"滂时浸俗，盛于国朝，两都并荆俞间，以为比屋之饮。"① 饮茶已经十分普遍而兴盛，"寒夜客来茶当酒，竹炉汤沸火初红。"② 茶文化的形成还与当时佛教发展、科举制度、诗风大盛、贡茶兴起、禁酒等有关。唐朝陆羽著有《茶经》一书，他将喝茶看作是一个艺术过程，包括烤茶、选水、煮茗、列具、品饮等环节；而且将"精神"贯穿茶事之中，将饮茶看作是自我修养、陶冶情操的手段，奠定了中国茶文化的理论基础，后世将他尊称为"茶圣"。

唐朝形成了以僧人、道士、文人为主的茶文化，而宋朝则进一步向上向下拓展。宋朝人拓宽了茶文化的社会层面和文化形式，茶事十分兴旺，但茶艺走向繁复、琐碎、奢侈，失去了唐朝茶文化的思想精神。元朝时，北方民族虽然嗜茶，但对宋人繁琐的茶艺不耐烦。文人也无心以茶事表现自己的风流倜傥，而希望在茶中表现自己的清节，磨练自己的意志。元朝至明中期茶文化形式相近，一是茶艺呈现简约化特征；二是茶文化精神与自然契合，以茶表现自己的苦节。晚明到清初，精细的茶文化再次出现，制茶、烹饮虽未回到宋人的繁琐，但茶风趋向纤弱，不少茶人甚至终身生泡在茶里，出现了玩物丧志的倾向。

如今，茶已发展成为风靡世界的三大无酒精饮料之一，饮茶嗜好遍及全球。在英国，茶被视为美容、养颜的饮料，从宫廷传到民间后形成了喝早茶、午后茶的时尚习俗，博学的勃莱迪牧师称茶为"健康之液，灵魂之饮"。在法国人眼里，茶是"最温柔、最浪漫、最富有诗意的饮品"。在日本，茶不仅被视为"万病之药"，"原子时代的饮料"，而且日本人在长期的饮茶实践中，使饮茶脱离了日常物质生活需要的范围，发展升华为一种优雅的茶道。

福建安溪功夫茶艺

---

① 陆羽：《茶经·六之饮》。
② 杜耒：《寒夜》。

（二）茶的分类

中国的茶叶主要分为绿茶、红茶、乌龙茶、白茶、黄茶、黑茶、再加工茶。

绿茶又称"不发酵茶"，以适宜茶树新梢为原料，经杀青、揉捻、干燥等典型工艺制成。按其干燥和杀青方法不同，一般分为炒青、烘青、晒青和蒸青绿茶。绿茶是历史最早的茶类，距今 3000 多年，也是我国产量最大的茶类，产区主要分布于浙江、安徽、江苏、江西、河南等省，代表茶有西湖龙井、安吉白茶、黄山毛峰、太平猴魁、六安瓜片、碧螺春、信阳毛尖、庐山云雾茶等。

红茶又称"发酵茶"，以适宜制作本品的茶树新芽叶为原料，经萎凋、揉捻、发酵、干燥等典型工艺精制而成。其汤色以红色为主调，故得名。红茶可分为小种红茶、工夫红茶和红碎茶，为我国第二大茶类，代表茶有滇红、祁门红茶、宜兴红茶等。

乌龙茶亦称"青茶""半发酵茶"，是我国几大茶类中，独具鲜明特色的茶叶品类。乌龙茶综合了绿茶和红茶的制法，其品质介于绿茶和红茶之间，既有红茶的浓鲜味，又有绿茶的清芬香，并有绿叶红镶边的美誉。乌龙茶的药理作用，突出表现在分解脂肪、减肥健美等方面。代表茶有文山包种茶、安溪铁观音、冻顶乌龙茶、武夷大红袍等。

白茶属于轻微发酵茶，是我国茶类中的特殊珍品，因其成品茶多为芽头，满披白毫，如银似雪而得名。主要产区在福建省建阳、福鼎、政和、松溪等县。白茶的制作工艺，一般分为萎凋和干燥两道工序，而其关键在于萎凋。白茶制法的特点是既不破坏酶的活性，又不促进氧化作用，并且保持毫香显现，汤味鲜爽。主要品种有白牡丹、白毫银针等。

人们从炒青绿茶中发现，由于杀青、揉捻后干燥不足或不及时，叶色即变黄，于是产生了新的品类——黄茶。黄茶属发酵茶类，黄茶的制作与绿茶有相似之处，不同点是多一道闷堆工序。闷堆过程是黄茶制法的主要特点，也是它同绿茶的基本区别。黄茶按鲜叶的嫩度和芽叶大小，分为黄芽茶、黄小茶和黄大茶三类。代表茶有君山银针、蒙顶黄芽、霍山黄芽等。

黑茶是我国生产历史十分悠久的特有茶类。在加工过程中，鲜叶经渥堆发酵变黑，故称"黑茶"。黑茶既可直接冲泡饮用，也可以压制成紧压茶。主要产于湖南、湖北、四川、云南和广西壮族自治区等省、自治区。代表茶有普洱茶。

以绿茶、红茶、乌龙茶、白茶、黄茶、黑茶的原料经再加工而成的产品称为"再加工茶"，包括花茶、紧压茶、萃取茶、果味茶和药用保健茶等，分别具有不同的品味和功效。代表茶有以下几类：花茶有茉莉花茶、珠兰花茶等，紧压茶有沱茶、六堡茶等，速溶茶有绿源牌速溶茶。

## 二、酒文化

### （一）酒的产生

中国是世界上最早酿造酒的国家之一，对世界酿酒技术的发展做出过巨大的贡献。中国酒的原始发明者到底是谁，众说纷纭，莫衷一是。晋人江统在《酒诰》中说："酒之所兴，肇自上皇，或云仪狄，一曰杜康。有饭不尽，委余空桑，郁积生味，久蓄气芳，本出于此，不由奇方。"这里的"上皇"指的是大禹，说当时中国才开始酿酒当然是不正确的。考古学的大量资料和有关文献记载证明，中国发明酿酒的时间要早得多。

在原始社会，原始人主要以野果为生，野果中含有能够发酵的糖类，在酵母菌的作用下，可以产生一种具有香甜味道的液体，这就是最早出现的天然果酒。后来又出现了用谷物酿酒。谷物酒的酿造比果酒要复杂得多，谷物不能与酵母菌直接作用生出酒。淀粉必须先经由水解作用成为麦芽糖，才可能酒化。人类初次酿造成功可能是由于谷物保管不善而发芽发霉，自然成酒，这便是谷芽酒。

中国酒文化源远流长，已有4000余年的历史。据说殷人特别喜欢喝酒，纣王曾经"以酒为池""悬肉为林""为长夜之饮"，据说商朝因此而亡国。《尚书·酒诰》就是周成王告诫殷的遗民要以纣王为鉴，不要沉湎于酒的文献。因此，周公开始出现中国历史上的首次禁酒。上古造酒方法简单，用桑叶包饭发酵而成。到了周朝，已有酿酒的专门部门和管理人员，酿酒工艺也有了较为详细的记录，并已达到相当的水平。到南北朝时，开始有"酒"这一名称。唐宋时酿酒业已很兴盛。古人制酒只是用酵母菌自然发酵，酒的度数很低，并且多带有甜味，因此文学作品中会经常出现豪饮而不醉的描写，使现代人惊羡不已，以为海量。

### （二）古代酒具

远古时期人类茹毛饮血，火的使用结束了原始的生活方式。农业兴起不仅有了赖以生存的粮食，还可以随时用谷物作为原料酿酒。陶器的出现，人们开始有了炊具；从炊具开始，又分化出了专门的饮酒器具。究竟最早的专用酒具起源于何时，还很难定论。因为在古代，一器多用是非常普遍的。远古时期的酒，是未经过滤的酒醪，呈糊状和半流质，对于这种酒，就不适于饮用，而是食用（吃酒）。因此食用的酒具应是一般的食具，如碗、钵等大口器皿。远古时代的酒器制作材料主要是陶器、角器、竹木制品等。

早在6000多年前的新石器文化时期，已经出现形状类似于后世酒器的陶器，如裴李岗文化时期的陶器。南方的河姆渡文化时期的陶器，也能使人联想到商代的酒具有相当悠久的历史。酿酒业的发展、饮酒者身份等原因，使酒具从一般的饮食器具中分化出来成为可能。酒具质量的好坏，往往成为饮酒者身份的象征之一。专职的酒具制作者也就应运而生。在山东大汶口文化时期的一个墓穴中，曾经出土了大量的酒器（酿酒器具和饮酒器具），据考古人员分析，死者生前可能是一个专职的酒具制作者。在新石器时代晚期，尤其以龙山文化时期为代表，酒器的类型增加，用途更加明确，与后世的酒器有较大的相似性。这些酒器有罐、瓮、盂、碗、杯等。酒杯的种类繁多，有平底杯、圈足杯、高圈足杯、高柄杯、斜壁杯、曲腹杯、觚形杯等。

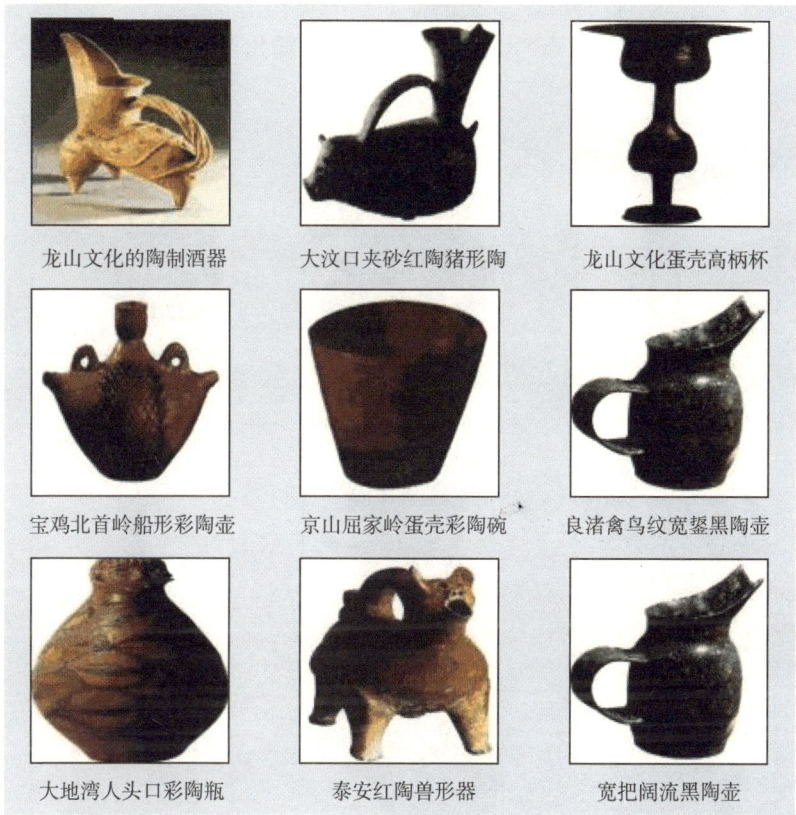

龙山文化的陶制酒器　　　大汶口夹砂红陶猪形陶　　　龙山文化蛋壳高柄杯

宝鸡北首岭船形彩陶壶　　　京山屈家岭蛋壳彩陶碗　　　良渚禽鸟纹宽鋬黑陶壶

大地湾人头口彩陶瓶　　　泰安红陶兽形器　　　宽把阔流黑陶壶

陶制酒具

商代由于酿酒业较为发达，青铜器制作技术提高，中国的酒器达到前所未有的繁荣。当时的职业中还出现了"长勺氏"和"尾勺氏"这种专门以制作酒具为生的氏族。周代饮酒风气虽然不如商代，但是酒器基本上沿袭了商代的风格，周代专门制作酒具者叫作"梓人"。青铜器起于夏，现已发现最早的铜制酒器为夏二里头文化时期的爵。青铜器在商周达到鼎盛，春秋没落，商周的酒器的用途基本上是专一的。据《殷周青铜器通论》，商周的青铜器共分为食器、酒器、水器和乐器四大部，共 50 类，其中酒器占 24 类。按用途分为煮酒器、盛酒器、饮酒器、贮酒器。此外还有礼器。形制丰富，变化多样。但也有基本组合，其基本组合主要是爵与觚，或者再加上斝。同一形制，其外形、风格也带有不同历史时期的烙印。

盛酒器具是一种盛酒备饮的容器。其类型很多，主要有以下一些：尊、壶、区、卮、皿、鉴、斛、觥、瓮、瓵、彝。每一种酒器又有许多式样，有普通型，有取动物造型的。以尊为例，有象尊、犀尊、牛尊、羊尊、虎尊等。饮酒器的种类主要有觚、觯、角、爵、杯、舟。不同身份的人使用不同的饮酒器："宗庙之祭，尊者举觯，卑者举角。"[1] 温酒器，饮酒前用于将酒加热，配以杓，便于取酒。有的称温酒器为"樽"，汉代流行。湖北随州曾侯乙墓中的铜鉴，可置冰贮酒，故又称为"冰鉴"。

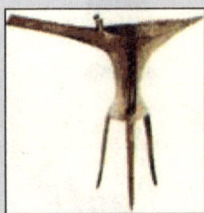

二里头乳钉纹铜爵

殷墟妇好墓鸮形铜尊

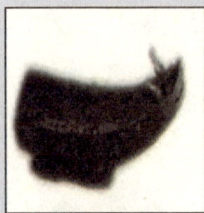

鳄鱼纹龙形铜觥

商代晚期的青铜象尊

兽面纹斝

旅父乙铜觚

莲鹤铜方壶

犀牛铜尊

鎏金镶宝石熊足铜樽

青铜制酒器

商周以降，青铜酒器逐渐衰落，秦汉之际，中国南方漆制酒具流行。漆器成为两汉、魏晋时期的主要类型。漆制酒具，其形制基本上继承了青铜酒器的

---

[1] 《礼记·礼器》。

形制。有盛酒器具，饮酒器具。饮酒器具中，漆制耳杯最为常见。湖北云梦睡虎地 11 座秦墓中，出土了漆耳杯 114 件，在长沙马王堆一号墓中也出土了耳杯 90 件。汉代时人们饮酒一般是席地而坐，酒樽置于席地中间，里面放着盛酒的勺子，饮酒器具也置于地上，故形体较为矮胖。魏晋时期开始流行坐床，酒具变得较为瘦长。

瓷器大致出现于东汉前后，与陶器相比，不管是酿造酒具还是盛酒或饮酒器具，瓷器的性能都超过陶器。唐代的酒杯形体比过去的要小得多，故有人认为唐代出现了蒸馏酒。唐代出现了桌子，也出现了一些适于在桌上使用的酒具，如注子，唐人称为"偏提"，其形状类似于今天的酒壶，有喙，有柄，既能盛酒，又可注酒于酒杯中。因而取代了以前的樽、杓。宋代是陶瓷生产的鼎盛时期，有不少精美的酒器。宋代人喜欢将黄酒温热后饮用，因此发明了注子和注碗配套组合。使用时将盛有酒的注子置于注碗中，向注碗中注入热水，这样便可以温酒。明代的瓷制品酒器以青花，斗彩，祭红酒器最有特色。清代瓷制酒器具有特色的有珐琅彩、素三彩、青花玲珑瓷及各种仿古瓷。

在我国历史上还有一些独特材料或独特造型的酒器，虽然不很普遍，但是具有很高的欣赏价值，如金、银、象牙、玉石、景泰蓝等材料制成的酒器。

明清时期至新中国成立后，锡制温酒器广为使用，主要为温酒器。

夜光杯：唐代诗人王翰有一句名诗："葡萄美酒夜光杯"，夜光杯为玉石所制的酒杯，现代已仿制成功。

倒流壶：在陕西省博物馆有一件北宋耀州窑出品的倒流瓷壶。壶高 19 厘米，腹径 14.3 厘米，它的壶盖是虚设的，不能打开。在壶底中央有一小孔，壶底向上，酒从小孔注入。小孔与中心隔水管相通，中心隔水管上孔高于最高酒面，当正置酒壶时，下孔不漏酒。壶嘴下也是隔水管，入酒时酒可不溢出。设计颇为巧妙。

鸳鸯转香壶：古代皇宫中使用的酒壶，能在一壶中倒出两种酒来。

九龙公道杯：产生于宋代，上面是一只杯，杯中有一条雕刻而成的昂首向上的龙，酒具上绘有八条龙，故称"九龙杯"。下面是一块圆盘和空心的底座，斟酒时，如适度则滴酒不漏，如超过一定限量，酒就会通过"龙身"的虹吸作用，将酒全部吸入底座，故称"公道杯"。

渎山大玉海：专门用于贮存酒的玉瓮，用整块杂色墨玉琢成，周长 5 米，四周雕有出没于波涛之中的海龙、海兽，形象生动，气势磅礴，重达 3 500 千克，可贮酒 30 石。据传这口大玉瓮是元始祖忽必烈在至元二年（1256 年）从外地运来，置在琼华岛上，用来盛酒，宴赏功臣，现保存在北京北海公园前团城。

（三）酒的分类

现代酒类分类的方法有三种：一是根据酿造方法不同，把酒分为蒸馏酒、发酵酒和配制酒；二是根据酒精含量的高低分类，酒又分为高度酒、中度酒和低度酒；三是根据饮用传统分类，或称商业分类法，酒则分为白酒、黄酒、啤酒、葡萄酒、果酒、露酒和药酒等。

蒸馏酒是指原料经过糖化和酒精发酵后用蒸馏法制成的酒，一般需存一定时间，使其发生后熟作用。蒸馏酒制作过程一般包括原料的粉碎、发酵、蒸馏及陈酿四个过程，这类酒因经过蒸馏提纯，因此酒精含量较高。按制酒原料的不同，大约可分为以下几种：中国白酒、白兰地酒、威士忌酒、伏特加、龙舌兰酒、朗姆酒、度松子酒等。

清代制酒图

发酵酒又称"酿造酒"，酿造后不需要蒸馏即可直接饮用的酒，一般度数较低。按原料来源可分为两类：一是用谷类等含淀粉原料酿造而成，需经霉菌糖化及酵母发酵，如黄酒、啤酒等；二是用果实、果汁等含糖原料酿造而成，只需经酵母发酵即可，如葡萄酒、果酒等。

配制酒即用成品酒或食用酒精，配以糖分、芳香原料或中药材混合贮存后经过滤而获得的酒。用芳香原料配制者称"露酒"；用中药材配制者称"药酒"。配制酒如山西杏花村汾酒厂的竹叶青酒、浙江等地的五加皮酒等。

黄酒选用糯米酿制而成，绍兴黄酒亦称为"绍兴老酒"，主要有状元红、加饭酒、善酿酒等。

啤酒是以大麦为主要原料，经过麦芽糖化，加入啤酒花，利用酵母发酵制成。酒精含量一般在2%~7.5%之间，是一种含有多种氨基酸、维生素和二氧化碳的营养成分丰富、高热量、低酒度的饮料酒。啤酒的历史距今已有8000多年，最早出现于美索不达米亚。啤酒是中国各类饮料酒中最年轻的酒种，只有百余年历史。1900年，俄国人首先在哈尔滨建立了中国第一家啤酒厂。其后，德国人、英国人等相继在东北三省、天津等地建厂，如1903年在山东青岛建立的英德啤酒公司等。1904年，中国人自建的第一家啤酒厂——哈尔滨市东北三省啤酒厂投产。啤酒的品种繁多，按麦汁浓度、颜色深浅、生产方法和包装的不同进行分类。按麦汁浓度，分为高、中、低三种浓度啤酒，低浓度啤酒的麦汁浓度为7%~8%，其酒精含量不超过2%；中浓度啤酒的麦汁浓度为10%~12%，酒精含量为3.1%~4%，是啤酒中产量和销量最多的品种；高浓度啤酒的麦汁浓度为14%~20%，含酒精量为5%~5.6%，稳定性好，色浓，固形物多，口味醇厚。

酒作为饮食文化中的重要组成部分，在远古时代就形成了一种大家必须遵守的礼节。有时这种礼节非常繁琐。但如果在一些重要的场合下不遵守，就有犯上作乱的嫌疑。又因为饮酒过量，便不能自制，容易生乱，制定饮酒礼节就很重要。明代的袁宏道，看到酒徒在饮酒时不遵守酒礼，深感长辈有责任，于是从古代典籍中采集了大量的资料，专门写了一篇《觞政》。这虽然是为饮酒行令者写的，但对于一般的饮酒者也有一定的意义。我国古代饮酒有以下礼节：主人和宾客一起饮酒时，要相互跪拜。晚辈在长辈面前饮酒，叫"侍饮"，通常要先行跪拜礼，然后坐入次席。长辈命晚辈饮酒，晚辈才可举杯；长辈酒杯中的酒尚未饮尽，晚辈也不能先喝完。

清代行酒令图

　　古代饮酒的礼仪约有四步：拜、祭、啐、卒爵。就是先做出拜的动作，表示敬意，接着把酒倒出一点在地上，祭谢大地生养之德；然后尝尝酒味，并加以赞扬令主人高兴；最后仰杯而尽。在酒宴上，主人要向客人敬酒（"酬"），客人要回敬主人（"酢"），敬酒时还要说上几句敬酒辞。客人之间相互也可敬酒（"旅酬"）。有时还要依次向人敬酒（"行酒"）。敬酒时，敬酒的人和被敬酒的人都要起立。普通敬酒以三杯为度。

**复习思考题：**

1. 什么是饮食文化？中国饮食文化的发展过程如何？
2. 中国饮食文化的四大原则与五大特性。
3. 中国饮食文化对世界的巨大贡献。
4. 八大菜系及其代表地域。

**视频教学指南：**

《舌尖上的中国》《中国味道：中国人的饮食世界》《龙井茶茶艺》《饮食与养生》等。

# 第三章
# 建筑与民居 ◀

上海世博会中国国家馆设计效果图

　　中国工程院院士、华南理工大学何镜堂教授以极具中国特色的"东方之冠"的外形设计构思"城市发展中的中国智慧"的主题，表达出中国文化的精神与气质。将篆字的二十四节气印于其上；还将圆明园中"九洲清晏"景观设计移植改造；更重要的是，大红外观、斗拱造型是设计大师从中国古建筑营造法则中获得的灵感。

　　中国古代建筑在世界上独树一帜，与欧洲建筑、伊斯兰建筑并称为"世界三大建筑体系"。中国建筑有着悠久的历史和辉煌的成就，博大精深的中国建筑文化，在古代以中国为中心，以汉式建筑为主，传播至日本、朝鲜、蒙古、越南等国，形成了别具一格的"泛东亚建筑风格"，在人类的文明史上写下了光辉的篇章。"栋梁之才""钩心斗角""债台高筑"等成语均与建筑有着直接关系。

# 第一节　中国古代建筑的分期

远古至秦代，这一时期文献与实物资料较为缺乏。商周战国以来，城郭宫室遗址虽有多处已经确定，但仍有待于考古发掘。

两汉时期为中国建筑成年时期，建筑事业极为活跃。史籍中关于建筑的记载颇为丰富，建筑之结构形状则有遗物可考其大略。但现存真正的建筑遗物，则仅墓室、墓阙数处，为间接之材料，如冥器汉刻之类。

魏晋南北朝时期，虽然在五胡扰攘之下山河破碎，但是宫殿与佛寺建筑极为兴盛。可以说，佛教之兴盛是建筑活动的一大动力。遗存至今者有石窟、佛塔、陵墓等，如开凿于北魏孝文帝年间的龙门石窟，之后历经东魏、西魏、北齐、隋、唐、五代、宋等朝代连续大规模营造达400余年之久。

龙门石窟局部

隋唐为中国工艺之全盛及成熟时期。由于政治安定，佛道两教兴盛。宫殿、寺观建筑均较为活跃。现存实物除石窟寺及陵墓外，砖石佛塔最多，如始建于唐高宗永徽三年（652年）的西安慈恩寺大雁塔。

五代宋辽金时期，五代赵宋以后，中国艺术开始华丽细致，至宋中叶以后趋于纤靡文弱。宋辽金均注重营建宫殿，佛寺殿宇之现存者，尚遍布华北各省，至于塔幢数量尤多。这一时期除遗留实物众多外，李诫还著有《营造法式》一书。《营造法式》是中国现存时代最早、内容最丰富的建筑学研究资料。

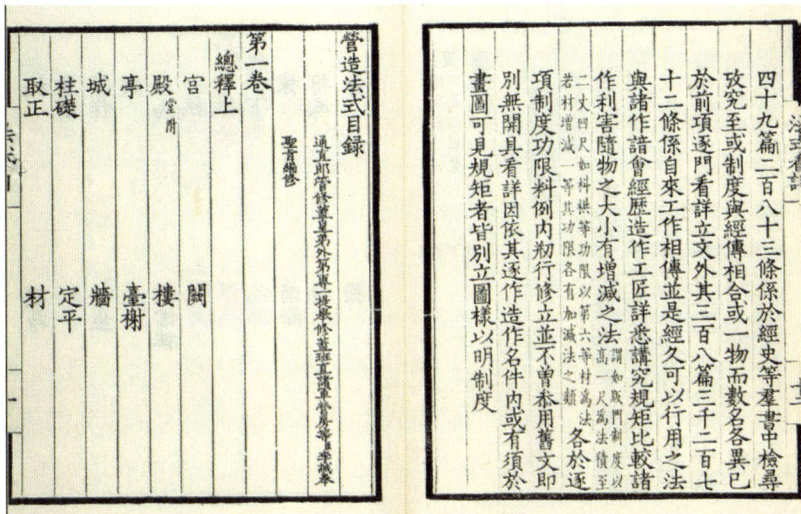

中国第一本详细论述建筑工程做法的官方著作《营造法式》

元明清三代奠都北京，都市宫殿之规模，为近代所未有，此期间建筑传统仍一如古制。至明清之交，始有西藏样式之输入外，更有耶稣会士，输入西洋样式。清朝《工程做法则例》之刊行，则为清代官式建筑之准绳。迨至清末，因与欧美接触频繁，醒于新异，标准摇动，以西洋建筑之式样渗入都市，一时呈现民居市井不知所从的混乱状态，旧建筑之势力日弱。

民国初年，建筑活动颇为沉滞。起初欧美建筑逐渐开拓其市场于中国各通商口岸，而留学欧美之中国建筑师亦起而抗衡，于是欧式建筑之风大盛。此后20 余年，建筑师开始逐渐顾及中国固有建筑。遂有采其式样以营建近代新建筑者，自此而后，建筑师对于其设计样式均有其他地域或时代式样之自觉，不像以前那样唯传统是遵。今后之中国建筑，也将像今后世界各处的建筑一样，将减少其绝对之地方性。

## 第二节　中国古代建筑的特征

### 一、中国古代建筑以木材为主要建筑材料，以木构架为主要结构方式

与西方古代建筑以石头作为主要建筑材料相比，中国传统建筑以木材作为主要建筑材料。至于中国建筑对于木材情有独钟的原因，著名建筑学家梁思成主要从观念的角度进行分析："盖中国自始即未有如古埃及刻意求永久不灭之工程，欲以人工与自然物体竞久存之实，且既安于新陈代谢之理，以自然生灭为定律；视建筑且如被服舆马，时得而更换之；未尝患原物之久暂，无使其永不

残破之野心。"①

中国古代木构架主要有抬梁、穿斗、井干三种方式。抬梁式是在立柱上架梁，梁上又抬梁，所以称为"抬梁式"，宫殿、坛庙、寺院等大型建筑物经常采用这种结构方式。穿斗式是用穿枋把一排柱子穿连起来成为排架，然后用枋、檩斗接而成，故称作"穿斗式"，

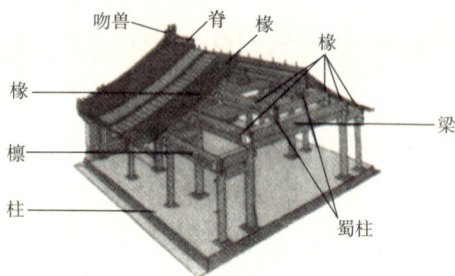

抬梁式

多用于民居和小型建筑物。井干式是用木材交叉堆叠而成的，因其围成的空间似井而得名。这种结构比较原始简单，除在少数森林地区外已很少使用。

穿斗式

井干式

## 二、中国古代建筑的平面布局具有简明的组织规律

中国传统建筑以"间"为单位构成单座建筑，再以单座建筑组成庭院，进而以庭院为单元，组成各种形式的组群。就单体建筑而言，以长方形平面最为普遍。此外，还有圆形、正方形、十字形等几何形状平面。就整体而言，重要建筑大多采用均衡对称的方式，以庭院为单元，沿着纵轴线与横轴线进行设计，借助于建筑群体的有机组合和烘托，使主体建筑显得格外宏伟壮丽。明清时期的紫禁城，从天安门开始，经过端门、午门、太和门、乾清门北至神武门，这是它的中轴线，两侧建筑均围绕对称轴而展开。梁思成曾经评论道："北京独有的壮美秩序就由这条中轴的建立而产生。"② 民居及风景园林则采用了"因天

---

① 梁思成：《中国建筑史》，百花文艺出版社 1998 年版，第 18 页。
② 梁思成：《北京——都市计划的无比杰作》，《梁思成文集》（四），中国建筑工业出版社 1986 年版，第 58 页。

时，就地利”的灵活布局方式。

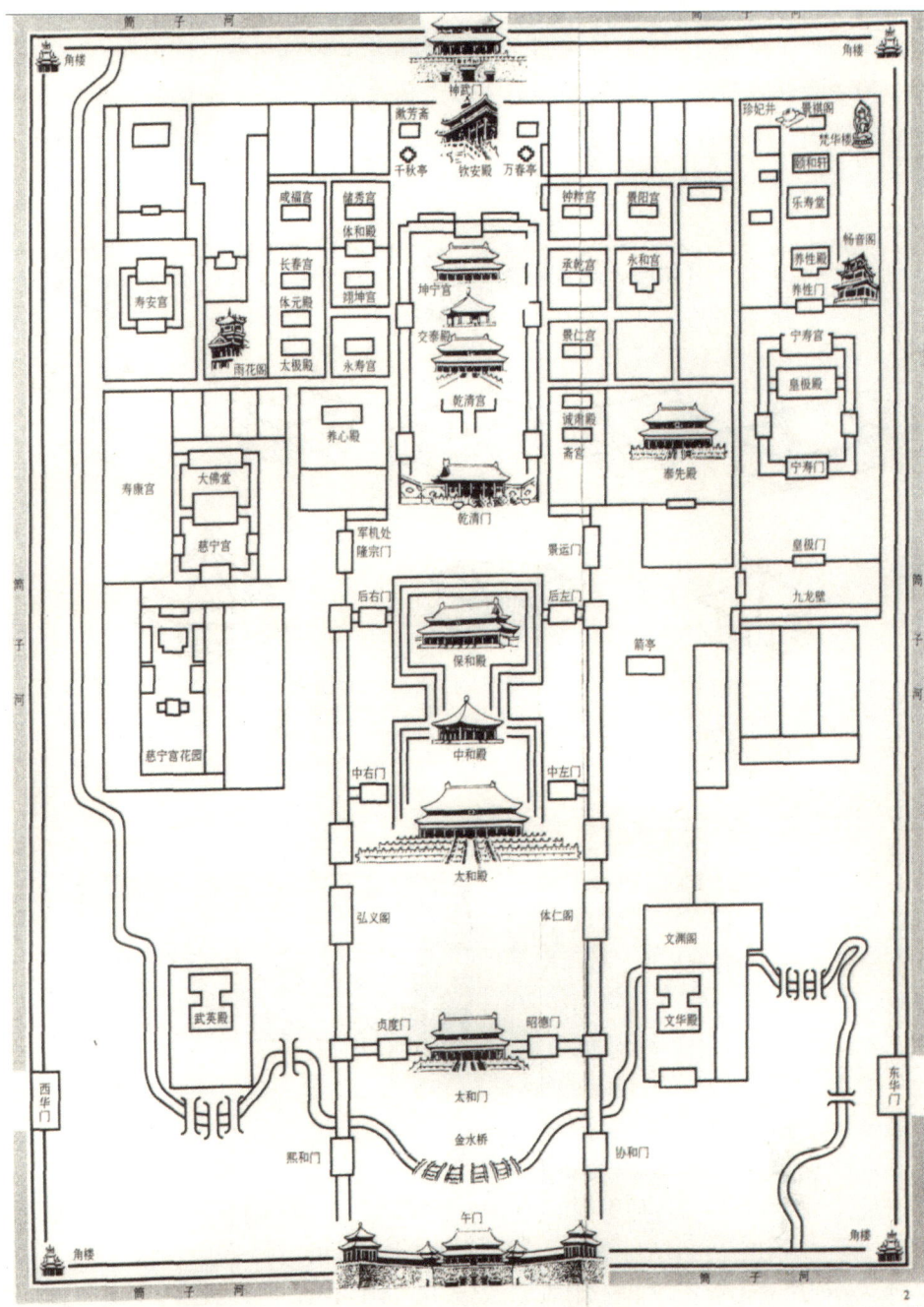

北京紫禁城建筑平面图

## 三、中国古代建筑的造型非常优美

　　中国古代建筑的造型以屋顶造型最为突出，主要有庑殿、歇山、悬山、硬山、攒尖、卷棚等形式。庑殿顶也好，歇山顶也好，都是大屋顶，显得稳重协调。屋顶中直线和曲线巧妙组合，形成向上微翘的飞檐，不但扩大了采光面、有利于排泄雨水，而且增添了建筑物飞动轻快的美感。

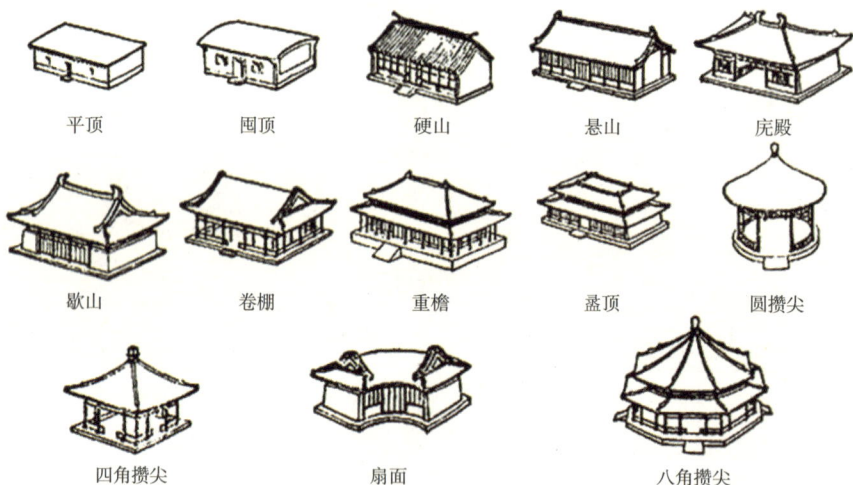

| 平顶 | 囤顶 | 硬山 | 悬山 | 庑殿 |
| --- | --- | --- | --- | --- |

| 歇山 | 卷棚 | 重檐 | 盝顶 | 圆攒尖 |
| --- | --- | --- | --- | --- |

| 四角攒尖 | 扇面 | 八角攒尖 |
| --- | --- | --- |

古代建筑屋顶形式图

## 四、中国古代建筑的装饰丰富多彩

　　中国古代的建筑装饰包括彩绘和雕饰。彩绘具有装饰、标志、保护、象征等多方面的作用。彩画多出现于内外檐的梁枋、斗拱及室内天花、藻井和柱头上，绘制精巧，色彩丰富。彩画分为三个等级：和玺彩画、旋子彩画和苏式彩画。和玺彩画是等级最高的彩画，其主要

和玺彩画

特点是：中间的画面由各种不同的龙或凤的图案组成，间补以花卉图案，画面两边用《　》框住，并且沥粉贴金，金碧辉煌，十分壮丽。旋子彩画等级次于和玺彩画，画面用简化形式的涡卷瓣旋花，有时也可画龙凤，两边用《　》框起，可以贴金粉，也可以不贴金粉，一般用次要宫殿或寺庙中。苏式彩画等级低于前两种，画面为山水、人物故事、花鸟鱼虫等，两边用《　》或（　）框起。

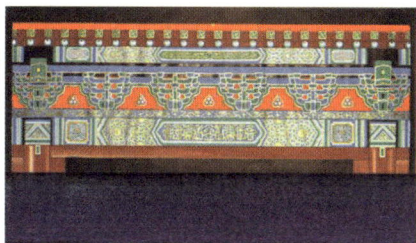

旋子彩画

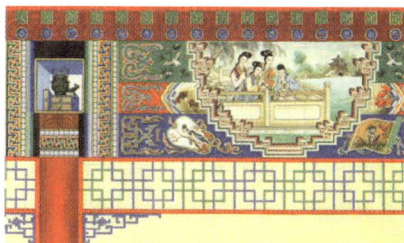

苏式彩画

雕饰是中国古建筑艺术的重要组成部分，包括墙壁上的砖雕、台基石栏杆上的石雕、金银铜铁等建筑饰物。雕饰的题材内容十分丰富，有动植物花纹、人物形象、戏剧场面及历史传说故事等。

## 五、中国古代建筑特别注意与周围自然环境的协调

建筑本身就是一个供人们居住、工作、娱乐、社交等活动的环境，因此不仅内部各组成部分要考虑配合与协调，而且特别注意与周围大自然环境的协调。中国的设计师们在进行设计时十分注意四周环境，对周围的山川形势、地理特点、气候条件、林木植被等，都要认真地调查研究，务必使建筑布局、形式、色调等和周围的环境相适应，从而构成为一个大的环境空间。清代乾隆年间，曾在圆明园内作画的法国传教士韩国英引征一位中国建筑大师关于园林选址意向时说："他们首先追求的是空气新鲜，朝向良好，土地肥沃；浅冈长阜，平板深壑，澄湖急湍，都要搭配得好；他们希望北面有一座山可以挡风，夏季招来凉意，有泉脉下注，天际远景有个悦目的收束，一年四季都可以返照第一道和末一道光线。"①

"中国画里的乡村"安徽黟县宏村

---

① 转引自王其亨主编：《风水理论研究》，天津大学出版社1992年版，第7页。

# 第三节　中国传统建筑简说①

## 一、斗拱、雀替

斗拱是中国传统木构架体系建筑中独有的构件，用于柱顶、额枋和屋檐或构架间，宋代《营造法式》中称为"铺作"，清代《工程做法则例》中称为"斗科"，通称为"斗拱"。斗是方形木块，拱是弓形短木。拱架在斗上，向外挑出，拱上安斗，逐层纵横交错叠加，形成上大下小的托架。斗拱的产生和发展有着非常悠久的历史。从2000多年前战国时代采桑猎壶上的花纹图案以及保存下来的汉代墓阙、壁画中，都可以看到早

斗拱

期斗拱的形象。斗拱的种类很多，形制复杂。按使用部位，斗拱可分为内檐斗拱、外檐斗拱、平座斗拱。外檐斗拱中，又可分为柱头科斗拱（用于柱头位置上的斗拱）、角科斗拱（用于殿堂角上的斗拱）和平身科斗拱（用于额枋之上的斗拱）。

雀替

在漫长的中国建筑史上，雀替是一种成熟较晚的构件和制式。虽然它的雏形可以追溯到北魏时期，但是直到宋代还没有正式成为一种重要构件，并不为人所注意。明代之后雀替才被广泛使用，并且在构图上得到不断的发展。

到了清代，十分成熟地发展成为一种风格独特的构件，大大地丰富了中国古典建筑的形式。雀替，又称"插角""托木"，用于横置的梁额与竖立的柱子交接处，其功用有三：缩短梁额的净跨长度；减小梁额与柱相接处的剪力；防阻横

---

① 参见史建：《图说中国建筑史》，浙江教育出版社2001年版，第4—21页。

竖构材间的角度倾斜。由拱形替日演变而来，安置在梁与柱交点的角落，具有稳定和装饰的功能。雀替从力学上的构件，逐渐发展成美学的构件，就像一对翅膀在柱的上部向两边伸出，一种生动的形式随着柱间框格而改变，轮廓由直线转变为柔和的曲线，由方形变成有趣而更为丰富、自由的多边形。于是雀替有龙凤、仙鹤、花鸟、花篮、金蟾等各种形式，雕法则有圆雕、浮雕、透雕。雀替的形式可归纳为七大类，就是大雀替、龙门雀替、雀替、小雀替、通雀替、骑马雀替和花牙子等。

## 二、屋顶、琉璃

中国古代的宫殿建筑是由台基、屋身和屋顶组成的，可以说在任何时候，屋顶都占有绝对重要的位置，有人甚至认为"中国建筑就是一种屋顶设计的艺术"。在现代建筑出现以前，世界上所有体系的古代建筑都非常重视屋顶形象，只是中国古代的木结构建筑不仅要防止屋顶漏雨，而且要保障木柱和墙壁不受雨淋，这就需要屋顶有更大的出檐。问题是过大的出檐会妨碍室内采光，当暴雨来临时，由屋顶直泻而下的雨水也会冲毁台基附近的地面。建筑学家们认为，正是基于这种考虑，中国古代建筑采用了独有的微微向上反曲的屋顶。屋顶起翘又称"角翘""翼角"，大约在东汉才出现雏形，唐宋时代逐渐成熟，平缓舒展而组合复杂，流传至今的宋画为我们提供了大量图例。到明清时代，这样的屋顶已成为中国建筑最重要的代表特征，只是屋顶已趋于类型化，变得陡峻威严了。

**中国传统建筑的屋顶类型简表**

| 屋顶 | 庑殿顶 | 硬山顶 | 歇山顶 |
|---|---|---|---|
| 特征 | 四面斜坡，有一条正脊和四条斜脊，屋面稍有弧度 | 屋面双坡，两侧山墙同屋面齐平，或略高于屋面 | 庑殿顶与硬山顶的结合，屋面上部转折成垂直三角形墙面；有一条正脊、四条垂脊和四条斜脊组成，因此又称"九脊顶"；一般佛教寺院的大雄宝殿为重檐歇山顶。 |
| 代表 | 故宫太和殿 | 山西王家大院 | 北京天安门 |
| 图示 | 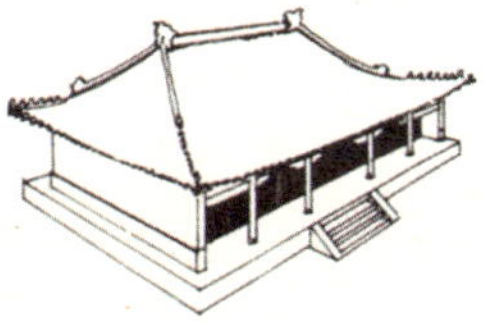 |  |  |

| 屋顶 | 悬山顶 | 攒尖顶 | 卷棚顶 |
|------|--------|--------|--------|
| 特征 | 屋面双坡，两侧伸出山墙之外；屋面上有一条正脊和四条垂脊，又称"挑山顶"。 | 平面为圆形或多边形，上为锥形屋顶，没有正脊，有若干屋脊交于上端；一般亭、阁、塔等常用此式屋顶。 | 屋面双坡，没有明显的正脊，即前后坡相接处不用脊而砌成弧形曲面。 |
| 代表 | 太原徐沟文庙 | 北京天坛祈年殿 | 颐和园文昌院 |
| 图示 |  |  |  |

　　屋顶还是区别建筑等级的重要标志之一。在庞大的建筑组群中，相同材料、颜色、尺度的建筑正是靠屋顶造型来区分空间秩序的。在建筑组群中，重檐贵于单檐，屋顶造型的等级以庑殿为贵，歇山次之，悬山再次，另外，还有方、圆、三角至多角等补充形式，看似简单的屋顶类型可以变化出多种动人的组合方式。而屋顶又以琉璃瓦为贵（最尊贵的是黄琉璃瓦），北京紫禁城金黄色琉璃瓦铺展成的屋顶"海洋"是东方古代建筑最为壮观的展示。另外，屋顶戗脊上的走兽也多有等级的象征意义，屋脊两端的鸱吻是与斗拱同样重要的建筑断代标志。而看似普通的檐口瓦当，因为遗存较多且纹饰精美，已成为研究和收藏的专门学问。

## 三、台基、栏杆

　　对中国古代建筑，尤其是宫殿建筑来说，除了斗拱和屋顶，最重要的特征就要属台基了。在北京紫禁城，金黄色琉璃瓦和暗红色宫墙烘托着的三层汉白玉台基，每每给人留下深刻的印象。明清建筑并不追求高耸突兀的空间效果，屋顶形状已经永远将宫殿与大地"抚平"，高敞的台基只不过是建筑等级的象征，这是宋元以来中国建筑的主要特点。从战国到汉唐的斗拱语言极盛的时代，"台"曾经长期处于主角位置。最早的台式宫殿建筑称为"台榭"，是成熟的斗拱时代到来之前，为追求建筑规模的宏伟壮观而夯土为建筑群的核心，著名的高台有春秋时期楚国的章华台、三国时期曹魏的铜雀台等。后来，在木结构水平高度成熟的汉唐时代，宫殿也大都建在夯土高台之上，著名的唐代大明宫含元殿更借龙首山的山势高居都城东北，现在残存遗址还高出地面 10 余米。六朝以后由于佛教文化的强烈影响，宫殿建筑逐渐遗弃了素朴的平座式台基，转而以须弥座的束腰形式雕琢装饰。到了明清，须弥座的雕饰已完全程式化，与之相呼应，石雕的栏杆也随之定型。这种超出功能需要的，装饰化、象征化了的栏杆，进一步夸张了台基的高度和层次感，成为可与屋顶抗衡的建筑形式。

故宫太和殿须弥座

## 四、屋身、色彩

　　不论是西方古代建筑还是现代建筑，屋身都占有绝对重要的地位。而中国的古建筑，尤其是宫殿建筑，与之相比，甚至可以说是没有屋身与墙的建筑。从空间意义上说，宫殿建筑的屋身应该有两层，最外一层是被栏杆象征性地框围和暗示，它的后面一排高大的立柱既撑起出挑的屋檐，也构成被称为"虚"空间的檐廊。可以说，它是具有更为明确指示意义的"墙"，也是室内外空间的过渡，在功能上檐廊为屋身遮蔽着雨雪和日晒。而屋身则退到第二层柱廊间，它通透、灵活，并不刻意强调自身的装饰语言。

　　唐代以前的屋身则更为素朴，往往只用直棂窗，墙壁简洁得近乎抽象派的作品，我们现在从日本的一些古建筑中还能看到这种具有素朴之美的装饰。当时建筑色彩也同样单纯，完全与那个具有雄浑开阔的审美趣味的时代相协调。宋元以后，建筑木结构油饰趋于华丽，与华贵的须弥座和艳丽的琉璃瓦相呼应，斗拱、梁额甚至立柱都饰满色泽浓烈的油彩。毫无疑问，油饰的色彩与图案也是受等级制度制约的，例如红色从明代开始就禁止用于民宅；同时，油饰也凸显出因为地域形成的人们的审美差异，例如，北方的油饰大多浓烈富丽，南方的油饰较为古雅素朴。

## 五、门、阙、牌楼

中国古代建筑的屋身中最重要的无疑是门。但是相对而言，在单体建筑中门的作用要远逊于建筑的其他部分，它往往需要用匾额、对联等刻意点题。这并不是说中国古代建筑忽视门的重要性，实际上由于对组群的重视，单体建筑中门的重要性是以迥异于西方的方式处理的，那就是院门。大概世界上再也没有一种建筑体系会像中国古建筑那样不厌其烦地注意门的形象塑造，在北京紫禁城，通向太和殿要经过中华门①、天安门、端门、午门和太和门五道性格各异的门。紫禁城的后宫更是门影叠叠。

安徽歙县许国牌坊

在汉唐时代，还出现一种更为奇特的门，那就是"阙"。与牌楼甚至乌头门不同，阙往往只是遥遥地矗立在宫殿、城池或陵墓的入口，有时干脆就孑然独立，是高台时代独有的门楼形式。就像牌楼是明清浓艳精丽建筑风格的缩影一样，阙也是汉唐恢宏博大建筑风格的凝聚。在这些明清时期的牌楼流行以前，宋代还有一种与牌楼意义相仿的门，被称为"乌头门"的，它与明清牌楼最大的不同是有门扇。无墙而有门扇，而且立柱与额枋多用石雕，白石与朱漆大门色彩和质感上形成有趣的对比。

不仅如此，门有时还被从院落中分离出来，成为仅具有象征意义的符号，例如牌楼。牌楼又称"牌坊"，据说是对唐代坊门的记忆，当时都城是由一个个被夯土墙围起来的"里坊"组成的，到了宋代，由于坊不再适合城市生活的

---

① 明代称"大明门"，清代称"大清门"。

安徽歙县棠樾牌坊群

需要，于是逐渐被废除了，但是坊门的形式却被保留下来。不管怎样，在相对单调的中国古代城市里，牌楼是不可或缺的重要街景。它不仅是门的象征，而且是宫殿式建筑立面的缩影。是古建筑单体所有语言经过权衡和重新组合后的展示。

## 六、墙、城墙

以木构架为主要结构方式的中国传统建筑几乎是没有屋身的，但如果据此以为中国建筑不重视墙的营造而只偏重于木结构的屋顶和斗拱，则是大错特错了。事实上，世界上没有哪一种建筑体系像中国古建筑这样注重墙及其氛围的营造，只是我们要首先建立一种全新的、不以单体论建筑的方式，才能真正体会到中国古代建筑群体的营造魅力。在以家（院、组群）为单位的群体中，墙最终完成了环围任务，它连接着院墙与房屋的外墙，将"家"与街隔开；又区分着内院和外院，把会客区和居住区隔离；作为补充，墙有时像牌楼那样独立出来，作为照壁或影壁，用来阻挡空间的通透。中国古代的院墙往往并不高峻，它只遮挡了屋身，而把屋顶和院内树影的形象贡献给街巷，这些确实只是一种心理和伦理的屏蔽和象征。在中国古代建筑群中，往往是院墙最终完成了复杂的空间秩序，也只有在这种前提下，我们才好理解为什么高人而戒备森严的紫禁城和圆明园景区也要用重重院墙环围起来。在这些建筑群里，墙早已脱离它最初的防卫的功能，而成为一种装饰性的建筑语言了。

英国人沙尔安曾在20世纪20年代出版的《中国建筑》中写道："城墙、围墙，来来去去到处都是墙，构成每一个中国城市的框架。它们围绕着它，它们划分它成为地段和组合体，它们比任何其他建筑物更能标志出中国式社区的基本特色。在中国没有一个真正的城市是没有被城墙所围绕的，这就是中国人何以名副其实地将城市称作'城'；没有城墙的城市，正如没有屋顶的房屋，再没有别的事情比此更令人不可思议。"

在古代中国，最伟大的墙是横亘在北方万里山野间的著名的万里长城。相对于院墙和城墙而言，长城的修筑应该是最具功能性的。它是为了实战的需要而建造的"国墙"，是被称为当时世界上最巨大工程之一的防御体系。随着它防卫功能的消失，本不具备审美性的长城反而成为中国建筑乃至文化和精神的象征。

长　城

## 七、院落、组群

如果完全按照西方式的写法和标准，把古典建筑史写成单体建筑风格的演变史，那么中国建筑史会显得冗长而单调，因为它既缺少风格上的变化，也少有个性化痕迹。受木结构体系的限定，中国古建筑在单体构成上千百年来缺少那种西方式的"革命性"变化，但是这实在不是中国建筑的缺点，因为单体建筑（如紫禁城太和殿）虽然重要，都也只有在与更多附属建筑以及墙和门的组合才凸显出尊贵。相对而言，院作为一个"虚"的空间一直与建筑具有同样围着的庭院，不仅是连通各建筑的交通要道，也是生活中不可或缺的公共空间。面对着更为广阔的院落——为城墙框围的城市，庭院营造出宁静的、具有私密性的、以家庭为单位的生活环境，同时也没有阻断家与自然和城市的联系。它切割出一片属于自己的天空，邻里的屋顶和树影成为"借景"，飞鸟和市声则诗意地打破了这种封闭……这就是北京的四合院如此迷人的原因。古代中国人对院的迷恋可以从后来的许多应变中看出来，随着人口的增加和土地资源的日益紧缺，明清以来云南、福建、上海先后发展出各具特色的楼居建筑。这些新的建筑形式在极其拥挤狭窄的空间里坚守着以院落为中心的内向式布局。

故宫鸟瞰图

由于庭院与单体建筑构成一种相互烘托的复杂关系、它的大小反而不是首先考虑的问题，它的重重叠叠把各种要素有机组织起来，这才是要义所在。重重庭院与座座建筑组成的群体构成法则才是破解中国建筑之谜的金钥匙，中国建筑的精神和价值也全部蕴含于其中。在北京紫禁城，当初的规划设计者敢于把几千座形式上基本雷同的建筑聚集在一起；在北京天坛，当初的规划设计者敢于在4 000余亩的院落里稀疏地点缀几个建筑组群，都是因为中国古人已经熟练地掌握庭院与建筑组群营造的技巧，并把它扩展成为城市布局的方略。北京著名的紫禁城7.8公里长的中轴线，北京独有的壮美秩序就由这条中轴线的建立而产生，不仅是城市的空间轴线，也是城市乃至国家的精神轴线。中国古代城市所具有的这种独特魄力，使它迥异于西方古典建筑，并成为能与之"抗衡"的体系之一，并且宣示着另一种建筑史，乃至艺术史的书写体例。

## 第四节　中国传统民居举例

### 一、北京四合院

中国传统民居以北京的四合院最具有代表性，它所表述的是空间和人伦的关系，它与大街和城市的脉络也最为明晰，或者可以说是宫殿秩序的缩影。四合院与宫殿式院落布局的最大区别是宫殿式庭院占地广阔，院的围合是为了更好地烘托中间台基上的建筑，使它在被有意局限的空间里显得高大和尊贵；四合院式住宅一般面积不大，就是大面积的宅院也根据人口和尺度将院落进行细分，在四合院中，"院"是虚中心，所有重要建筑（包括厅堂）都要围之而建。与宫殿式院落中对殿宇的中心和至尊地位

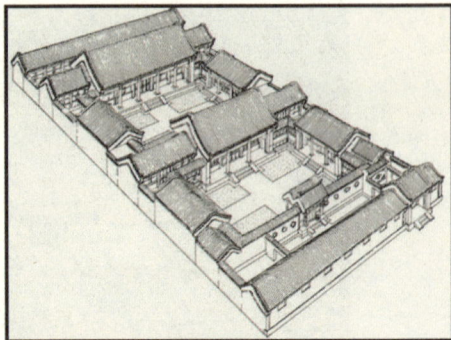

北京四合院示意图

的强化不同，四合院中的院及其空间是唯一保持与大地和天空沟通的地方，它同时也是户内的公共交往"中心"，所以"空"的院落实际是四合院建筑群中最有诗意的"建筑"。

## 二、徽州民居

其他各地知名的民居很多，最为著名的是徽州民居和晋中大宅。两地都是因为经商、从事金融业兴盛起来的，众多庞大精丽的宅院在文化和审美品位上与北京四合院的官宦之气有很大不同。

古徽州在皖南赣北，多山地丘陵，自古"地隘人稠，力耕所出，不足以供，往往仰给于四方"[1]。从明中叶至清代，徽商最负盛名，曾操纵了长江中下游的金融命脉。致富的徽商大都把返乡大筑宅院、祠堂和书院看作光宗耀祖的大事，所以在这片不大的地域上，在乡村农耕的自然景观中，产生出众多在大城市亦罕见的精雅宅院。徽州民居主要代表为黟县西递、宏村，歙县棠樾村等，其中前者于2000年入选世界文化遗产名录。徽派民居大都是中小型的，平面也是四合院式布局，只是各面房屋多是楼房。它们将院高高围起，形成天井，以利通风和防晒。由于江南住宅布局紧凑，屋顶四面都向天井排水，故谓之"四水归堂"。为了防止火势蔓延，外围常耸起高大而富装饰意味的封火山墙（马头墙）。江南的住宅不像北京那样需要厚重的墙壁和屋顶保暖，平整的白粉墙、黑色的顶瓦营造出极富笔墨意趣的美感，尤其是马头山墙的阶梯状轮廓，夸张了院墙的平展线条，依贴在大门上方的装饰性砖雕给粉墙带来令人愉悦的雕塑感。

---

① 何绍基：《重修安徽通志·舆地志·风俗》。

徽州民居

马头墙

## 三、晋中民居

　　与徽州民居齐名的晋中大宅，宅主也是依托于钱庄、票号等金融业和典当业发家，后来更通过博取功名，商儒结合，实力与气魄远胜于徽商。晋中大宅的规模庞大，屋顶单坡向内，环院多为楼房，四面青灰色高墙，建筑群的穿插叠合也很有形式感。但与徽州民居的秀丽和北京四合院的素雅相比，往往显得过于肃穆，那些青灰色的砖墙、平顶和繁丽的斗拱传递着近乎"悲剧性"的气氛。晋中规模更大、也更为典型的大宅则多建于清代，由于远离京畿，限制亦少，因此得以充分发展。例如，祁县乔家堡村的乔家大院是由5座主宅和若干偏院组成，始建于清初，以后分期扩建。为了防太阳西晒，晋中宅院全部为纵长方形，乔家大院也不例外。全宅大小近20个院子，各宅后房都是两层楼房，装修华丽的楼上木质前廊与楼下素朴的砖砌实墙形成强烈的对比，更有深长的院落、封闭的高墙相呼应。乔家大院沿建筑群周边墙上砌有垛口，还有更楼，这使得四合院类型建筑所具有的私密性畸形发展为强调防御性的城堡式建筑。

乔家大院其中的一个院落

## 四、客家土楼

　　比晋中大宅具有更多防卫性和神秘性的是客家土楼。客家土楼又称"福建土楼"，2008年入选世界文化遗产名录。那些用厚重的夯土墙围合起来的方楼和圆楼往往高达三四层，房间多达二三百间，因为安全关系，外墙下部不开窗，其坚实肃穆的外观已与城堡无异。客家源于两晋和两宋时代中原为避战乱而被迫南迁的望族大姓，由于地域与文化上的巨大差异，形成客家聚族而居的传统和防卫观念。龙岩市高陂镇上洋村的永定遗经楼、华安县仙都镇大地村的华安二宜楼，分别是方形和圆形土楼中的优秀作品。遗经楼前后院建筑高低对比强烈，中轴线对称较为严格，而且主院高楼围绕祖屋，向心性极强。二宜楼则在保持聚族而居习俗的同时，兼顾各家庭的相对独立性，圆楼由内外两圈构成，之间连有16座放射状厢屋，把全宅分成数个相对独立的单元。可以说每座土楼都围合着一个小社会，这种密集而有高度秩序的群居建筑已与现代公共建筑多有契合。

客家土楼

## 五、其他民居

由于地域广阔、气候、地形、民族等千差万别，中国古代民居的地方特点和
民族特色都很明显，以上所涉及的仅是其中最具代表性的民居。此外，云南昆明
的一颗印，黄土高原的陕北窑洞，广东开平的碉楼以及云南的白族民居、纳西族
民居、傣族竹楼，新疆的维吾尔民居，广西的侗族民居等，都是值得一提的。

一颗印在昆明地区较为常见，一般由正房、厢房、倒座组成，瓦顶、土墙，
平面和外观呈正方形，好似一枚印章，故被称为"一颗印"。

一颗印

　　窑洞分为陕北窑洞和地坑院两种。陕北窑洞是中国北方黄土高原上特有的民居形式，是炎黄子孙繁衍生息、创造灿烂文化的地方，是中华民族的摇篮。地坑院为原始人穴居的遗存，河南三门峡一带有"进村不见人，见树不见村"之说。

陕北窑洞

　　碉楼起源于明后期，鼎盛于 20 世纪初，被誉为"华侨文化的典范之作"。2007 年，广东开平碉楼入选世界文化遗产名录。

广东开平碉楼

　　云南大理白族民居一般坐西向东。分为两层，有照壁、门楼等。白族民居主要由石头建筑而成，当地有"大理有三宝，石头砌墙墙不倒"的说法。

白族民居

　　云南纳西族民居为土木结构，最常见的形式是"三坊一照壁"，即一坊较高正房、两边为一坊稍低厢房与次低的围墙（照壁）组成院落（内院）。

纳西族民居

云南傣族民居是典型的干阑式建筑，是原始人巢居的遗存。

傣族竹楼

新疆喀什地区天旱少雨，维吾尔族居民喜爱户外生活，民居院落四周设廊，廊下砌土炕，上铺地毯，是平时接待客人及家人活动之处。

维吾尔族民居

广西侗族民居是由杉木为建筑材料的木结构，一般为三层三间，有谚语说"侗屋高高上云头，走遍全寨不下楼"。

侗族民居

**复习思考题：**

1. 举例说明中国传统建筑的特点。

2. 中国传统建筑的屋顶类型及其各自特征。

3. 中国各地的主要民居及其特点。

**视频教学指南：**

《中国古建筑》《中国古代建筑》《徽商古宅》《徽州木雕》《石雕漏窗》《棠樾牌坊》《许国石坊》《四水归堂》等。

# 第四章
# 交通与通讯[①]

《海上第一名园》（桃花坞年画）

张园位于上海静安寺路，原为法商所建，后为无锡人张叔和购得。园内建筑中西合璧，1885 年对外开放，是当时最早最大的私家花园，文人雅士、社会名流经常汇聚于此。这幅年画描绘了张园门前车水马龙、人声鼎沸的热闹场景。当时电车、火车等尚未用于中国交通，因此马车、人力车是最普遍的代步工具。

陶渊明在《桃花源记》中使用"交通"一词："其中往来种作，男女衣着，悉如外人，阡陌交通，鸡犬相闻。"这里的"交通"意为"往来通达"，与今天的含义已经比较接近。严格来说，通讯是从属于交通的。西方交通工具传入前，"中国人富而文者善乘舆，富而武者善骑马，降而至稍可之家或从小车，或骑毛驴，量力之有无，各从其便。"中国国门被打开后，交通工具随着近代社会的变迁发生了巨大变化。通讯的变迁从烽火台到驿道邮路，从书信到电报电话，从手机到网络等。

---

① 本章前两节主要参考周成：《中国古代交通图典》，中国世界语出版社 1995 年版，第 25–173 页。

## 第一节　中国古代的主要道路

### 一、驿道邮路

驿道邮路特指古代传达王命政令、运送官方文书的专用道路，是我国古代交通网络中最常用的一种道路类型。全国统一的驿路网始建于秦汉时期，历代逐步完善。秦代的驰道和直道是驿道的特殊形式。驰道是皇帝的专用御道，在汉代元始元年（公元元年）后归入驿道系统，其建筑形制对后来的驿道邮路有明显的影响。[①] 直道是秦代专门修建的用于运兵布防的交通干道，后来亦归入汉代的驿道系统中。中国古代的驿道邮路一般较宽阔，两边植树，用以标里程、避烈日。驿路沿途设置驿站，派有驿夫，配备驿马。官方的使节、驿吏可以在驿站食宿、换马，将政令传向远方。

车马驿道石刻拓片（东汉）

### 二、栈道复道

栈道是指凌空飞架于峡谷峭壁的半腰，凿岩插梁而成的一种特殊道路。栈道的大规模兴建始于战国时期，《战国策》中有"栈道千里，通于蜀汉"的记载。古代的栈道有多种形式。最危险的仅在石壁上凿若干孔，行人用短木插入

---

① 北宋诗人杨修曾做《驰道》："路平如砥直如弦，官柳千株拂翠烟。玉勒金镳天下骏，急于奔电更加鞭。"

孔内，手攀脚蹑而过。最典型的栈道则用一根横木，一端嵌入石壁上的孔内，一端支在立柱上，形成半个排架，无数根横木排列过去，上面再搁置梁板而构成。此外，还有凿石为蹬的石栈道和有梁无柱的悬空栈道等。

北京雍和宫复道（清）

复道又称"阁道"，是宫殿间凌空飞架的一种通道。复道装饰典丽，作用与栈道相同。历史上比较著名的有秦代阿房宫复道。现存的著名复道主要有清代所建北京雍和宫复道和始建于北魏时期山西浑源县的悬空寺阁道。

## 三、人工运河

人工运河是指人工开凿的可以通航的河道。中国是世界上修运河较早的国家之一。早在春秋时期，吴王夫差下令开凿了中国第一条运河——邗沟。随后2000多年中，大小运河遍布全国，其中首屈一指的是京杭大运河。它是在邗沟的基础上，经过隋炀帝的重修，明成祖时期基本完成。这条运河北起北京、南达杭州，沟通了海河、黄河、淮河、长江和钱塘江等五大水系，全长1780多公里，堪称中国古代贯通南北的极为重要的水上交通大动脉，亦是世界上人工开凿最长的河道。①

---

① 2014年6月22日，在卡塔尔首都多哈召开的第38届世界遗产委员会会议，同意将中国大运河列入《世界遗产名录》。

京杭大运河

## 四、桥梁

桥梁是人类横跨江河溪流的一种交通设施。它的起源可以追溯到遥远的原始时代。当人类的祖先面临江河的阻碍而不能走向远方时，他们从溪流上横卧的枯木、两岸之间悬搭的岩石中受到启迪，开始有意识地伐木为梁、搭石成桥。

中国古代桥梁有四大基本类型，即梁桥、拱桥、索桥、浮桥。

梁桥分为无支梁桥和简支梁桥。无支梁桥即没有柱墩的桥梁，可分为活动木桥和堤梁桥两类。活动木桥包括独木桥和几根木料拼成的木梁桥。堤梁桥是指未经正式堆砌，用大小砾石聚集水中而形成的梁桥。简支梁桥是以柱墩支撑横梁而成的桥梁，可分为梁柱桥和梁墩桥两种。

拱桥是在石墩之间用拱石砌筑呈现环洞形的桥梁。其可分为单拱和联拱两类；在桥拱的形制上，又可分为半圆形、马蹄形、平弧形、椭圆形和蛋形等。现存最早的石拱桥是建于隋代的安济桥（即赵州桥）。拱桥的桥拱在垂直荷载

木柱木梁桥砖拓片（东汉）

时重力不会聚集一处，而是产生纵向压力和横向推力，这就使拱桥更加牢固，桥的跨度也比较大。

赵州桥

索桥是将绳索两端固定在江河溪流两岸而建成的桥梁。索桥最早用抗拉力强的藤萝为建桥材料，其后又使用竹索或铁索。

泸定桥

浮桥是在江河溪流上用竹木、苇草、皮革等浮体材料搭设而成的桥梁。

广东韶关直浮桥

随着梁桥、拱桥的交替发展，又演变出伸臂梁桥、叠梁拱桥和廊桥等中间类型。伸臂梁桥是在简支梁桥基础上发展起来的一种桥梁类型。叠梁拱桥是介于梁桥与拱桥之间的一种桥梁形式。廊桥是在梁桥、拱桥上修建廊屋而形成的特殊桥梁。

斜拉桥是近些年来，随着新材料、新工艺和计算机技术的发展而迅速出现的新型桥梁结构。斜拉桥由梁、塔、索、墩等主要构件组成，具有跨越能力大、结构受力合理、外形轻巧美观的优点。

## 第二节　传统社会的交通类型

### 一、徒步

徒步是最原始最流行的交通方式。《墨子·辞过》说："古之民，未知为舟车。"在漫长的史前岁月中，人们外出远行，基本靠徒步行走。进入夏商时代，绝大多数人仍旧如此，谈不上有什么交通工具可以免除出行劳累之苦。古代的道路，不像后世那样畅通易行。草棘蕃茂，群兽蛇虫出没其间，是道路交通中的一大障碍，因此人们往往手持木棒出行。持棒探路，可以辟草，可以投击蛇兽，起到了手杖的作用。自从人们能利用木棒、手杖这种最原始的交通工具后，受惠不浅，即使遇到浅水河道，也可倚之而涉。

古代士大夫外出是不步行的。孔子在他不做官以后还说："吾从大夫之后，吾以不可徒行也。"[1] 但是人总得走路，士大夫们走路有很多规矩，成为礼的一个部分。"两脚进曰行……徐行曰步……疾行曰趋……疾趋曰走……"[2] "室中谓之时，堂上谓之行，堂下谓之步，门外谓之趋，中庭谓之走，大路谓之奔。"[3]

### 二、车辆

车辆的发明是人类文明和进步的重要标志。中国是世界上较早使用车辆的国家之一。早在新石器时代晚期，我们的先民就可能发明了车辆，因此有夏代奚仲发明车的传说。尽管人们至今尚未在这一时代的遗址中发现车的实物遗迹，但先民对牛马的驯养和使用，对滑动的石磨盘和滚动的石磨棒所具有的摩擦力的理解以及对陶器轮制技术的掌握，都从多方面暗示当时的工匠已经能够制造

---

① 《论语·先进》。
② 刘熙：《释名·释姿容》。
③ 《尔雅·释宫》。

车辆，进而完成"见飞蓬转而知为车"① 的创制过程，由此拉开了我国古代交通中以车代步的历史序幕。

中国古代车辆如果以牵引动力为标准，可以分为畜力车和人力车两大类。在畜力车中可以分为马车、牛车、驼车、象车等；在人力车中可以分为独轮车和多轮车。

1. 马车。马的驯养可以追溯到新石器时代，以马驾车则不会晚过夏代。相传夏代奚仲发明车，殷始祖契的孙子相土以马拉车。从殷墟出土的数量众多、形制完备的车马遗迹来看，最迟在殷商时期，马车已经越过创制阶段而得到比较普遍的使用。

我国古代的马车，根据车舆形制，可以分为独辀式和双辕式两种。战国至秦汉，随着骑兵的兴起，马车从主要用于车战逐渐转变为载人运物的交通工具。正是在这种大趋势下，独辀马车的局限性暴露出来。从系驾方式来说，独辀马车采用轭靷式系驾法，至少需要两匹马。这不仅用马太多，而且普通人难以驾御。从乘载方式来讲，独辀马车舆身较窄，载重量小，难以适应交通运输的需要。因此，战国时期开始出现了一种新型的双

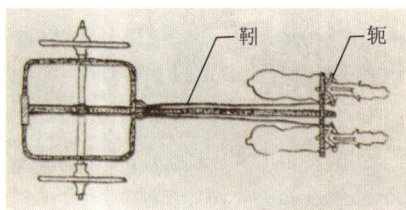

轭靷式系驾法

辕马车。这种马车双辕双轮，舆身增长，其上可置卷棚，能够载人运物。由于它为双辕，采用胸带式系驾法，用一匹马即可驾车，因而具有用马少、易驾驶等优点。两汉时期中国古代马车形制完成了历史性转变，双辕马车取代独辀马车成为主要的发展类型。双辕马车主要采用胸带式系驾法。这种系驾方法有利有弊。其利是马颈支车，马胸拉车，马体局部受力减轻，系驾简便。其弊是马颈驾轭，重心升高，车易倾覆；马胸系带，未能充分发挥马肩胛的作用。鉴于此，从东汉晚期开始，双辕马车的系驾方法又有了进一步的演变。唐代驾车马身上开始出现用软质材料填充的肩套，两宋时肩套与拉车的挽绳相连。其后不久，在牛车上率先出现一种驮鞍，它与马车上已经使用的肩套相结合，从而形成沿用至今的鞍套式系驾法。

宋元以后，由于骑乘的普及和肩舆的广泛使用，马车不再是人们出行时必备的交通工具。因此，马车在整体结构和系驾方式上基本是沿袭相承而没有再继续向前发展。

2. 牛车。牛车的创制与马车一样古老。早在新石器时代，牛已经被驯养。

---

① 刘安：《淮南子·说山训》。

春秋以前，根据当时的马车形制和牛的体形，可能盛行过双牛系驾的独辀牛车。具体方法是将独辀上的衡木直接驾在双牛的肩峰上，通过衡木和独辀来带动车轮前进。西汉初年和东汉末年，社会动荡不安，马匹急速减少。牛车在继续运送货物的同时，也成为人们出行代步的重要交通

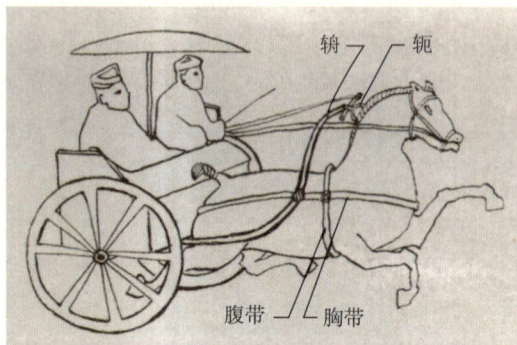

胸带式系驾法

工具。《史记·平准书》描述西汉初年时说："自天子不能具钧驷，而将相或乘牛车。"《晋书·舆服志》亦载："自灵献以来，天子至士遂以为常乘。"由于载人牛车一般设有顶棚，东汉许慎在《说文解字》中将它释为"栈车"。魏晋至隋唐，是牛拉栈车的鼎盛时期。为适应皇亲国戚、达官贵人的乘坐需要，这类栈车的车厢增大，内部设施更加舒适，外观装饰也更为华丽。宋代以后，牛车速度比不上日益普及的新型鞍马，其舒适性也落后于正在走向民间的各类肩舆，因此牛车又重新担负起运送杂货的职责。这从北宋张择端《清明上河图》中鞍马、肩舆和牛车的不同用途可以看出来。宋元、明清众多画家所描绘的牛车图中，也可以见到这种变化的趋势。

鞍套式系驾法

3. 其他畜力车。象车是使用很早的一种畜力车。象的驯养可以追溯到商周时期。《吕氏春秋》中有"商人服象，为虐于东夷"的记载。《孟子》中亦载："（周武王）驱虎、豹、犀、象而远之。"由于大象是一种巨型动物，数量相对稀少，因此象车不可能被社会各阶层广泛使用。在商周以后的漫长岁月中，象车主要作为一种象征威严、用于祭祀和盛典的礼仪用车。

驼车是我国西北沙漠地区长期使用的一种畜力车。骆驼作为"沙漠之舟"的特殊价值，早在战国以前已经被我们的先民知晓。秦汉以后，随着西北丝绸

之路的开通，橐驼的足迹遍及大漠南北。在这之中，为了统治者的礼仪威严和老弱妇孺的特殊需要，有时也以骆驼驾车出行。元代贡师泰《过柳河》诗云："驿馆到时逢数骑，驼车宿处错群羊。"

除象车、驼车外，我国东北地区的茫茫雪原上清代时使用过狗拉雪橇。

4. 人力独轮车。独轮车是我国古代普遍使用的一种交通运输工具。迄今所知，此类车最迟在汉代已经问世。许慎在《说文解字》中将"辇"字解释为"车辇规也，一曰一轮车"。东汉的独轮车除了称"辇"，一般则称为"鹿车"。其形制较为简单，车的两辕前端架在横穿独轮的车轴上，货物则置放在车轮后侧两辕间的车架内。鹿车由一人扶两辕，推动而行，载重量比肩挑背扛要大几倍，同时还可以在狭窄的小路上行驶。魏晋至隋唐，独轮车仍称为"鹿车"，或"鹿车"，但其结构已有所变化。此车的车轴不是架在两辕前端，而是后移至两辕前半部，两辕后端用一衡木相连，车架从车轮后侧移至车轮之上，从而达到转移重心、省力易行的目的。宋代以后，"独轮车"或"独轮小车"的名称正式见于史籍，车的结构也日臻完善，趋于定型。从北宋苏汉臣《货郎图》中所绘的独轮车，可见运载货物的车架从上端逐步扩展到两侧，从而增加了载重量。在张择端所绘《清明上河图》中，还可见到另一类型的独轮车，其结构牢固而宽大，载货量较多。在爬坡时，这种车还能采用手推肩挽、牛拉马引的驾车形式。

运载货物的独轮车

独轮车一直沿用至今，其名称随着时代和地域的不同而有所变化。四川称为"鸡公车"，其他地方则有"羊角车""手推车"等称谓。各地使用的独轮车，其形制大同小异，没有根本的变化。

作为代步工具的独轮车

5. 人力多轮车。人力多轮车是伴着车的发明就已经出现的一种交通运输工具。它的发展过程与马车、牛车基本相似，不同之处在于其形制作过一些有利于人力牵引的改革。

在人力多轮车中出现最早的是辇车。许慎在《说文解字》中解释说："辇，挽车也。从车从夫，在车前引之也。"迄今所知，我国发现的最早的辇车实物，当推陕西陇县边家庄五号春秋早期墓出土的木制辇车。此车保存基本完好，形制与当时盛行的独辀马车相似。所不同的是车轮较小，独辀较细，衡木上无驾马的车轭。由此可见，先秦以前的辇车是专门制作的一种形似独辀马车的轻便人力换车。秦汉以后，辇车逐渐成为上至天子，下至达官贵人参加祭祀和盛典时的代步工具。其形制也从独辀双轮演变为双辕双轮或双辕四轮。除了辇车，历代还使用一种专门用于仪仗陈设的辂车。这种车与辇车相比，车舆更加宽敞，装饰愈加华丽，但手拉肩挽的特点没有改变。

人力多轮车中使用最普遍的为春秋战国之后出现的人挽棚车和板车。它们的形制与马拉辇车、牛拉栈车及马牛拉的大车相近。这两类人力挽车，能载人运物，制作简便，使用广泛，至今仍能见其踪影。除了棚车和板车，唐宋以后，随着椅子的出现和椅轿的普及，在明代还出现了椅轿式手推车。清代时受到西式车影响，出现一种装有车簧的座椅式人力挽车。

## 三、骑驮

1. 鞍马。随着骑乘的兴起，早期的马具同时出现，这使日常生活中以马代步成为可能。20 世纪 20 年代，在河南洛阳金村战国墓出土了一面铜镜，其背面铸有骑马武士图案。图中马头置镳，胸前系鞅，背上铺鞍垫。这是我国目前所知最早的鞍马图像。70 年代中期，在陕西临潼秦始皇陵兵马俑坑出土了众多鞍马陶塑像。马头剪鬃后套衔镳，马背铺鞯后置皮质鞍垫，马尾梳成辫形。这是我国迄今所见最早的鞍马模型，亦是我国古代早期马具的典型模式。两汉时，随着封建帝国的确立和发展，马的社会价值受到极大重视，马具的制作也初具规模。西汉初年，汉武帝为了征服匈奴，专门从西域引进乌孙和大宛良马，从而极大地提高了汉马的素质。西汉晚期至东汉，为使骑者能更加稳健地骑在马上，马鞍已从早期的皮质鞍垫演变为两桥垂直的高马鞍。魏晋南北朝是骑乘马具趋于成熟的时期，魏晋时马鞍已经得到广泛使用。为了使马鞍更加固定，除了马上使用攀胸、肚带外，还特别在臀部配置了网状后鞦带。北魏晚期开始，又出现后桥倾斜的另一种高马鞍，从而使马鞍的位置趋于合理。与此同时，马镫从 4 世纪的晋墓中开始亮相。马镫的雏形"脚扣"，是从马鞍左前方垂下的一根下端结有环套的皮条演变而来。隋唐以后，马成为社会生活中必不可少的交通工具。上至皇帝勋戚、文武百官，下到骑兵驿使、士绅商贾乃至妇女均加入到骑乘行列之中。为了适应社会各阶层的需要，各类马具基本成熟定型，从而使骑者更加舒适、安全和省力。初唐的昭陵六骏石雕像、盛唐的鞍马三彩陶塑像，是唐代鞍辔制度的真实记录，又是我国古代马具的典型模式。宋元明清各代，传统的鞍马制度沿袭不变。马具的制作，除了马镫从环形变成提梁踏板形，其余演变主要从显示尊卑贵贱的角度在造型上追求典雅高贵，在工艺上运用雕银鎏金、髹漆绘彩的方法追求富丽堂皇。

2. 驮牛。古代就有用牛车负重致远的。牛车的车速运行自然不及轻灵的马车，因此在战争中，马车通常用作冲锋陷阵、兵戈交搏的战车。但是牛车的荷载能力却在马车之上，故牛车又被称作"大车"。牛车的实用价值是引力大，适当加大车身，可使载重量大增，在平时能负重致远，在战时则是运送军事装备的理想工具。

由于牛车偏重于实用，比较笨重，车速也不快，数量多于马车，物多则不贵，因此在贵族阶级心目中的地位，是没法与轻灵而贵重的马车相比的。

秦汉以后，随着铁制工具的普遍使用，牛被大量用来耕作。当然，在近2000 年的古代社会中，牛因其特殊价值仍然在交通运输中发挥着重要的作用。从驮运货物来讲，牛比马能承重，比大象和骆驼能适应更加广阔的地区，尤其是高寒山区；从骑乘角度来说，牛尽管不像马那样具有长途奔袭能力，但是它

秦始皇陵兵马俑鞍马陶塑

稳重的节奏却对老弱妇孺的短途旅行非常适宜。此外，水牛在泅渡江河、牦牛在高寒山区的特殊驮运能力，更是其他畜力驮具所不能比拟的。

3. 橐驼。骆驼因善耐饥渴，能负重致远，故有"沙漠之舟"的美誉。秦汉至魏晋南北朝，骆驼受到时人们的普遍钟爱，成为中西交通的主要运输工具。汉武帝时，由于张骞通西域，骆驼沿着丝绸之路大批进入中原内地，逐步担负起驮运西域奇珍和中原丝绸的繁重任务。除此之外，一些胡人利用内地汉人对骆驼的陌生，骑乘骆驼，沿街卖艺。魏晋以后，西北丝绸古道上驼队不断。这一时期留下的许多陶塑和墓室壁画中，都有橐驼载人驮物的艺术形象，令人想象到戈壁千里、驼队绵延的动人场景。唐代的都城长安，中外客商云集，驼队穿梭。西北边塞的驿站还专门设置驼队，以供军械运输之需。享誉世界的唐三彩塑像中，有许多极为精彩的橐驼塑像。宋元明清，驼铃在西北边塞地区为寻常之物。从张择端的《清明上河图》和清代末年北京的旧照中，都能见到驼队载物而行的壮观场面。进入 20 世纪以后，从悠悠岁月中走来的驼队，仍在我国西北的广阔区域继续留下坚实有力的脚印。

4. 驯象。我国驯养和使用大象的历史非常悠久。《传》曰："舜葬苍梧，象为之耕。"《吕氏春秋·古乐》亦云："商人服象，为虐于东夷"，记载商代时人们把驯化的家象用于对东夷的战争。春秋战国时，大象在实际生活中的运用更加频繁。随着驯象的增多，象的用途也逐渐增加。魏晋以后各朝，驯象被主要用在骑驮驾车、祭祀仪仗、游戏观赏方面。

96

## 四、肩舆

中国古代的肩舆可以分为三大类型，即亭屋式、箱榻式和椅式。

1. 亭屋式肩舆。亭屋式肩舆是指舆身呈亭阁和房屋式样的肩舆。根据舆身形状，又可分为亭式和屋式两大类；根据抬乘方式，则可归纳为双抬、四抬和八抬三种基本形制。

迄今所知，亭屋式肩舆是我国古代肩舆中出现最早、使用时间最长的基本类型。早在春秋晚期，吴国已经开始使用这种肩舆。秦汉以后，亭屋式肩舆历代沿袭，经久不衰。探究其缘由，此类肩舆有以下几个特点：能给乘坐者创造一个与平时起居大致相同的舒适环境，可在出行中免受风吹日晒、霜袭雨淋；符合封建礼制的需要，肩舆四周封闭，出行时不易被路人窥视；外形庄重雄伟，舆身上的各种装饰能衬托出乘坐者的尊卑贵贱。鉴于此，亭屋式肩舆被广泛用于祭祀、庆典等礼仪场合，是封建时代妇女出行的最佳选择。当然，亭屋式肩舆也有自身的弱点，即舆身笨重、抬行费力、不易远行。为了减轻肩舆的重量，工匠们大多选用竹木为框架，用丝绸布帛做帷幔，从而制造出了各种等级不同、尊卑有别的亭屋式肩舆。清代时，由于对舆轿形制和颜色的限制有所放松，故而在亭屋式礼舆的基础上又演变出一种专门的婚礼用轿——花轿。这类舆轿装饰华丽，形制多样，制作工艺复杂，是我国古代亭屋式肩舆中较晚出现的一种典型式样。

四人抬的轿子（清）

2. 箱榻式肩舆。箱榻式肩舆是指舆身呈方箱和坐榻式样的肩舆。根据舆身形状，可分为箱式和榻式两大类；根据抬乘方式，则可归纳为双抬、四抬和八抬等；根据使用功能，又可划分为御用步辇和普通用舆两大序列。

箱榻式肩舆是我国汉唐时期使用的一类肩舆。根据目前所掌握的资料，箱式肩舆的出现早于榻式肩舆，是随道行车、以肩代轮的结果。迄今所见的最早的箱式肩舆式样出现在西汉滇族青铜器上。滇族女首领所乘坐的肩舆，就是在敞开前档的舆箱两侧绑扎两根抬杆而成。它舆身轻便，结构简单，制作容易，实用性极强。箱式肩舆除了木制，亦可用竹篾编织，这种肩舆两汉时在南方多山地带使用广泛。

榻式肩舆是南北朝坐榻出现以后而产生的一种肩舆。它主要是供帝王夏季出游时乘坐，故又称"步辇"。榻式肩舆因其舆身结构不同，又分为两种形式：第一种，舆身为木制，由榻板和藤索编织的围栏构成，其上有宽大的凉篷和华盖；第二种，由两根抬杆绑扎一木榻构成。从用途上讲，前者是帝王巡幸出游的交通工具，后者是帝王宫中短途的代步用具。榻式肩舆在唐宋时，逐渐被椅式肩舆所取代。

双抬榻式步辇（唐）

3. 椅式肩舆。椅式肩舆是指舆身呈座椅式样的肩舆。它主要是用两根辕杆绑扎各式座椅而成，分为双抬、四抬和八抬。由于这类肩舆结构简单、绑扎灵活、轻便实用，受到社会各阶层的广泛喜爱。椅式肩舆是随着唐代对西域桌椅的引进，北宋时出现的一种新型肩舆。椅式肩舆的问世恰好满足了唐代以来日益增长的乘坐肩舆的需求，成为北宋以后日常代步的主要肩舆类型。苏轼《端午遍游诸寺得禅字》：肩舆任所适，遇胜辄留连。陆游《夙兴出谒》：苦寒愁手版，美睡付肩舆。可见这种小巧的椅式肩舆不仅平稳舒适，而且十分实用，既方便游览美景，疲倦时亦可小憩。

双抬椅式肩舆（北宋）

明清时，椅式肩舆的演变主要体现在抬乘方法的变革上。两宋的轿夫主要是用双肩直接抬着椅身两侧的辕杆。采用这种扛抬方式时，轿夫的身高必须大致相同，这样才能保持舆身平衡。舆身、辕杆和轿夫被固定在一起，使肩舆不可能通过适度的摆动自由地调节位置，轿夫之间行走时的配合也比较困难。明清的轿夫不是直接抬着椅身两侧的辕杆，而是在辕杆前后两端绑上两根横杆（或抬绳），再在横杆（或抬绳）上扎套两根或四根抬杆之后来扛抬。运用这种扛抬方法后，对轿夫的身高不再有严格限制，舆身亦可以比较灵活地调节平衡，

八抬椅式便舆（清）

众多轿夫的配合也更加轻松自若。明清两朝，椅式肩舆的使用非常普遍。上至皇帝宫中行走、达官贵人出行游览，下至士绅商旅翻山越岭、长途跋涉，均离不开这种轻便实用的肩舆。

## 五、舟楫

1. 舟筏。舟与筏是我国古代最早出现的两种基本船舶类型。据《周易·系辞下》记载，我国最初使用的是"刳木为舟，剡木为楫"而成的独木舟。《诗经》在谈到横渡江河湖海的方法时曾描述道："就其深矣，方之舟之。""方"就是筏。早期的独木舟大多前后平直，呈自然之势。随着造舟技术的提高，先民们又造出两头上绕的独木舟，使舟身在水中阻力减轻，行驶更加灵便。秦汉以后，独木舟在广大地区逐渐被木板船代替，但在一些偏僻地区却仍被沿用。宋代周去非在《岭外代答》中谈道："广西江行小舟，皆刳木为之，有面阔六七尺者……钦州竞渡兽舟，亦刳全木为之。"明代魏浚在《西事珥》中也提到广西的独木舟："取大木长一丈四五尺以上，虚其中，裁留首尾，若槽形。亦有昂首而锐其末者，广二三尺。所受四五人，或至六七人。"时至今日，广西、云南、西藏等少数民族聚居区，仍能见到当地人使用不易撞坏的独木舟横渡水急滩多的江河。筏主要有竹筏和木筏两种，此外在黄河上游还曾广泛使用羊皮筏。

2. 木板船。木板船是我国古代主要使用的船舶类型。它是在早期舟筏的基础上加装船舷而成，其雏形应该追溯到殷商以前。春秋战国至秦汉，木板船的使用范围更加广泛。魏晋南北朝，木板船随着楼船、画舫和龙舟的建造，外形结构不断变化。唐代造船业十分发达，仅从造船技术上说，就有许多重大突破。从唐宋至明清，木板船的种类日益丰富，其中沙船、乌船、福船和广船颇负盛名，尤以沙船和福船驰名中外。沙船早在唐代就已出现于上海附近的崇明岛，

郑和宝船复原模型（福船）

因其形状方头方尾，平底防沙，故有此称。此类船舶甲板宽敞，多桅多帆，航速较快，载重量大，一般在内河和近海航行。福船在唐宋时出现于我国江浙和福建沿海。宋代徐兢在《宣和奉使高丽图经》中形容福船"上平如衡，下侧如刃，贵其可破浪而行之"。福船尖底如刃，适宜在水急浪险的外海航行，是我国古代主要的远洋船舶。

3. 楼船、画舫和龙舟。舟楫本来是人们克服江河天堑的工具，但是随着社会的进化和船形的演变，又出现了几种新型船舶——楼船、画舫和龙舟。

楼船是在木板船上重楼叠屋而成的巨型战船。早在春秋战国时吴国水军便造有楼船，其后历代屡有建造。东汉时，公孙述曾在蜀地"造十层赤楼帛兰船"[①]。西晋灭吴时，曾从益州出动周长 720 尺的巨型楼船直捣金陵。北宋的《武经总要》和明代的《武备志》均将楼船列为我国古代六种战船之一，辟有图文专门介绍。

龙形楼船牙雕（清）

画舫是帝王将相、达官贵人巡幸游玩的船舶。它的出现大概与楼船同时，其外观比一般船只更为华丽多姿。迄今为止，人们从东晋顾恺之《洛神赋图》画卷中见到它的图像，更早的实物尚待发现。现存各地的画舫大多为明清时代的产物。

龙舟是战国以后用于游戏竞渡的船舶。它形似蛟龙，很可能是从两头上跷的独木舟演变而来的。目前所知最早的龙舟竞渡图像是广西贵港市罗泊湾一号汉墓中出土的铜鼓纹饰。除此之外，人们还能在宋元卷轴画和明清各类工艺品

---

① 范晔：《后汉书》卷 13，中华书局 1965 年版，第 537 页。

中见到一些殿阁高耸的龙形楼船形象。

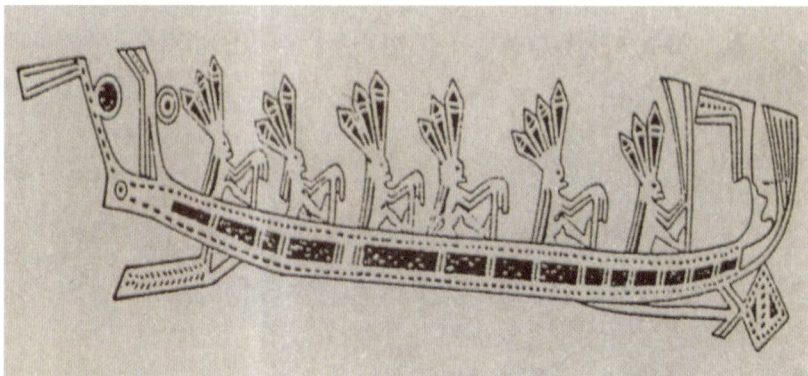

龙舟竞渡铜鼓纹饰（西汉）

# 第三节　近代以来的交通变动

## 一、人力车

　　人力车是来自日本的舶来品，故称"东洋车"。为求醒目计，车身一律漆成黄色，故又名"黄包车"。据说最早输入人力车的是香港，1869年既已有之。而人力车输入大陆并大获发展的地方则首推上海，它是由法国人米拉于1873年引入上海的。

早期东洋车明信片

开始的时候，黄包车车辆高大，座位宽敞，轮为铁制，行驶时隆隆作响，震动很厉害。后来有人加以改进，由双座改为单座，车轮改为类似今天的橡胶轮胎，行驶时悄然无声，拉跑速度也明显加快。当年许多商界和文化界人士，最喜欢乘坐黄包车，常常包租一辆供其使用，或为家人使用。在20世纪20至30年代，上海黄包车的数量远远超过汽车，达到五六万辆之多。由于人力车方便适用，大受人们的欢迎，输入后迅即得到推广，不到一年就有人依式仿造，不再依赖进口，数量也大为增加。

## 二、自行车

自行车又称"单车""脚踏车"。自行车由法国人西夫拉克伯爵于1790年发明，由两个木轮直线排列，没有链条，人坐车上，靠双足蹬地向前行驶。1839年、1853年，英国人麦克尔和德国人费歇分别制成前轮装有脚蹬子的木质自行车，骑车人可以靠蹬踏脚蹬子驱动自行车，运行速度大大提高并节省了体力，自行车从此进入生产阶段。1885年英国人斯塔利发明了自行车链条传动装置，造成了自行车的革命。于是，自行车开始在欧洲流行，这种自行车与今天的已无大区别。1839年以后，在自行车发明的各个阶段，均有不同类型的自行车传入中国，传入者主要是在华外国人。当时自行车虽然已经传入，但因其性能不佳，未能得到推广。此外，自行车的使用必须与马路相配套，中国道路坑洼不平，在马路未普及以前，自行车也难以流行。

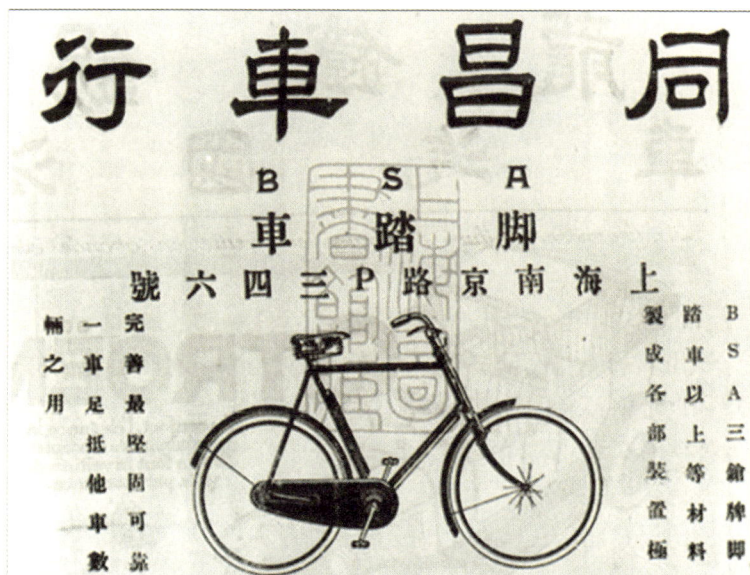

中国第一家自行车商行同昌车行的自行车广告

甲午战争以后，由于在华外国人猛增，也因为自行车的不断改进，在通商口岸城市和京师等外国人集中居住的地区，自行车已非稀有之物。骑行者除外国人外，还有教徒、洋行中的华人以及一些赶时髦的纨绔少年。除通商口岸外，从 1899 年起，内地城市也出现了自行车。自行车是一种人力驱动的简便交通工具，它的输入，加快了中国人的生活节奏，100 年来与普通百姓的日常生活结下不解之缘，至今仍无其他交通工具可以取代它在寻常家庭中的地位。

19 世纪 70 年代初，在自行车传入上海之后，另一种新式交通工具三轮车也应运而生。最初时三轮车的乘法是车夫坐后，乘者在前。以后三轮车改进了这种乘法，最终成为车夫坐前，乘者在后。

民国时期月份牌上的骑自行车的女性形象

## 三、电车

1899 年，北京城南马家铺（马家堡）至永定门的电车轨道筑成并通车，全线 9.4 公里，这是中国除香港之外的首次通行电车。电车是一种市内交通工具，在当时汽车发明不久，使用尚不普及的情况下，电车以其载客量大、行驶迅速等特点而成为最佳的交通工具。中国第一条电车轨道竟然修筑于城外，而且作为火车客运的附属物而出现，不能不说是一种怪现象。它表明清政府既认识到西方近代交通工具的益处而不能不引进，又因种种封建迷信观念作祟，以至于不敢让火车通至京城并不许在城内通行电车。

1908 年 3 月 5 日，上海第一条有轨电车线路正式通车营运，意味着上海现代公共交通工具的起步。1908 年 3 月 5 日，上海第一条有轨电车线路正式开通。据记载，这一天人们怀着好奇心前来观看。看的人虽然很多，乘客却寥寥无几，因为有传言说电车带电，人们都怕触电，所以不敢贸然乘坐。于是电车公司想出了各种办法来消除人们心中的顾虑。电车就这样走进了人们的生活。1909 年，大连市也出现了有轨电车。在随后的年代里，北京、天津、沈阳、哈尔滨、长春等城市相继使用有轨电车，电车在当时的城市公共交通中发挥了骨干作用。

清末行驶于上海街头的电车

无轨电车则开通于 1914 年，为上海首创，被当时报刊称为"上海唯一之新发明"，"按电车之制，轨有多种，因地制宜，而无轨之法则创自上海，环球各国未之先有，差足称豪。"[①] 1934 年，上海出现了双层公共汽车，还有双层码头、双层轮渡，被称为上海的"双层交通工具"。

旧式有轨电车行驶在道路中间，与其他车辆混合运行，又受路口红绿灯的控制，运行速度很慢，正点率低，而且噪声大，加减速性能较差。随着汽车工业的迅速发展，西方国家私人小汽车数量急剧增长，大量的汽车涌上街头，城市道路面积明显不足。50 年代开始，世界各国大城市都纷纷拆除有轨电车线路，这阵风也波及中国。到 50 年代末，我国各大城市也把有轨电车线基本拆完，仅剩大连、长春等个别线路没有拆光，并一直保留至今，继续承担着正常的公共客运任务。

---

① 陈伯熙编著：《上海轶事大观》，上海书店出版社 2000 年版，第 294 页。

## 四、汽车

　　1769 年，法国人尼古拉·约瑟夫·古诺制造了一辆三轮蒸汽车，这是世界上的第一辆汽车，这辆车在驾驶过程中，撞到墙上破碎了。1885 年，法国人戴姆拉和英国人巴特勒同时宣布，他们发明了内燃机。根据这一原理，1886 年德国人卡尔·本茨制造了第一部用汽油机驱动的三轮轿车，现代意义上的汽车诞生了。汽车虽然产生于欧洲，但汽车王国从一开始就出现在美国。1889 年，本茨的发明在《科学美国人》上刊载。受其启发，美国人查尔斯·杜里埃于 1895年在这部奔驰牌汽车基础上，制造了第一部美国的轿车，不同之处在于，它有 4 个轮子。1896 年杜里埃在其兄弟弗兰克·杜里埃的帮助下，生产了美国历史上的第一批汽车，共 13 辆，全部售出。1900 年，芝加哥举办了首届美国汽车展，参展的美国和欧洲汽车有 40 种品牌，300 余辆，价格从 280 美元至 4 000美元不等。

最早引进到上海的奥兹莫比尔汽车

　　1901 年，寓沪西医为求出诊方便，汽车由外国侨民引进到上海。汽车落户上海后，发展极为迅速。有外侨陆续携汽车来上海，或从国外订购汽车。受西风熏陶的华人也开始成为汽车的主顾。1903 年上海只有 5 辆汽车，1908 年就增加到了 119 辆。

## 五、公共汽车

　　1922 年，宁波商人董杏生以两辆公共汽车在上海租界内办起了第一家公共汽车公司，这是我国最早运营的公共汽车机构。当时，汽车从愚园路往返于兆丰公司，每辆车载 30 人。两年后，英国人以压低票价等手段，使董杏生公司被迫停业。

广州在 1920 年开始有大客车行驶，同年，广东电车有限公司从国外购进一批铁轮货车改装成搭客汽车，由于质量低劣事故频繁，不久便被禁止行驶。1923 年，商人蒋寿石从加拿大购入 15 辆 8 座汽车，首创了广州公共汽车。1946 年 11 月，广州时代公共汽车公司成立，拥有汽车 156 辆。

## 六、铁路

有关铁路信息和知识传入中国，大约在 1840 年鸦片战争前后。当时中国的有识之士，如林则徐、魏源、徐继畬等人先后著书立说，介绍铁路知识。特别是太平天国干王洪仁玕所著《资政新篇》中，强调近代交通运输对巩固政权和建设国家的重要性，于是产生了发展交通运输的想法。但是这一理想由于太平天国的失败而未能实现。在这期间，帝国主义列强纷纷谋求在中国修建铁路，以便把侵略势力从中国沿海伸向内地，并为此展开了种种活动。1865 年英商在北京宣武门外修建了一条长约 0.5 公里的铁路，试行小火车，并广为宣传。但是引起北京市民的惊诧和猜疑，有记载云："英人杜兰德于同治乙丑（即 1865 年）七月，以长可里许之小铁路一条，敷于京师永宁日外之平地，以小汽车驶其上，迅疾如飞，京人诧为妖物。旋经步军统领饬令拆卸，群疑姑息。"[1] 与此同时，上海、广州等地的外国人也在酝酿修建铁路，但均遭到清政府的拒绝。1876 年 6 月，英商采取欺骗手段在上海擅自建造的由吴淞到上海的 14.5 公里的窄轨铁路正式开通，是为中国境内的第一条铁路。该铁路经营一年多时间，后被清政府以 28.5 万两白银赎回，并于 1877 年 10 月拆除。

1880 年 7 月，为了使开平矿务局把煤运到天津，清政府准许洋务派修一条从唐山至胥各庄（今丰南区）的铁路。这是一条长 10 公里、每米仅 15 公斤的轻轨铁路，轨距为 1 435 毫米的标准轨距铁路。该铁路于 1881 年 11 月通车，这是中国自主修筑的第一条铁路，在我国铁路发展史上占有重要的地位。1887 年，李鸿章提议修造津沽铁路，与唐胥铁路相接，全程 30 多里。次年建成通车时，李鸿章曾率员试乘，惊叹不已。他深感铁路的快利之便，遂请续办津通铁路，使铁路向西延至北京附近的通州，东接山海关。由于津沽铁路及拟修的津通铁路距离较长，可用于民用，又临近京师重地，遂在朝野上下引起关注，于是围绕是否续修津通铁路及扩展铁路等问题展开了激烈争论。一些保守人士发出铁路不可行的种种议论，而一些开明舆论则予以反驳。经过此次论争可以看出，人们一般观念中，对于铁路快捷方便的益处已无疑义，如 70 年代及 80 年

---

① 徐珂：《清稗类钞》第 13 册，中华书局 1986 年版，第 6093 页。

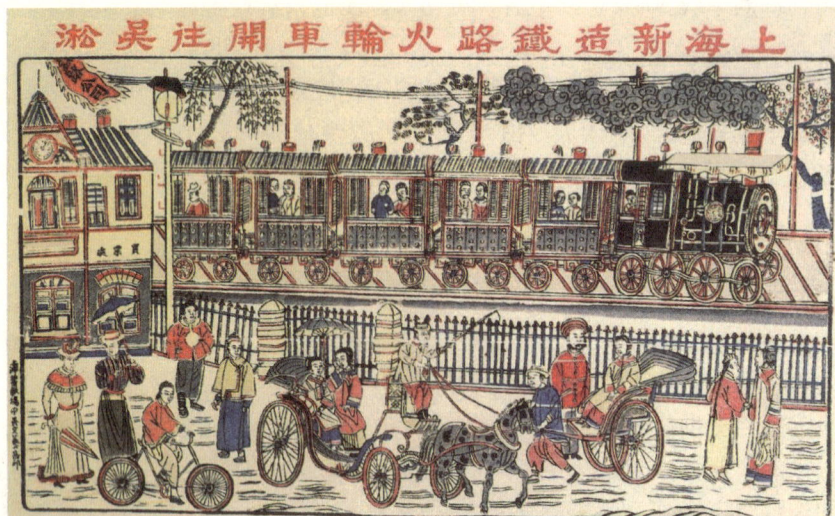

上海新造铁路火轮车开往吴淞

代初铁路争论中，所谓以夷变夏、有碍风水等愚昧无知的议论已很少见。即使反对修建者，也多是从铁路可能产生的实际弊害着眼。随着时间的推移，特别是已经建成铁路所起的样板作用，大部分士大夫、官员也开始普遍对修建铁路持赞成态度。但是早期中国修建铁路的进程仍然缓慢，到1894年甲午战争前夕，在近20年时间里修建铁路仅约400公里。

李鸿章等参加唐胥铁路通车典礼

1894 年，清政府在甲午战争中战败后，西方列强纷纷攫取中国的铁路权益。10 000 多公里的中国路权被吞噬和瓜分，形成帝国主义掠夺中国路权的第一次高潮。随后，他们按照各自需要，分别设计和修建了一批铁路，标准不一，装备杂乱，造成了中国铁路的混乱局面。在清政府时期（1876—1911年）修建铁路约 9 400 公里，其中帝国主义直接修建经营的约占 41%；帝国主义通过贷款控制的约占 39%；国有铁路包括中国自力更生修建的京张铁路、商办铁路和赎回的京汉、广三等铁路仅占 20% 左右。辛亥革命后，袁世凯在 1912 年宣布"统一路政"，解散了各省商办铁路公司，把各省已经建成和正在兴建的铁路全部收归国有，用以抵借外债，形成了帝国主义掠夺中国路权的第二次高潮，从 1912 年到 1916 年各国夺得的路权共达 13 000 多公里。北洋政府时期（1912—1927 年），在关内修筑了约 2 100 公里铁路。南京国民政府时期（1928—1948 年），主要以官僚买办资本与帝国主义垄断资本"合资"方式修建铁路，从而出现了帝国主义掠夺中国路权的第三次高潮，在中国大陆上共修建铁路约 13 000 公里。

新中国成立后的 1949—1952 年，为抢修和恢复铁路运输生产时期。1953—1978 年是中国铁路网骨架基本形成时期。1979 年以来，中国铁路步入新的发展时期，到 1985 年底，全国铁路营运里程达 52 119 公里，客货换算周转量突破 1 万亿吨公里。2005 年 1 月 7 日，温家宝主持召开国务院常务会议，讨论并原则通过了《中长期铁路网规划》，明确了我国铁路网中长期建设目标：到 2020 年，全国铁路营运里程达到 10 万公里，主要繁忙干线实现客货分线，复线率和电气化率分别达到 50%，运输能力满足国民经济和社会发展需要，主要技术装备达到或接近国际先进水平。

## 七、航运

中国是世界古代航运最为发达的国家之一。勤劳、智慧、勇敢的中国人民自古以来就为发展水上运输做出了卓越的贡献，取得了举世瞩目的奇迹。然而，随着西方资本主义的发展，机器轮船的出现，中国传统的靠风帆、人力驾驭的旧式船舶明显落伍，开始面临机器轮船的严峻挑战。

早在鸦片战争时期，英国凭借先进的船炮在中国沿海肆虐示威。不久，以英国为首的西方列强凭借不平等条约，取得了在中国沿海航行的特权。外国轮船企业在华势力的扩张，加速了西方列强对我国的经济掠夺，同时对中国旧式航运造成了毁灭性打击。靠风帆、人力驾驭的旧式船舶无法与迅捷、准时、安全、省时的机器轮船竞争，无可奈何地逐渐衰落下去。道光年间活跃于北洋和长江的 3 000 余号沙船，到咸丰年间减掉三分之一；到同治年间只剩下四五百号，10 年间大约淘汰了十分之八。这不仅使广大沙船业水手失业，尤其使中国航权大量丧失。出现"中国内江外海之利，几被洋人占尽"①的局面。外轮大量入侵与我国旧式帆船的迅速淘汰，将发展民族轮船航运业提上了日程。一些华商羡慕轮船航运业的丰厚利润，逐渐萌生投资轮船运输的愿望。然而，腐朽的清皇朝却顽固地禁阻华商制造或购买轮船。外轮企业为了扩大资本则千方百计诱使华人投资。不少华商遂将资本投向外国轮船企业，或自买、租赁轮船交洋商代理。结果使洋商既吸收了华商投资，扩大了自己的企业，又控制了华商船只，从而充实和扩大了外国资本侵夺我国航运权益的力量。

为打破外轮垄断我国江海航运的局面，改变华商投资外轮企业或购买、租赁轮船而诡寄洋商名下骗捐取利的现象，清廷逐步改变态度，缓慢地向鼓励华商置买轮船、自主开办航运的方向转变。在这种情况下，一些商人开始向政府提出兴办轮运企业的试探性要求，但是没有什么实际效果。1872 年，直隶总督兼北洋大臣李鸿章力倡由官方招商购置轮船，同时许以运漕之利，发展由官方控制的轮运事业。目的在于"略分洋商之利"②，"以裕饷源"③，"使我内江外海之利，不致为洋人占尽"④。同时还将举办轮船事业与巩固海防联系起来，指出"海防非有轮船，不能逐渐布置。必须劝民自置，无事时可运官粮客货，有事时装载援兵军火。藉纾商民之困，而作自强之气"⑤。他的主张立即得到总理衙门支持，旋被委派主持创办轮船招商局，在上海招商集股。1873 年 1 月 18日，轮船招商局在上海正式成立，打破了外商轮船在中国的垄断局面。后来，各大口岸相继涌现出一批轮船公司，推动了中国水上交通业的近代化进程。

## 八、航空

世界航空界一般都认为，第一架飞机是美国的莱特兄弟于 1903 年 12 月发明的。虽然中国没有制造出世界上第一架飞机，但是获得早期国际飞行比赛冠军的却是中国人，他就是制造中国第一架飞机并成功地飞上天去的著名飞行家冯如。

美国莱特兄弟 1903 年发明并试飞成功第一架飞机，1904 年日俄两国为争夺在中国的利益而在中国领土上开战。这两件事对冯如影响触动很大，他立志研究制造飞机，用以加强中国国力，振兴中华。1907 年秋，冯如得到当地华侨的资助，在旧金山奥克兰设厂研制飞机。华侨青年朱竹泉、朱兆槐、司徒璧如等先后做其助手参与飞机制造。1908 年 4 月，冯如成功制造了第一架飞机，但是

---

① 《李文忠公奏稿》卷 25。
② 《李文忠公奏稿》卷 25。
③ 《李文忠公奏稿》卷 36。
④ 赵尔巽等：《清史稿》卷 149，中华书局 1977 年版，第 4452 页。
⑤ 《李文忠公奏稿》卷 25。

早期飞机

在试飞时没有成功。冯如对这架飞机进行了大量修改，成功设计了第二架飞机。1909 年 2 月试飞时，只飞起了十几米便摔了下来。经过两次失败，冯如并没有动摇，但是资助者失去了信心。在非常困难的时候，他在美国成立了广东飞行器公司，集资研制飞机。他对飞机失败原因进行了大量研究，并观察飞鹰的动作，开始制造第三架飞机，经 10 多次修改，终获成功。1909 年 9 月 21 日，冯如驾驶这架飞机试飞取得成功，这是中国人第一次驾驶自己制造的飞机的成功飞行。由于 1908 年秋莱特兄弟的公开表演在美国引起了飞行热潮，冯如的飞机和飞行再次在美国引起广泛的关注。9 月 23 日的《旧金山观察者报》头版发表文章《中国人的航空技术超过了西方》，报道了冯如制造飞机失败和成功的经过。《东方杂志》在 1909 年和 1911 年也对冯如的事迹给予高度评价。1910 年

冯如和驾驶的飞机

10月，冯如又制成一架飞机，试飞了10多次。据记载最大飞行高度已达200多米，时速超过100千米，距离达32千米，这在当时是相当出色的成就。冯如的事迹受到旅美华侨的赞许，还获得了美国国际航空学会颁发的甲等飞行员证书。美国的报纸对冯如取得的成就齐声赞扬。美国各地争相请他任教，但被他谢绝，他的愿望是以航空报效祖国。1911年2月，冯如偕同助手朱竹泉、朱兆槐等带两架飞机回国，并准备把在美国的广东飞行器公司迁回广东，以发展中国的航空事业。1912年8月25日，冯如在广州燕塘表演飞行。飞机升空后，因转舵过急，飞机失速下坠。冯如身受重伤，不幸牺牲。

## 九、电报

　　黄遵宪曾经写过一首咏物诗，可以直接拿来用作谜面："朝寄平安语，暮寄相思字。驰书迅已极，云是君所寄。既非君手书，又无君默记。虽署花字名，知谁钳缏尾。寻常并坐语，未遽悉心事。况经三四译，岂能达人意！只有斑斑墨，颇似临行泪。门前两行树，离离到天际。中央亦有丝，有丝两头系。如何君寄书，断续不时至？每日百须臾，书到时有几？一息不见闻，使我容颜悴。安得如电光，一闪至君旁。"① 诗里写的是相思之苦、别离之情，载体却不再是手帕、铜镜、信笺之类的传统寄托，而是一种能够"一闪至君旁"的好玩意。其实答案也很简单，就是电报。从19世纪60年代初起，在华外交官及外商就屡次向中国官方提出，由外国电报公司在中国设立电报，但均遭到拒绝。60年代后期，清政府被迫允许外国人在中国海面敷设海底电报线，但规定线端不准上岸。但是外国人在上海租界内私自设立了电报线。晚清诗人戴启文写过一首咏电报的诗，描写了国人第一次目睹电报功能的惊奇："五岳穷云海澄练，纬地经天长一线，重洋万里纸鸢风，暗地机关人不见。"② 清政府于70年代初期起，开始有沈葆桢、李鸿章等洋务官员先后提出自设电报，但一直迁延未果。直至1877年，北洋大臣李鸿章在天津试设由天津机器东局到北洋大臣衙署的电报线，长8公里，获得成功。此为中国自设的第一条电报线。随后陆续增设，1879年架设了大沽、北塘炮台至天津的电报线。1880年架设天津至上海的电报线，并于天津设立电报总局，创办天津电报学堂。津沪电报线于1881年竣工通报，从此，中国有了自己的民用电报事业，津沪的官绅商人可以利用电报传递商情信息，标志着中国近代电报通讯时代的到来。辛亥革命后，电报归民国交通部管理。1913年划全国为13个电政区，各设相应机构。交通部颁布一系列章程条例，开办诸多特种电报，逐步完善电报挂号和电报随到随送制度等，并从1912年

---

① 黄遵宪著、钟贤培等选注：《黄遵宪诗选》，广东人民出版社1994年版，第412-413页。
② 阿英编：《中法战争文学集》，中华书局1957年版，第34页。

6月起减收报费。然而，随着北洋军阀统治的建立，军阀割据为雄，电报统一已名存实亡。军阀间争战对电报线路、设备肆意破坏；各地邮局官电、军电充斥；军阀又纷纷截留电费，而电局内营私舞弊、挥霍公款有增无减，列强乘机进一步侵蚀中国电报主权，致使电报业受到巨大损害，影响了它的健康发展。

## 十、电话

电话是比电报更为直接的通信工具。自从1876年贝尔的第一部电话机在美国问世以来，迅速被欧美各国所采用，成为与电报相辅而行的工具。

电话最早被引进到中国的上海租界。1881年夏秋之际，丹麦大北电报公司、英国东方电报公司、美国旗昌洋行等，先后向公共租界工部局、法租界公董局申请在两租界内经营电话业务。大北公司最先获得批准，旋即树干挂线，设置电话交换所，于1882年2月21日正式租机通话。电话传到中国后，并没有得到迅速推广。究其原因，大约有二：一是已有电报在先，电话并非为军事、国防所急需；二是费用较高，当时一架话机年租费约需银元100元，推广有一定难度。但是电话直接对话的功能却为电报所不及，久为中国官绅所羡慕。为了使电话事业为中国所有所用，1899年，电政督办盛宣怀以发展电报已具规模、开办电话不可再缓、致为外人觊觎为由，奏请招商试办："惟有劝集华商赀（资）本，自办德律风，与电报相辅而行，自通商口岸次第开办，再以此及于各省会各郡县，庶可预杜彼族觊觎之谋，保全电报已成之局。"[①] 很快得到朝廷批准，从此电话归电报总局兼办，逐步得到推广。20世纪初，文人袁祖志（翔甫）曾写过一组词描写上海洋场风物的《望江南》，其中一首写道："申江好，电线疾雷霆。万里语言同面晤，重洋息信霎时听，机括竟无形。"[②] 对当时上海新引进的电话进行了大声歌颂。

## 十一、传真机

有时，一项发明在对它还没什么需求之前的许多年就发明出来了。传真机就是这种情况。早在20世纪初，德国发明家亚瑟·科恩就已经有了传真机基本构思。科恩发明了一种称为"传真摄影术"的工序。这使得任何一种图像——无论是纸上写的还是一幅实景图画，都能分解为一种信号。这种信号可以通过电线发送并在另一端"重新绘制"出来。20世纪20年代，一个名叫埃多瓦德·贝林的法国人吸取了科恩的思想。在贝林的系统中，图像是用光束扫描的。光束强度的改变可以通过光电管来测知，并且转换为可经电线输送的电信号，位

---

① 赵尔巽等：《清史稿》卷151，中华书局1977年版，第4473页。
② 黄式权：《淞南梦影录》，上海古籍出版社1989年版，第142页。

于另一端的机器则将信号转换回图像。在随后几十年间，美国无线电公司、夏普公司、兰克·施乐公司等都发展了贝林系统。但直到 20 世纪 80 年代，传真机才普及开来。如今，几乎任何大小的办公室里都有一台传真机。它可以把文件或画面发送到世界各地。

# 第四节　邮驿制度的历史变迁

在远古时候，我们的祖先在发明文字和使用交通工具之前，就已经能够在一定范围内借助于呼叫、打手势，或采取以物示意的方式相互传递一些简单的信息。

我国中原地区进入奴隶制社会以后，人们的通信活动比以前更为复杂。国家组织人们治理洪水，需要完善的通信组织系统。政府对地方实行有效的管理，也需要较为严密的通信联络网。夏朝设立了"牧正""庖正""车正"等与交通有关的官吏，交通道路及其设施也增多了，通信自然比以前大为方便。据甲骨文记载，到商朝纣王在位时，已经普遍利用了音传通信的手段。至于声光通信，古代传说中有一段商纣王使用烽火的记载，把我国早期的声光通信提前到大约 3 000 年以前，这个时间比后来周幽王烽火戏诸侯要早 400 多年。

慕田峪长城重燃的烽火

到西周时候，我国已经有了比较完整的邮驿制度。各种不同的传递方式有了不同的名称。比如以车传递称作"传"，这是一种轻车快传；还有一种车传称为"驲"。主要在边境上传书的机构，人们叫它为"邮"。另有一种叫作

"徒"的，则为急行步传，让善于快跑的人传递公函或信息，有点类似古希腊马拉松的菲迪皮茨（Pheidippides）。西周时军事上的烽火通信，已经成为正式制度。当时在边境和通往边境的道路上，每隔一定的距离，就筑有一座烽火台。烽火台派成卒守卫，遇到敌人入侵时，便一个接一个地点燃烽火报警。各路诸侯见到烽火，马上率军前来御敌。西周以后，历代王朝都沿袭了这种烽火报警的方法。但是，烽火报警毕竟有很大的局限性。用烽火传递军情固然很快，但它不能把详细的敌情从边疆报送上来，更不能把上面的命令传达下去。所以，随着社会的发展和政治、军事的需要，逐步形成了传递官府文书的更为严密的邮驿制度。

春秋战国时期，随着政治、经济和文化的进步，邮驿通信逐渐完备起来。春秋时期邮驿制度发展的重要标志就是单骑通信和接力传递的出现，这是我国邮驿制度史上的一次重大变化。单骑快马通信最早见于《左传》记载的郑国相国子产的故事。接力传递最初记载也见于《左传》。接力运输和传递信件方式，自然要比单程车传递要快得多。战国时期，邮驿通信事业繁忙的标志之一是简书与符信的风行。那时候，纸张尚未发明，而商朝时期的甲骨文已被淘汰，逐渐兴起的是竹木制作的简书。简书是把书信或文章刻写在竹木简上，西周开始出现。战国时期，大凡日常公文、官吏奏报、官方通信、说客上书全用简牍。短信一般字面向内，捆上加封；长信则把简片用皮条连系成册，卷成一卷，外面加封。符信是通信的信物，即通行的凭证，有符有节。节是身份证明，供使者在路途中使用。持有此节者，沿途住宿饮食一律由传舍供给。符与节略有不同，大半是军事凭信，也可作为国家治安所规定的通行证件。

秦代铜虎符

秦朝是我国统一的中央集权封建时代的开始。秦始皇所制定的统一文字、度量衡、车轨、道路等制度，对我国后代有深远影响。在开创统一的邮驿制度方面，秦朝也有不世之功。秦朝的邮驿统一了称呼，把"遽""驲""置"等不同名目一概统一规定为"邮"。从此，"邮"便成为通信系统的专有名词。在邮传方式上，秦代大都采用接力传递文书的办法，由政府规定固定路线，由负责邮递人员一站一站接力传递下去。为了保证公文和书信及时、迅速而准确地到达，秦王朝制定了一系列严厉的法律。

汉朝的一切制度都在秦时奠定了基础。在邮驿制度方面也是一样，但汉代又比秦代有了进一步的发展。两汉政府同秦朝政府一样，十分重视邮传的建设。在中央部一级的九卿官职中，有许多是和邮驿制度直接相关的。地方上的邮驿管理，也比前代更为正规化。邮驿系统由州、郡、县三级管理。郡太守府里最受重视的一个官吏便是督邮。同秦朝相比，汉代邮驿制度的最大进步就是驿和邮分流。以骑马为主的信递方式，便以"驿"正式命名。那些短途的以步行为主"递送文书"者，便以"邮"正式命名。管理长途传递信件文书的设施，叫做"驿置"，即后来的"驿站"。管理短途步行投递书信的机构，叫作"邮亭"。

三国时期，曹魏在邮驿史上最大的建树是颁布《邮驿令》。这是在魏文帝时由大臣陈群等人制定的。内容包括军事布阵中的声光通信，"遣使于四方"的传舍规定以及禁止与五侯交通的政治禁令等。这是中国历史上第一部专门的邮驿法，对后世产生了深远影响。蜀汉的刘备和丞相诸葛亮在开辟发展四川邮驿事业上，也做出了重要贡献。东吴邮驿，创造了水驿的独特形式，开辟了水上邮路。三国时期，除了继承春秋战国以来

汉代传舍之印

的铜符和竹符之外，曹魏统治地区还创造了一种新的通信符号——信幡。信幡是一种用不同图案和颜色制成的旗帜。这时期由于纸已经发明，纸使用起来既轻便又廉价，而且还便于书写，于是纸张逐渐代替简书，这是邮驿发展史上的新生事物。

隋唐时期是我国封建社会的重要时期。那时的邮驿盛极一时，空前繁荣。隋唐邮驿事业发达的标志之一是驿的数量的增多。隋唐继续执行南北朝时的驿传合一的制度，"驿"代替了以往的"邮""亭""传"等。驿的任务包罗万象，既负责国家公文书信的传递，又传达紧急军事情报，还兼管迎送官员，怀柔少数民族，平息叛乱，追捕罪犯，灾区慰抚和押送犯人等。有时还管理贡品运输和其他小件物品的运输。唐朝的驿站遍布全国。据《大唐六典》记载，驿站包括水驿、陆驿和水陆兼办三种，专门从事驿务人员共有 20 000 多人，其中驿夫 17 000 人。这是一支很庞大的邮政队伍。唐朝的驿拥有马匹很多，一般大一点的都亭驿，配备马 75 匹；诸道的驿，配马少则 8 匹，多的达到 60 匹。每驿除了一般工作人员外，还驻有驿兵。唐朝还建立了"明驼使"的组织。据明

代杨慎考证：这是一种以骆驼为邮驿工具的组织，专门负担传递公文书信。"进奏院"的情报机构也是唐朝中期开始新建立的。这是一种地方驻守在中央的了解情况的联络机构，颇类似现在各省、市、自治区的驻京办事处。这一机构主要负责传递各地与中央的公文，还要通报朝廷内外的动态。到唐朝后期，这种进奏院在长安多达50多个。进奏院的出现，促使《开元杂报》的问世，新闻史家们认为这是我国第一份中国式的早期报纸。隋唐时期还出现了"邮筒"，但这不是今天我们常见的街道或邮局门前的那种邮筒，它实际上是一种水上邮件运输工具，用竹筒装信，浮江而下，传递情报，后人称其为"水电报"。此外，当时还有一种"空中通信"，当然也不是现在的飞机航空通信，而是使用风筝、信鸽等方式。上述这些通信方式的出现，说明隋唐时期通信已被人们广泛重视。

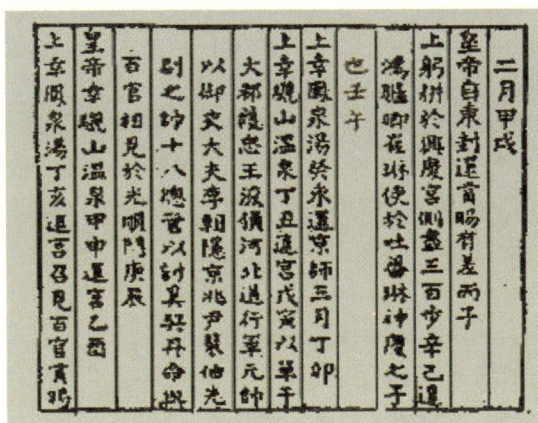

中国最早的报纸《开元杂报》

宋朝时中央集权制度有了进一步发展，顺应专制统治的需要，邮驿制度走向了军事化。首先，由兵部掌管全国的邮驿事务，具体过问邮驿的规约条令、人事调配、递马配备等，同时枢密院分管驿马的发放、颁布驿递的凭信符牌。这两个机构互相制约，不得擅自专权。其次，北宋实行以兵卒代替百姓为邮驿人员。当时民族斗争和阶级斗争很尖锐，严峻的形势迫使宋朝政府不得不把通信中军事情报的获得视为头等大事。宋朝把邮件文书的递送同过往官员投宿的馆驿，从职能上完全分开。馆驿已演变成政府招待所，而传递政府公文和书信的机构另有名目，总称为"递"，又分"急脚递""马递""步递"数种。"步递"用于一般文书的传递，是接力步行传递。"马递"用于传递紧急文书，一般不传送官物。在很紧急情况下，又使用了一种叫作"急脚递"的新的传送文书的形式。宋朝邮驿制度的另一个重要特色，就是形成了比较完整的专门通信法规，这就是《金玉新书》。《金玉新书》共有115条，其中涉及邮驿刑律的51条，有关赏格的10条，关于邮驿递铺组织管理的54条。法规涉及的范围很广，严格地维护了官方文书的不可侵犯性。这种"以法治邮"的做法，保证了邮驿的正常运行。

元朝时期邮驿又有了很大发展。为了适应对广大区域的统治，元朝统治者在邮驿制度方面积极改革，把驿路范围大大扩展了。元朝在辽阔的国土上，建立了严密的"站赤"制度，使邮驿通信更加有效地发挥作用。所谓"站赤"，是蒙古语"驿传"的译音，从此我国后来通称驿馆为驿站。站赤制度是一种完整而系统的驿传制度，它包括驿站的管理条例，驿官的职责，驿站设备以及对站户的赋税制度等。那时的驿站在中国境内就有1 496处之多。元朝也仿效宋朝办法，在各州县广泛设置"急递铺"，约有20 000处。

明清两朝的邮驿，基本上是沿袭旧制的。驿站的设置和使用同前朝一样，仍然处于政府的直接管理之下。过往人员投宿，必须持有官方的通行凭证，并进行登记。根据来客的身份和官品，驿站对住宿房屋、食物供应和交通工具做出相应的安排，体现出封建社会的等级特点。

清代邮驿制度改革的最大特点是"邮"和"驿"的合并。在清朝以前，虽说某些文书上常常"邮驿"合称，但实际上邮驿是两种职能不相同的组织机构。从汉唐以来，一直是"邮"负责传递公文，是一种通信组织，也称为"递"，或称为传，而"驿"实际上是只负责提供各种交通工具、通信工具并兼有招待所性质的组织。二者互为补充，但毕竟是两套组织系统。清朝时期，这两种组织融为一体了。驿站从间接为通信使者服务，变成直接办理通信事务的机构。这样，通信系统比先前机构简化，大大提高了工作效率。清朝驿站比明朝更为普遍，在一些边远的县级地区，新设了"县递"的机构。这种机构负责县间通信，弥补了干线驿站的不足。另外在东北、华北北部、西北和西南边疆地区，清政府还开辟了许多新的驿道，新设了若干邮驿机构。这些机构各个地区名称有所不同，大部分称为"驿"，军用称为"站"，新疆、甘肃地区称为"塘"，北方蒙古地区称为"台"，甘肃一部分地区又称为"所"。

鸦片战争前的旧式邮递，主要是官办的驿递和民办的民信局及侨批局。中国自古便有驿传制度，由官方在各地设立驿站。清代沿袭此制，由车驾司综理驿务，各省则归按察使司管理。驿递依各地路程远近及冲僻情况，分设驿、站、塘、台、所、铺等机构，负责预备人、马、车、船，办理递送政令公文及官员书信，不收民间信件。民间经营的民信局约始于明初沿海、沿江地区商业活动集中的城镇，办理商民通信、汇款乃至货运业务。以后，中国东南沿海居民到海外谋生者日众，又出现办理侨胞同家属间通信、汇款的侨批局。以上诸种类型的邮递，主要靠车、船、人、马诸方式，行动迟缓，基本上满足了当时政府公文往来、信息传递和商民间寄递信件及汇款、运货等需求。鸦片战争以后，这些旧式邮递方式逐渐衰落。一方面，建立在火车、轮船等近代运输工具基础上的新式邮政业务在欧美迅速崛起，因其迅速、方便、管理完善而为世人所称道，在世界各地迅速发展。另一方面，随着自然经济的逐步解体和中外贸易、国内贸易的发展，中外人员交往和国内人员流动的增多，旧式邮递业务越来越不适应社会的需要。学习西方建立新式邮政已成为近代中国社会发展的重要课题。

西方列强为了刺探情报、了解信息、倾销商品、走私鸦片，早在鸦片战争之前便开始在我国沿海设置通讯机构。起初，在近海水域的趸船上悬挂信箱，以备来华人员通信。不久，即明目张胆地在沿海城市设置邮局。1834 年，英国商务监督律劳卑公然在广州设立了第一个"英国邮局"，开外国侵略者在华创办邮政之先例。这种邮局被软弱的清廷称为"客邮"。西方列强在华开设"客邮"的同时，还纵容租界工部局及本国投机商在中国境内开办形形色色的"书信馆"。最早的书信馆是 1884 年设立于上海租界董事会的"上海工部局书信馆"。

法国客邮

随着商民通信的大量增加，邮政业日益成为获利较大的行业，自然对各方形成吸引力。清政府官员也开始考虑仿照西方办法，开设官办邮政，以承揽民间邮政业务而坐收其利。1878 年 3 月，海关总税务司赫德与李鸿章商妥，在北京、天津、烟台、牛庄和上海五处海关，仿照欧洲办法，设立华洋书信馆，募集股份，试办邮政，是为中国官办邮政之始。8 月，设于上海海关的寄信官局发行了中国邮政史上的第一套邮票，图案为龙，由英国人马士设计，俗称"海关大龙票"，票面以银两计数，分为一分、三分、五分三种。

中国最早发行的大龙票

官办邮政局的设立及统一邮票的使用，使中国邮政事业走上了正轨，使人们的通信联系更加方便。然而，官办邮政局设立以后，由于没有与民信局协调好关系，形成了争夺其业务的局面，因此受到民信局行业的阻挠，发展并不顺利。在此期间，外国人在中国所设邮政事业却在不断扩展。1886年，清政府决定将海关兼管的邮政业务扩大到各个通商口岸，作为将官办邮政向全国推广的一个步骤。为此曾向上海租界工部局提出，要求工部局和上海其他外国人所设书信信员均应取消。然而此议却遭到上海西商总会和工部局的拒绝。中国政府这次扩大邮政事业的举措，受到了在华外国人的阻碍。直至1890年，中国海关邮政才在各通商口岸普遍设立邮政机构。

**复习思考题：**

1. 中国古代的道路类型及其代表。
2. 马车系驾方式的历史演变。
3. 中国古代肩舆的类型及其各自特征。
4. 中国古代出现的专门通讯法规。
5. 中国邮驿制度的历史变迁。

**视频教学指南：**

《探索之旅：通讯的演变》《现代奇迹：远程遥控交通工具》《好莱坞科技：神奇的交通工具》等。

# 第五章
# 节 庆 民 俗 ◀

中华传统节日形象标识

　　为了弘扬中华传统节日的精神内核，2011 年 2 月 24 日，"中华七大传统节日形象标志创作大赛"结果公布，墨迹灯笼春节、元宵红娃、清明印、龙粽端午、七夕爱之印、团圆中秋、菊花双九重阳等七件作品分别获得中华传统节日形象标识设计一等奖，从此中华七大传统节日有了具有文化内涵的形象标识。

　　节日是人们在长期生活中积累起来的周期性的集体活动。在节日期间，人们的生活方式和行为模式往往有悖于日常行为规范和生活规律。人们可以暂时远离劳作之苦而专心于享乐、访友，孩子们也不必担心玩得太疯而招致长辈的责罚，尊卑贵贱的身份差异也因而淡化。总之，节日是人们给紧张忙碌生活的一个"假期"和"加油站"，是为了有机会享受通过艰苦努力而创造出来的生活。① 因此，西方学者将节日称为"时空以外的时空"（time out of time）。

---

① 王娟：《民俗学概论》，北京大学出版社 2002 年版，第 170 页。

# 第一节　有关春节的主要民俗

中国作为一个农业文明古国，长期的农耕生活方式，使得中国人尤其重视各种农事仪礼。因此，在各种季节、节气和年轮转变的关键时期，出现了许多传统节日。春节便是中国最隆重、最重要，也是持续时间最长的节日。每年农历的正月初一，是中国的新年。因为这个时候是冬末春初，所以把这个节日叫作"春节"。春节，古代称为"元旦""元日"①"上日""元辰""元正""元朔""元朝""正朝""正旦""正日""正元""新正""朔旦""朔日"等。正月初一是一年的头一天，春季的头一天，正月的头一天，所以称为"三元"；因为这一天还是岁之朝、月之朝、日之朝，所以又称为"三朝"；又因为它是第一个朔日，所以也称作"元朔"。春节和年的概念，最初的含义来自农业，古时人们把谷的生长周期称为"年"。夏商时代产生的夏历，以月亮圆缺的周期为月，一年划分为12个月，每月以不见月亮的那天为朔，正月朔日的子时称为岁首，即一年的开始，也叫"年"。"年"的名称是从周朝开始的，到西汉时正式固定下来，一直延续到今天。春节意味着春天将要来临，万象复苏草木更新，新的一轮播种和收获季节又要开始。

从上古时代起，中国人就岁岁过年。但是正式把正月初一称为"春节"，不过是几十年前的事情。辛亥革命推翻清朝统治后，孙中山在南京就任中华民国临时大总统，立即下令改用阳历，1月1日为"中华民国"元年的第一天，农历正月初一就不再是岁首。废除农历便等于废除了传统新年，所以到了阴历壬子年的正月初一，即阳历2月18日这一天，中国从南到北、从东到西冷冷清清，听不到热闹的鞭炮声，看不到忙碌的拜年人。但是老祖宗传下来的过年风俗深入人心，有着顽强的连续性，并不会因为政府颁布一个命令便可取消。新历法推行不久，当政者发现旧历法无法取消，尤其在广大农村，没有阴历就无法耕种、收获，因此传统的节日依旧要过。1913年7月，时任内务总长朱启钤向大总统袁世凯提出一个《定四时节假呈》："我国旧俗，每年四时令节，即应明文规定，拟请定阴历元旦为春节，端午为夏节，中秋为秋节，冬至为冬节，凡我国民，都得休息，在公人员，亦准假一日。""夏节""秋节""冬节"没有被采纳，而称正月初一为"春节"并放假休息则一直沿用下来。从此以后，为了顺应农时和便于统计，南京政府规定民间使用夏历，政府机关、厂矿、学校、团体等实行公历，以公历1月1日为元旦，农历的正月初一为春节。1949年9月27日，中国人民政治协商会议第一届全体会议通过了使用世界上通用的

---

① 王安石曾作《元日》："爆竹声中一岁除，春风送暖入屠苏。千门万户曈曈日，总把新桃换旧符。"

公历纪元，把公历 1 月 1 日定为元旦，俗称"阳历年"；农历正月初一通常在立春前后，因而把农历正月初一定为春节，俗称"阴历年"。

传统意义上的春节以正月初一、二、三日为正年，但是民间节日活动则从腊月初八的腊祭、腊月二十三的祭灶，一直持续到正月十五，其中以除夕和正月初一为高潮。也就是说，与春节有关的民俗活动，以正月初一为中心点，向腊月和正月这两个月有所前伸和后延，其后延至元宵节，前伸则至腊八节。在这期间，我国的汉族和大多数少数民族都要举行各种庆祝活动，这些活动大多以祭祀神佛、祭奠祖先、除旧布新、迎喜接福、祈求丰年为主要内容。

## 一、腊八节

十二月在农历中也被称为"腊月"。腊月最重大的节日是十二月初八，古代称为"腊日"，俗称"腊八节"。从先秦时代起，腊八节都要举行祭祖敬神活动，祈求丰收和吉祥。此外，人们还要驱逐疾疫。这项活动来源于古代的傩，即史前时代的医疗方法之一——驱鬼治疾。

腊八这一天有喝腊八粥的习俗。据说腊八粥传自印度。佛教创始人乔达摩·悉达多（即释迦牟尼）经过六年修行，十二月初八日在菩提树下悟道成佛。后人不忘他苦行时每日仅食一麻一米的苦难，每年腊月初八日喝粥以作纪念，称为"佛成道节"。大约在南北朝时，我国民间受佛教寺院腊月初八吃"七宝五味粥"的影响，形成了喝腊八粥的风俗。每逢农历十二月八日，寺院要取香谷和果实等煮成粥糜敬佛，民间也升始效法，以消灾除病。我国喝腊八粥的正式历史记载始于宋代，吴自牧《梦粱录》载："此月八日，寺院谓之'腊八'。大刹寺等俱设五味粥，名曰'腊八粥'。"腊八这一天，不论是朝廷、官府、寺院

煮腊八粥（出自《古代风俗百图》）

还是黎民百姓都要做腊八粥。此时，腊八煮粥已经成为民间食俗，明清时期，喝腊八粥的风俗更加盛行。

## 二、祭灶节

过了腊八节，到腊月二十三便是祭灶节，俗称"小年"。俗话说"腊月二十三，灶王爷上西天"。民间传说灶王爷是玉皇大帝派往民间，监督家家户户行为之神，旧时被奉为一家之主。到每年的腊月二十三日，灶王爷便要上天去见玉皇大帝，汇报这家人一年来的好坏是非。于是民间在祭灶时，将旧年的灶王爷像从灶墙上揭下来晒干，同时准备祭品。同时写一副对联：上天言好事，回宫降吉祥。北方祭灶为腊月二十三，南方为腊月二十四；也有说民间二十三，官府二十四。祭灶一般在傍晚，将灶王爷像供在供桌上，摆上各种供品，点燃一炷香，由家中最年长的男子带领家中所有的男子，依次叩拜灶君。等到满天星斗，香将燃尽时，一人取一个大爆竹，在院中燃放，另一人将灶王爷像、草料等聚在一处，点燃烧，再用少许胶糖，沾于锅灶口上，谓之糊灶王口。民间风俗：家中再穷，典衣卖物，也要恭送灶王爷，以图来年的吉利与平安。

灶神（山东潍坊年画）

## 三、除夕

除夕又称"除日""除夜""夕除""岁暮""岁尽""暮岁"，民间俗称"年三十""大年三十"。除夕即每年农历腊月的最后一天晚上，它与正月初一首尾相连。我国民间普遍重视此日，被称为"年关"。除夕意味着旧岁至此夕而除，新岁自明晨开始，有除旧布新之吉兆。故此期间的活动都是围绕除旧布新、消灾祈福而展开的。除夕的主要活动有祭祀祖先、张贴春联、吃年夜饭、给压岁钱、熬年守岁等。熬年守岁就是旧年最后一天夜里不睡觉，家中灯火通明，熬夜迎接新一年的到来，也叫"除夕守岁""辞年守岁"，俗名"熬年"。守岁习俗兴起于南北朝，梁朝的不少文人都有守岁的诗文：一夜连双岁，五更分二年。人们点起蜡烛或油灯，通宵守夜，象征着把一切邪瘟病疫照跑驱走，期待着新的一年吉祥如意。

## 四、贴春联门神

春联、对联俗称"门对子"。过春节时，家家户户在大门两旁贴上大红的春联，以增添节日的喜庆气氛。春联上的对仗句均是吉祥话。对联上部正中央张贴着四字横批，横批下方贴几张"挂钱"。春联起源于古人的"桃符"。"桃符"即悬挂在大门两旁的长方形桃木板，用以避邪。隋代《玉烛宝典》解释道："桃者，五行之精，厌伏耶气，制百鬼，故作桃板著户，谓之仙木。"据《后汉书·礼仪志》记载，桃符长六寸，宽三寸，桃木板上书"神荼""郁垒"二神。东海的度朔山上有棵大桃树，伸展3 000余里，其枝的东北曰"鬼门"，有万鬼出入。树上有神荼、郁垒兄弟，负责审查、监视这些鬼，看到有恶鬼害人，便用草绳将鬼五花大绑，丢到山里去喂老虎。因此天下的恶鬼都畏惧神荼、

卖春联（出自《北京民间风俗百图》）

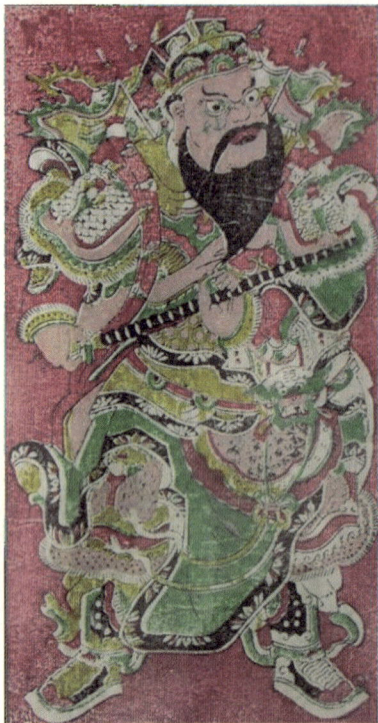

神荼

郁垒。于是民间就用桃木刻成他们的模样，放在自家门口，以避邪防害。后来，人们干脆在桃木板上刻上神荼、郁垒的名字，认为这样做同样可以镇邪去恶。这种桃木板后来便被称为"桃符"，除夕时候更换。所以，清代《燕京岁时记》认为："春联者，即桃符也。"五代时，后蜀后主孟昶命学士辛寅逊题桃木板，"以其非工，自命笔题云：'新年纳余庆，嘉节号长春'"①，这是我国的第一副春联。到了宋代，人们开始在桃木板上书写对联，也在象征吉祥喜气的红纸上写，新春之际贴在门窗两边，以表达人们祈求来年福运的美好心愿。这样，桃符由桃木板改为纸张。桃符在明代改称"春联"，并得以普及和盛行。

为了祈求一家人福寿康宁，很多地方有贴门神的习俗。在民间，门神是正气和武力的象征，古人认为，相貌出奇的人往往具有神奇的禀性和不凡的本领。他们正直善良，捉鬼擒魔是他们的天性和责任。所以，民间的门神永远都怒目圆睁，相貌狰狞，手里拿着各种传统的武器，随时准备同敢于上门的鬼魅战斗。由于我国民居的大门，通常都是两扇对开，所以门神总是成双成对。中国最早的门神为

郁垒

---

① 脱脱等：《宋史》卷479，中华书局1977年版，第13881页。

神荼、郁垒。唐末五代时，钟馗取代神荼、郁垒成为门神。钟馗任门神不久，大概因为狰狞的形象与春节欢快的气氛不和谐，显得不够庄重，也可能因为他一个人把守不住两扇门，很快便被撤换，门神于是让给了秦琼、尉迟恭。

钟馗

秦琼

尉迟恭

## 五、放鞭炮

放爆竹是中国人过春节的第一大习俗，从古至今相沿不辍。

开门炮仗

爆竹也称"爆仗""炮仗""鞭炮"。它的起源很早，至今已有 2000 多年的历史了。过年为什么要放鞭炮，民间流传着一个古老的传说：很久以前，有一种叫"年"的猛兽，见了人畜就吃，十分可怕。天神把它锁在深山里，只许它除夕夜间出来一次。人们在这天夜里一夜不睡，持刀操棒和它搏斗。后来人们发现"年"这个怪物最怕爆炸的响声，于是就笼起火堆烧烤青竹。竹子受热，爆裂开来，发出乒乒乓乓的响声，就叫它"爆竹"，把"年"吓跑。因为那时还没有发明火药，也没有鞭炮，只好采取这种办法。后来发明了火药，人们将硝石、硫黄和木炭等填充在竹筒内燃烧，产生了"爆仗"。到了宋代，民间开始普遍用纸筒和麻茎裹火药编成串做成"编炮"（鞭炮）。

## 六、拜年

拜年是中国民间的传统习俗，是人们辞旧迎新、相互表达美好祝愿的一种方式。古时"拜年"原有的含义是为长者拜贺新年，包括向长者叩头施礼、祝贺新年如意、问候生活安好等内容。遇有同辈亲友，也要施礼道贺。古时，如果亲戚朋友太多，难以登门遍访，便派

中华传统节日春节之形象标识①

---

① 标志是由中国大红灯笼和"春"字巧妙结合而成。大红灯笼蕴含中国墨迹风格韵味，是中国传统文化的一大象征，寓意吉祥、喜庆，用来祝愿来年的生活红红火火。

遣仆人带去名片拜年，称为"飞帖"，各家门前贴一红纸袋，上写"接福"二字，即为盛放飞帖之用。此俗始于宋朝上层社会，清代《燕台月令》形容北京年节："是月也，片子飞，空车走。"成为时尚。大户人家特设"门簿"，用来登记客人的往来和飞片。为图吉利讨口彩，门簿首页多虚拟"亲到者"四人：一曰寿百龄老太爷，住百岁坊巷；一曰富有余老爷，住元宝街；一曰贵无极大人，住大学士牌楼；一曰福照临老爷，住五福楼。至今的春节赠送贺年片、贺年卡，便是古代互送飞帖的遗风。

## 第二节　其他重要传统节日

### 一、元宵节

农历正月十五是元宵节，又称"元夜""元夕""灯节""上元节"等。正月十五闹元宵，将从除夕开始延续的庆祝活动推向又一个高潮，也是春节最后的一天，自此以后一切恢复常态，所以民间热烈庆祝，故有"小过年"之称。元宵之夜，大街小巷张灯结彩，人们赏灯，猜灯谜，吃元宵，成为世代相沿的习俗。

猜灯谜（出自《古代风俗百图》）

传说元宵节与汉文帝有关。汉高祖刘邦死后，吕后之子刘盈登基为汉惠帝。惠帝生性懦弱，优柔寡断，大权渐渐落到吕后手中。汉惠帝病死后，吕后独揽朝政，把刘氏天下变成了吕氏天下。朝中老臣、刘氏宗室深感愤慨，但都惧怕吕后残暴，因而敢怒不敢言。吕后病死后，诸吕惶惶不安，害怕遭到伤害和排挤。于是在上将军吕禄家中秘密集合，共谋作乱之事，以便彻底夺取刘氏江山。此事传至刘氏宗室齐王刘襄耳中。刘襄为保刘氏江山，决定起兵讨伐诸吕。随后与开国老臣周勃、陈平取得联系，设计解除了吕禄，"诸吕之乱"被彻底平定。平乱之后，众臣拥立刘邦的第二个儿子刘恒登基，

中华传统节日元宵节之形象标识①

是为汉文帝。文帝深感太平盛世来之不易，便把平息"诸吕之乱"的正月十五定为与民同乐之日，京城里家家张灯结彩，以示庆祝。

## 二、清明节

清明是二十四节气之一，也是中国一个古老的传统节日。清明节在农历三月（公历 4 月 5 日左右），此时正是春光明媚、空气清新的季节，因此这个节日叫作"清明节"。《岁时百问》认为："万物生长此时，皆清静明洁，故谓之清明。"

清明节传说始于晋文公。春秋时期，晋公子重耳为逃避迫害而流亡国外，流亡途中，在一处渺无人烟的地方，又累又饿，再也无力站起来。随臣找了半天也找不到一点吃的，正在大家万分焦急之际，介子推走到僻静处，从自己大腿上割下了一块肉，煮了一碗肉汤。重耳喝了汤之后，才渐渐恢复精神。当重耳发现肉是介子推从自己腿上割下来的时候，流下了眼泪。19 年后，重耳做了国君，就是历史上的晋文公。文公重重赏赐当初伴随他流亡的功臣，唯独忘了介子推。很多人为介子推鸣不平，劝他面君讨赏。介子推鄙视那些争功讨赏的人，打好行装，悄悄地到绵山隐居去了。晋文公听说后，羞愧莫及，亲自带人

---

① 标志用两个印着动感花纹的碗上下叠加，形象显现出一个有趣的陶瓷娃娃，字体采用方正毡笔黑简体，大气时尚，沉稳简练，寓意中国传统佳节代代相传。

去请介子推，然而介子推已离家去了绵山。绵山山高路险，树木茂密，找寻谈何容易。于是有人献计，从三面火烧绵山，逼出介子推。大火烧遍绵山，却没见介子推的身影，火熄后，人们才发现身背老母亲的介子推已坐在一棵老柳树下死了。晋文公见状，恸哭不已。装殓时，从树洞里发现一血书，上面写道："割肉奉君尽丹心，但愿主公常清明。"为了纪念介子推，晋文公下令将这一天定为寒食节。第二年晋文公率众臣登山祭奠，发现老柳树死而复活。便赐老柳树为"清明柳"，并晓谕天下，把寒食节的后一天定为清明节。

《清明戴柳》（清）

清明节人们有扫墓祭祖和踏青插柳的习俗。中国人有敬老的传统美德，对去世的先人更是缅怀和崇敬。因此，每到清明节这天，家家户户都要到郊外去祭扫祖先的坟墓。人们为坟墓除去杂草，添加新土，在坟前点上香，摆上食物和纸钱，表示对祖先的思念和敬意。清明时节，山野小草发芽，河边柳树长叶，到处一片新绿，正是户外游玩的好时候。古人有到郊外散步

中华传统节日清明节之形象标识①

---

① 标志中两个简易的人形，一人执香跪拜，一人执帚扫墓，是慎终追远、敦亲睦族及行孝的具体表现，诠释了清明节祭祀祖先的意义。

的习俗，称为"踏青"。还要折根柳枝戴在头上，叫作"插柳"。据说插柳可以驱除鬼怪和灾难，所以，人们纷纷插戴柳枝，祈求平安幸福。现在，殡葬方式有了很大改变。废止土葬实行火葬后，田野里的坟墓越来越少了。但是，清明节祭祖踏青是中国人的传统习俗，每到这一天，人们会用各种各样的方式来怀念自己的祖先，也会到郊外呼吸新鲜空气，观赏蓝天、绿树、小草和鲜花。

## 三、端午节

农历五月初五是端午节，又称"端阳节""午日节""五月节""艾节""端五""重午""午日""夏节"。诗人闻一多将端午节称为"龙的节日"。过端午节是中国人2000多年来的传统习惯，由于地域广阔，民族众多，加上许多故事传说，于是不仅产生了众多相异的节名，而且各地有着不尽相同的习俗。每到这一天，人们悬钟馗像、挂艾叶菖蒲、赛龙舟、吃粽子、饮雄黄酒、游百病、佩香囊等。2009年9月30日，由湖北秭归县的"屈原故里端午习俗"、黄石市的"西塞神舟会"、湖南汨罗市的"汨罗江畔端午习

屈原

俗"、江苏苏州市的"苏州端午习俗"四大部分组成的"中国端午节"，被联合国教科文组织批准列入《世界人类非物质文化遗产代表作名录》，这是中国首个入选世界非遗的节日。

迄今为止，影响最广的端午节起源的观点是纪念屈原说。战国时的齐、楚、燕、韩、赵、魏、秦七国中，秦国最强，总想吞并其他六国，称霸天下。屈原是楚国的大夫，很有才能。他主张改革楚国政治，联合各国，共同抵抗秦国。但是，屈原的主张遭到其他大臣的反对。楚王听信了这些人的话，不但不采纳屈原的主张，还把他赶出了楚国的国都。屈原离开国都后，仍然关注祖国的命运。后来，他听到楚国被秦国打败的消息，非常悲痛，感到自己已经没有力量拯救祖国，就跳进汨罗江自杀了。这一天是公元前278年农历五月初五日。人们听到屈原跳江的消息后，都划着船赶来打捞他的尸体，但始终没有找到，是为龙舟竞渡之起源。为了不让鱼虾吃掉屈原的身体，百姓们把用竹筒盛装糯米饭掷下喂鱼，后来便用粽叶包米代替竹筒。以后每年五月初五人们都要这样做。久而久之，人们又改为用芦苇的叶子把糯米包成粽子扔进江里。于是。就形成了端午节吃粽子、赛龙舟的习俗。

挂钟馗（出自《古代风俗百图》）

　　钟馗捉鬼是端午节习俗之一。在江淮地区，家家都悬钟馗像，用以镇宅驱邪。唐明皇开元年间，自骊山讲武回宫，疟疾大发，梦见二鬼，一大一小，小鬼穿大红无裆裤，偷了杨贵妃的香囊和唐明皇的玉笛，绕殿逃跑。大鬼则穿蓝袍戴帽，捉住小鬼，挖掉其眼睛，一口吞下。明皇喝问，大鬼奏曰：臣姓钟馗，即武举不第，愿为陛下斩除妖魔，明皇醒后，疟疾痊愈，于是命画工吴道子，照梦中所见画成钟馗捉鬼之画像，通令天下于端午时节，一律张贴，以驱邪魔。

　　在端午节，人们以菖蒲、艾叶、榴花、蒜头、龙船花，制成人形称为"艾人"。将艾叶悬于堂中，剪为虎形或剪彩为小虎，贴以艾叶，妇人争相佩戴，以避邪驱瘴。用菖蒲作剑，插于门楣，据说有驱魔祛鬼之神效。

　　中国江南民间端午节有吃"五黄"的食俗。"五黄"指黄鳝、黄鱼、黄瓜、咸蛋黄及雄黄酒。民间认为蛇、蝎、蜈蚣等毒虫可由雄黄酒破解，端午佳节饮雄黄酒可以驱邪解毒。现代科学证明喝雄黄酒可以驱邪解毒是迷信，喝雄黄酒会引起中毒。雄黄的主要化学成分是有毒的二硫化二砷，加热后经化学反应变成三氧化二砷，也就是砒霜。众所周知，砷是剧毒物质，毒性极大。如果误服，5～50 毫克即可引起急性砷中毒，达到 60 毫克以上便可致死。中毒表现为恶心、呕吐、腹痛、腹泻或水样大便，便中带血，同时伴有肝、脾、肾功能损害，血压下降和循环衰竭，甚至出现中枢神经系统麻痹、意识模糊、昏迷等，如果再把雄黄酒加热后饮用更加危险。所以，雄黄酒还是不喝为妙，以免中毒。

端午节佩带的各式香囊

端午节小孩佩带香囊，不但有避邪驱瘟之意，而且有襟头点缀之风。香囊内有朱砂、雄黄、香药，外包以丝布，清香四溢，再用五彩线缠绕，做成不同形状，结成一串，形形色色，玲珑夺目。

游百病又名"走百病"，流传于陕北农村，多在妇女、老人、小孩或体弱多病者中间进行，是通过游览散步消除百病的一项健身运动。

中华传统节日端午节之形象标识①

---

① 标志选用中国水墨风格的粽子外形，融合龙舟竞渡、图章等中国元素，两种不同绿色的搭配间接映射到端午节中代表驱邪的菖蒲和艾叶上，立意和手法都恰到好处。

## 四、乞巧节

农历七月初七是"乞巧节"，也称为
"七夕""女儿节"等，是女儿家们最为重视
的日子，有人认为就是中国的情人节。民间
习俗认为：每年农历七月初七是牛郎织女鹊
桥相会的日子，姑娘们来到花前月下，抬头
仰望星空，寻找银河两边的牛郎星和织女
星，希望能看到他们一年一度的相会，乞求
上天能让自己像织女那样心灵手巧，同时祈
祷能有称心如意的美满婚姻，由此形成了七夕乞巧的民间信仰。

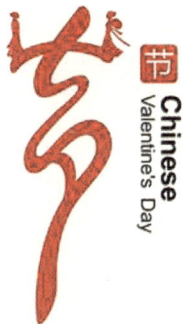

中华传统节日乞巧节之形象标识①

《汉宫乞巧图》（李嵩汉）

## 五、中秋节

中秋节又称"月夕""秋节""仲秋节""八月节""八月会""追月节"
"玩月节""拜月节""团圆节"。按照中国古代历法，农历七八九月是秋季，八
月是秋季中间的一个月，十五又是八月中间的一天，所以这个节日被称为"中
秋节"。

中秋节是远古天象崇拜——敬月习俗的遗痕。据《周礼·春官》记载，周
代已有"中秋夜迎寒""中秋献良裘""秋分夕月"等活动。晋朝时亦有中秋赏
月之举，虽然不太普遍。唐代将中秋与嫦娥奔月、吴刚伐桂、玉兔捣药、杨贵
妃变月神、唐明皇游月宫等神话故事结合起来，使之充满浪漫色彩，玩月之风

---

① 标志以中国汉字"七夕"为形，将 5 000 年历史的印章、书法与牛郎织女结合，巧妙幻化成天
河连汉水、喜鹊搭桥、牛郎织女相会的瞬间。

嫦娥奔月传说

逐渐兴盛。北宋正式定八月十五日为中秋节，并出现"小饼如嚼月，中有酥与饴"① 的节令食品。明清两朝的赏月活动，盛行不衰。

按照传统习俗，中国人在赏月时，还要摆出瓜果和月饼等食物，一边赏月一边吃。因为月饼是圆的，象征着团圆，有的地方也叫它"团圆饼"。中秋吃月饼最先见于苏轼"小饼如嚼月，中有酥与饴"之句。月饼作为一种食品名称并同中秋赏月联系在一起，始见于南宋周密的《武林旧事》。明代以来，有关中秋赏月吃月饼的记述就更多了。《宛署杂记》中说，每到

中华传统节日中秋节之形象标识②

中秋，百姓们都制作面饼互相赠送，大小不等，呼为"月饼"。店铺卖的月饼，多用果类作馅，巧名异状，有的月饼值数百钱。《熙朝乐事》："八月十五日谓之中秋，民间以月饼相遗，取团圆之义。"这天晚上，家家举行赏月家宴，或者带上装月饼的食盒和酒壶到湖边通宵游赏。在西湖苏堤上，人们成群结队，载歌载舞。同白天没有两样。从这些记载中，可以看到杭州百姓中秋夜赏月的盛况。

## 六、重阳节

九月九日是重阳节，亦称"重九节""登高节""茱萸节""菊花节""老

---

① 《留别廉守》，《东坡诗集注》卷22。
② 标志以嫦娥逐月为设计元素，还原了中秋赏月、拜月望嫦娥的民间活动，寓意中秋月圆人团圆的美好愿景。

人节"等。"重阳"一词与《易经》上"以阳爻为九"之句有关。古人将天地万物归为阴阳两类，阴代表黑暗，阳代表光明。奇数为阳数，偶数为阴数。《易经》将"九"视为阳之极，两九相重即为"重九"，日月并阳，两阳相重，故名曰"重阳"。

重阳节的起源，最早可追溯到春秋战国时代，原本是一个欢乐的日子。屈原在《远游》中写道："集重阳人帝宫兮。"到了汉代，重阳之俗逐渐在民间流行。三国时，《魏文帝九日与钟繇书》："九为阳数，而日月并应，俗嘉其名，以为宜于长于久，故以享宴高会，奉菊一束。"① 唐代将重阳正式定为节日，并且非常重视。

重阳节的主要节俗活动有登高、赏菊、喝菊花酒、插茱萸、吃重阳糕等。登高是重阳节的主要习俗。古人认为，九九重阳，登高可以避祸免灾，故重阳节又叫"登高节"。登高之俗始于西汉，《西京记》云："三月上巳，九月重阳，士女游戏，就此祓禊登高。"作者将重九与重三相对，并指出登高驱邪免祸的用意。唐代文人所写的登高诗很多，大多与重阳节有关。② 后来，重阳节登高爬山，逐渐演变成人们放松心情、锻炼身体的体育和旅游活动。

菊花又叫"黄花"，属菊科，品种繁多。菊花在九月盛开，有"长寿花"的美称。重阳时节，正值菊花怒放，因此观赏菊花、饮菊花茶和菊花酒成为重阳节的传统习俗。据说赏菊及饮菊花酒，起源于陶渊明。陶渊明以隐居出名，以诗出名，以酒出名，也以爱菊出名。后人效之，遂有重阳赏菊之俗。清代以后，赏菊之习尤为昌盛，并且不限于九月九日，但仍以重阳节前后最为繁盛。《艺文类聚》引《续晋阳秋》说："今世人每至九日，登山饮菊酒。"据说古时菊花酒是头年重阳节时专为第二年重阳节的。九月九日这天，采下初开的菊花和一点青翠的枝叶，掺在准备酿酒的粮食中，然后一齐用来酿酒，放至第二年九月九日饮用。传说喝了这种酒，可以延年益寿。从医学角度看，菊花茶、菊花酒可以明目、治头昏、降血压，有减肥轻身、补肝气、安肠胃、利血之妙。

茱萸又名"越椒""艾子"，是一种常绿小乔木，果实可以吃，茎叶都是药材。重阳节插茱萸的风俗，唐代已经较为普遍。古人认为重阳节插茱萸可以避难消灾。大多是妇女、儿童佩带，有些地方男子也佩带。或佩戴于臂，或把茱萸放在香袋里面佩带，还有的插在头上。除了佩带茱萸，也有头戴菊花的。唐代时已经如此，历代盛行不衰。宋代将彩缯剪成茱萸、菊花形状互相赠送佩带。

① 杨晨：《三国会要》卷20。
② 最为熟悉的莫过于王维的《九月九日忆山东兄弟》："独在异乡为异客，每逢佳节倍思亲。遥知兄弟登高处，遍插茱萸少一人。"此外还有杜牧的《九日齐山登高》："江涵秋影雁初飞，与客携壶上翠微。尘世难逢开口笑，菊花须插满头归。但将酩酊酬佳节，不作登临恨落晖。古往今来只如此，牛山何必独沾衣。"

清代北京重阳节的习俗是把菊花枝叶贴在门窗上，"解除凶秽，以招吉祥"①，这是头上簪菊的变俗。现在过重阳节，已经很难见到插茱萸等风俗，很多人会在这一天登高赏菊，观赏秋天的美景。

重阳糕是一种用面做的食品，也叫"菊糕""花糕""五色糕"，即古时的"蓬饵"。九月九日天明时，以片糕搭儿女额头，口中念念有词，祝愿子女百事俱高，乃古人九月做糕的本意。重阳糕制无定法，较为随意，可以加大枣、银杏、松子、杏仁做成甜的，也可以加肉做成咸的。讲究的还要做成九层，再在上面做两只小羊，以谐"重阳（羊）"之音。

重阳节也是老人节。老人们在这一天或赏菊以陶冶情操，或登高以锻炼身体，给桑榆晚景增添了无限乐趣。近年来，这个古老的节日又增加了新的内容，成为一年一度的"敬老节"。每当佳节来临，人们都要举办各种敬老活动，祝愿老年人步步登高、健康长寿。

中华传统节日重阳节之形象标识②

农历九月时节，严寒的冬季即将来临，人们开始添置冬装，他们在拜祭先人时焚烧纸衣，让先人在阴间过冬。重阳节于是演变为扫墓及为先人焚化冬衣的节日。因此，重阳节和其他传统节日一样，不仅是家人团聚的佳节，也是纪念祖先的节日。

**复习思考题：**
中国有哪些主要的传统节日？各自有哪些重要习俗？

**视频教学指南：**
《中华文化·中国的春节》《中华文化·端午节》《中华文化·中秋节的文化意义》《年画里的春节》《话说端午》等。

---

① 潘荣陛：《帝京岁时纪胜·禁忌》。
② 标志用一个双九的图案，结合中国古老的毛笔画元素和菊花，寓意欢庆又幸福圆满的美好生活。

# 第六章
## 礼仪民俗 ◀

老北京人作揖拜年

"作揖"是中国人特有的社交礼节，春秋时期就已经开始流传，以双手抱拳晃动表示尊敬之意。拜年的作揖又称"拱手礼"，自明朝以后广泛应用于各类社交场合。拜年时作揖要采取左手包右拳的姿势，是因为中国人的文化传统讲究以左为尊。作揖的礼节形式现在仍旧存在，例如表示问候、致谢、致敬时常施以作揖礼。

中国素有"礼仪之邦"之称，注重礼仪、以礼待人是中国人的传统美德。礼仪在日常工作、学习和生活中是非常重要的，不讲究礼仪有时候会比较麻烦。但是，随着新文化运动以及新中国成立后历次政治运动对传统文化的巨大冲击，中国人在礼仪方面已经大不如前：就餐时高谈阔论、"中国式过马路"、旅游时乱涂乱画等。教养体现于细节、细节展示素质。讲不讲礼仪是素质问题，讲不讲礼仪是教养问题。

## 第一节　中国古代的礼①

### 一、礼起源的社会背景和原因

在中国古代，礼被非常突出地用于别等差、序人伦。所谓"礼治"，简单地说，就是通过"礼制""礼仪""礼器"等内容和手段，来维护和协调人伦、等级关系，从而达到社会的稳定和统治的牢固。这也就意味着，礼与人类社会的等级差别联系在一起。平等一体的原始氏族社会不存在礼。礼是人类社会发展到一定阶段才出现的产物。对此，中国的先哲早就产生了非常睿智的洞见。"大道之行也，天下为公。选贤与能，讲信修睦。故人不独亲其亲，不独子其子，使老有所终，壮有所用，幼有所长，鳏寡孤独废疾者，皆有所养……是谓大同。今大道既隐，天下为家，各亲其亲，各子其子，货力为己，大人世及以为礼。城郭沟池以为固，礼义以为纪；以正君臣，以笃父子，以睦兄弟，以和夫妇，以设制度，以立田里，以贤勇知，以功为己。故谋用是作，而兵由此起。禹、汤、文、武、成王、周公，由此其选也。此六君子者，未有不谨于礼者也。以著其义，以考其信，著有过，刑仁讲让，示民有常。如有不由此者，在执者去，众以为殃，是谓小康。"② 这段挂在孔子名下的言论，指明了礼不是人类从来就有的，而是伴随着"天下为公"的"大同"社会的结束和"天下为家"的"小康"社会的到来而出现的。

荀子对于礼的起源的原因也进行过分析："礼起于何也？曰：人生而有欲，欲而不得，则不能无求；求而无度量分界，则不能不争；争则乱，乱则穷。先王恶其乱也，故制礼义以分之，以养人之欲，给人之求，使欲必不穷乎物，物必不屈于欲，两者相持而长，是礼之所起也。"③ 人类享用的资源是有限的，必须对它们作有秩序的分配，否则会因"争"而"乱"，礼由此而出现。荀子进一步阐述道："夫贵为天子，富有天下，是人情之所同欲。然则从人之欲则势不能容，物不能赡也。故先王案为之制礼义以分之，使有贵贱之等，长幼之差，知愚、能不能之分，皆使人载其事而各得其宜。然后使谷禄多少厚薄之称，是夫群居和一之道也。故仁人在上，则农以力尽田，贾以察尽财，百工以巧尽械器，士大夫以上至于公侯，莫不以仁厚知能尽官职，夫是之谓至平。"④ 荀子于此处又着重说明，人以"群"（社会）生活，而"群"需要有分工和权利、义

---

① 本节主要参考杨志刚：《中国礼仪制度研究》，华东师范大学出版社2001年版，第2—26页。

② 《礼记·礼运》。

③ 《荀子·礼论》。

④ 《荀子·荣辱》。

务方面的等差；以礼决定等差，是最公允的（"至平"）。众所周知，荀子认为人性本恶。在他看来，礼是为了解决、调和人性与财富及权力分配之间的矛盾而产生的，并且是进行社会调控的最好方法。

上述孔子、荀子的言论自然存在偏颇之处。例如，将礼的产生简单地归之于圣人的制作，或将原始社会过于理想化。但其中包含的真知灼见却也是明显的，尤其荀子从人的本性和人类社会的矛盾进行分析，其思想确有高明和独到之处。在历史唯物主义传入中国之前，从礼的功能角度揭示礼的起源，荀子所做的论述可能是最精辟、最深刻的。站在历史唯物主义的立场上，审视前人的思想成果，剔除其中的糟粕，汲取有益的资源，无疑是今人提高认识和智慧的有效的方法。综上所述，礼是伴随着私有制、阶级和国家的形成而形成的，是为了协调权力和财富分配中的矛盾关系而出现的。

## 二、礼起源于原始先民的仪式活动

从礼的功能角度来说，礼起源于原始先民因权力和财富的分配而导致的社会分化，在今天大概不会有什么异议。但要追问礼从何事何物蜕变、萌发出来的，那么分歧意见则复杂得多。现代学者曾给予很多的关注、讨论，并形成了种种不同的说法。

1. 风俗说。即认为礼起源于风俗习惯。这种观点与中国古代对"礼""俗"关系的一种理解有关，即认为俗先于礼，礼本于俗。近代刘师培曾言："上古之时，礼源于俗。"[①] 现代史学家吕思勉《经子解题》也说："礼原于俗。"现代学者持此说法的甚多。

2. 人情说。此说也可追溯至古代。司马迁在《史记·礼书》中认为："缘人情而制礼，依人性而作仪。"现代学者李安宅在《〈仪礼〉与〈礼记〉之社会学的研究》一书中概括道："礼的起源，自于人情。"与此类似，何联奎在《中国礼俗研究》中也认为："礼的来源，是出于人类一种自然的表示，如叩头跪拜、打躬作揖、对神表示崇拜及对人表示敬意。"

3. 祭祀说。汉代许慎以"事神致福"来解释"礼"字，已包含此意。郭沫若在《孔墨的批判》一文中说："礼是后来的字，在金文里面我们偶尔看见有用豐字的，从字的结构上来说，是在一个器皿里面盛两串玉具以奉事于神，《盘庚篇》里面所说的'具乃贝玉'就是这个意思。大概礼之起，起于祀神，故其字后来从示，其后扩展而为对人，更其后扩展而为吉、凶、军、宾、嘉的各种仪制。"如今"祭祀"说十分流行。据此，有人进一步认为礼起源于祭祖仪式。

4. 礼仪说。即认为礼起源于原始社会的种种礼仪。此说由杨宽提出，他在

---

① 刘师培：《古政原论》。

《"冠礼"新探》一文中指出："礼的起源很早，远在原始氏族社会中，人们已惯于把重要行动加上特殊的礼仪。原始人常以具有象征意义的物品，连同一系列的象征性动作，构成种种仪式，用来表达自己的感情和愿望。这些礼仪，不仅长期成为社会生活的传统习惯，而且常被用作维护秩序、巩固社会组织和加强部落之间联络的手段。进入阶级社会后，许多礼仪还被大家沿用着，其中部分礼仪往往被统治阶级所利用和改变，作为巩固统治阶级内部组织和统治人民的一种手段。"在这个观点基础上，李泽厚又进一步认为，礼是"原始巫术礼仪基础上的晚期氏族统治体系的规范化和系统化"。

5. 交往说。认为礼起源于人类原始的交往。杨向奎创立此说，他从法国文化人类学家莫斯的名著《礼物》（The Gift）论述原始社会"全面馈赠制"中得到理论启发，从中国的史料着手论证，得出结论说，原始社会的"礼尚往来"实际上是货物交易。中国封建社会初期的交换带有浓厚的"礼仪"性质，自周公、孔子开始，"礼"的含义才完全摆脱了原来的意义，去掉了"礼仪"中的商业性质。

杨宽把中国阶级社会的古礼，如周礼，看成是原始氏族礼仪的再发展，这一见解表面看似平淡，其实却极富洞见，它从一个方面揭示了礼的起源的真相。此说还兼容了"祭祀"说、"交往"说、"风俗"说、"人情"说所包含的部分合理性。因为一是"祭祀""交往"（全面馈赠制式的）属于人类仪式活动的一部分。说礼起源于原始社会的仪式活动，自然将"祭祀""交往"包含在内。二是原始先民的仪式活动可以看成是一种风俗习惯。这正如杨宽所说的："这些礼仪……成为社会生活的传统习惯。"而反过来，风俗习惯并不都是仪式活动。三是人情因素的作用。杨宽还指出："原始人……构成种种仪式，用来表达自己的感情。"这又注意到了人情因素的重要性。所以，笔者接受杨宽的"礼仪"说，并且将其表述为：礼起源于原始先民的仪式活动。

## 三、礼的本质

经过古代众多礼学家和思想家的阐述，礼的本质属性逐渐明晰起来。

1. 礼，理也。《管子·心术上》指出："礼者，谓之有理。"《礼记·仲尼燕居》说得更简明："礼也者，理也……君子无理不动。"《礼记·乐记》又补充道："礼也者，理之不可易者也。"从先秦到秦汉，诸子对"理"的理解不尽相同，但一般都是指道理或事物的必然性，亦即常理或天地间的至理。到宋代，理学家对"理"又作了新的阐释，把它论证为本体论意义上的天理。程颐说："视听言动，非理不为，即是礼，礼即是理也。不是天理，便是私欲。人虽有意于为善，亦是非礼。无人欲即皆天理。"[①] 朱熹认为："万物皆有此理，理皆向

---

① 《二程遗书》卷15。

出一源，但所居之位不同，则其理之用不一，如为君须仁，为臣须敬，为子须孝，为父须慈。物物各具此理，而物物各异其用，然莫非一理之流行也。"① 又说："所谓礼谓之天理之节文者，益天下皆有当然之理，今复礼，便是天理。"②

2. 礼，犹体也。《诗经·鄘风·相鼠》云："相鼠有皮，人而无仪。人而无仪，不死何为？……相鼠有体，人而无礼。人而无礼，胡不遄死。"这首讽刺某些君主"无礼"的民歌，表明了一种观念："礼"和"仪"好比是人的"体"和"皮"，人若没有"礼"和"仪"，那就不应该再作为人而活着。这一观念后来在《礼记》的作者那里得到理论上的概括和发挥，《礼记·曲礼上》："鹦鹉能言，不离飞鸟。猩猩能言，不离禽兽。今人而无礼，虽能言，不亦禽兽之心乎？夫唯禽兽无礼，故父子聚麀。是故圣人作，为礼以教人，使人以有礼，知自别于禽兽。"这是把礼作为人区别于动物的标志。

3. 礼，国之干也。礼对个人而言，是治身之本，而就国家而言，则是立国之本。《礼记·哀公问》有一段鲁哀公和孔子的对话，话题涉及治政之要，当时孔子即指出："为政先礼。礼，其政之本欤！"孔子一生都在提倡"为国以礼"。作为先秦礼治思想的集大成者，荀子高举"隆礼"的大旗，其政治思想的全部内容几乎都是围绕礼而展开的。《荀子·大略》云："礼之于正国家也，如权衡之于轻重也，如绳墨之于曲直也。故人无礼不生，事无礼不成，国家无礼不宁。"

4. 礼，序也。《管子·五辅》："上下有义，贵贱有分，长幼有等，贫富有度，凡此八者，礼之经也。"《礼记·曲礼上》："礼者，所以定亲疏，决嫌疑，别同异，明是非。"有人进一步将礼所强调和维护的各种尊卑贵贱的等差，说成是天地间本来应有的次序和秩序。《礼记·乐记》："礼者，天地之序也。"唐代孔颖达疏："礼，明贵贱是天地之序也。"荀子还提出"维齐非齐"论。此话原出自《尚书·吕刑》，荀子引来用以说明社会的有序、和谐，其实包含在不平等的次序里，只有通过合理的差别，即维持不平等的等级制度（礼制），才能达成合理的社会关系，进而做到井然有序。

5. 礼，履也。《荀子·大略》："礼者，人之所履也，失所履，必颠蹶陷溺。"许慎在《说文解字》中将"礼"直接训释为"履"。而《尔雅·释言》则说："履，礼也。"郭璞注："礼，可以履行。"可见"礼""履"可以互训。《白虎通·礼乐》也说："礼之为言履也，可履践而行。"这表明礼是人们的行动难则，礼的精神在于务必遵循这种法则切实地去做，正如孔子所说的："非礼

① 《朱子语类》卷18。
② 《朱子语类》卷42。

勿视，非礼勿听，非礼勿言，非礼勿动。"①

综上所述，我们可以这样理解"礼"的含义：

（1）规范和准则。它涵摄观念、行为和器用各个方面，并且仪式化、程式化、制度化，形成"礼仪""礼节""礼制"，又以寓于教化的形式推向社会，形成"礼教"。

（2）修养和文明的象征。"礼貌""彬彬有礼"和"使人以有礼，知自别于禽兽"等，就是在此意义上使用"礼"的。

（3）社会控制的手段。古代中国，礼是进行社会调控最重要的手段。《孝经》申明："安亡治民，莫善于礼。"礼与法、俗、乐等相辅而行，构成"礼-法""礼-俗""礼-乐"等社会控制模式。

（4）秩序。礼意味着各种秩序，而"礼崩乐坏"则天下无序。

礼和礼仪是不同的，也是不能混淆的。礼是以礼治为核心，由礼仪、礼制、礼器、礼乐、礼教、礼学等诸多内容融汇而成的一个文化复合体。礼仪不过是礼的一个部分、一个方面——当然是一个很重要的部分、很重要的方面。而且，只有能够体现礼的精神和本质的礼仪，才能成为这样的一个部分、一个方面，否则就仅是那种一般的、世界各民族都拥有的礼仪。仪式活动是整个人类共有的文化现象，然而礼却是中国古代独有的文化现象。这也就是中国古代的礼包含广狭两个含义。广义的礼，是指一个时代的典章制度，即包括政治、教化、刑法、官制等内容的各种典章制度。狭义的礼，则专指人们（主要是贵族）的行为规范和各种典礼的仪节。《周礼》《仪礼》《礼记》是专门记载中国古代政治制度、行为规范的三部儒家经典，被合称为"三礼"。《周礼》侧重于政治制度；《仪礼》侧重于行为规范和具体仪节；《礼记》侧重于阐明礼的作用和意义，属于当时的礼学理论。但是，礼要通过仪来表现出来，也就是说礼是内容，仪是形式。

## 四、"五礼"

"五礼"在历史上曾经是一个权威的划分方法，而且影响非常大。较早提及吉礼、凶礼、宾礼、军礼、嘉礼的是《周礼·春官·大宗伯》。但是，按照"五礼"来撰述礼仪制度，要晚至西晋时才开始，荀顗编《晋礼》是目前所知最早的一例。

吉礼是指祭祀之礼。"吉"古人训释为"善、福"。《周礼·春官·大宗伯》："以吉礼事邦国之鬼神示（祇）。"郑玄注："事，谓祀之，祭之，享之。"清代孙诒让《周礼正义》注云："祭祀之礼，取以善得福，是谓之吉礼。"

---

① 《论语·颜渊》。

凶礼是指遭遇凶丧祸患时哀悯吊唁、救患分灾的礼仪。凶礼包括五个方面的内容：以丧礼哀死亡，以荒礼哀凶札，以吊礼哀祸灾，以禬礼哀围败，以恤礼哀寇乱。荒礼是指为救济荒年饥馑疫病而采取的政治、经济措施。吊礼是指灾祸发生后，慰问抚恤的礼节。诸侯国因为外来侵略或内部动乱、灾祸而遭受损失，天子或盟国聚集财物加以救助，称为禬礼。邻国有寇乱，并不馈赠财物，仅仅派遣使者表示慰问，称为恤礼。

宾礼即招待宾客之礼。涉及天子和诸侯之间、诸侯和诸侯之间、中央和地方之间、中国和外国之间以及人和人之间，相互交往时必须遵循的各种规范和仪式。

军礼指与军事活动有密切关系的一套礼仪制度。如征伐、讲武（阅兵）、田猎、大射等。

嘉礼是亲睦兄弟、男女、朋友、宾客和邦国万民的一套礼仪制度，包括饮食、婚冠、宾射、飨燕、脤膰、贺庆六大类。《周礼·春官·大宗伯》载："以嘉礼亲万民，以饮食之礼亲宗族兄弟，以昏冠之礼亲成男女，以宾射之礼亲故旧朋友，以飨燕之礼亲四方之宾客，以贺庆之礼亲异姓之国。"郑玄注："嘉，善也。所以因人心善者为止制。"《周礼正义》注云："饮食婚冠等礼，并人心所嘉善者，故顺而制设其礼，使相亲乐也。"

## 五、跪拜等礼仪

1. 跪拜。跪拜礼是中国古代特有的向对方表示敬重的一种礼节。古人席地而坐，坐时两膝着地，两脚背朝下，臀部落在脚跟上。臀部抬起，上身挺直，就是跪。跪时挺身直腰，显得比坐时身体加长，所

唐代跪拜俑

以古人又称之为"长跪""跽"。长跪或跽是对别人表示尊敬的姿势。跪了以后，再把两手拱起，上身俯下，便是拜。所以跪是拜的基础，拜是跪的发展。根据《周礼》记载，跪拜礼分为九种，即稽首、顿首、空拜、振动之拜、吉拜、凶拜、奇拜、褒拜和肃拜。

（1）稽首。头俯伏至地，抱拳相握，左手按住右手。拜时头先俯伏至手，然后拱手下至于地，头也随着俯伏于地。拱手至地时，手仍不松开。稽首是臣对君的拜礼，表示极大的敬意。

（2）顿首。顿首即叩首。行顿首礼时，取跪姿，先拱手下至于地，然后引头至地，便立即举起。因为头触地时间很短，只是略作停顿，所以叫作"顿首"。顿首是平辈之间的拜礼。

（3）空首。拜时头至于手，所以也叫"拜手"。行空首礼时，跪而拱手，头俯伏至于手，与心平，也就是说，拜时，头不至于地，所以称"空首"。空首是男子常用的拜礼，上下尊卑均可使用。

（4）吉拜。吉拜即施用于宾、祭，嘉好之事的礼节。拜时拱手，右手在内，左手在外。

（5）凶拜。凶拜与吉拜相对，拜时拱手，左手在内，右手在外。

（6）振动之拜。关于此礼有两种猜测：用于凶事，振就是"踊"，也就是跳脚哭；动就是恸。在行拜礼时，应和着音乐的节奏。

（7）奇拜。奇拜即一拜。

（8）褒拜。褒为"大"之意，褒拜指两次拜以上。

（9）肃拜。肃拜即妇人之拜，跪而俯首下手。

所谓"九拜"，实际上只有三种基本形式：拜、顿首、稽首。它们之间的区别为头是否触地和触地时间的长短。肃拜、奇拜、振动之拜都是拜的变通。在运用时，根据不同场合、对象选用不同的形式。提高跪拜礼的尊敬程度有几种方法：一种方法是选用稽首、顿首等隆重形式。一种方法是重复行礼的次数，如再拜、三拜、四拜。还有一种方法是把几种跪拜礼结合使用，如再拜顿首、再拜稽首，九拜中的吉拜和凶拜也属于这种情况。

古人相见行跪拜礼是严肃的礼节，通常只在庄重的场合施行。在一般情况或普通场合相遇，为求简便迅捷则行拱手、作揖、鞠躬等礼节。

2. 拱手。《礼记·曲礼上》记载："遭先生于道，趋而进，正立拱手。"《论语·微子》记载孔子的学生子路在路上向一老者打听孔子的去向，老者在回答完那段至今人们都熟悉的"四体不勤，五谷不分，孰为夫子"的话后，"子路拱而立"。可见古代拱手礼是不期而遇或相见后比较简便的礼节。这一礼节形式是人站立，两手抱合于胸前，通行的惯例是左手抱住右手。据文字和考古学者考证，这一礼节形式最初是模仿被手枷锁住双手的奴隶的姿态，表达一种自谦的态度，意思是自己地位低下，愿像奴仆一样为对方服务。拱手的礼节形式现在仍然经常使用，例如春节期间拜年常以拱手为礼，会议上常以拱手礼向与会者表示敬意。

3. 作揖。作揖是和拱手相近的一种相见礼节，以双手抱拳上下左右晃动的动作表示尊敬。古人对不同的对象行作揖礼在动作上有所区别，《周礼·秋官·司仪》记载："土揖庶姓，时揖异姓，天揖同姓。"郑玄注说："土揖，推手小下之也……时揖，平推手也……天揖，推手小举之。"意思是说对于没有亲属关系，即"庶姓"的人，作揖时双手稍稍往下晃动，即"土揖"；对有亲属关系但是异姓的人，作揖时双手平行晃动，即"时揖"；对同族同姓的亲属行"天揖"礼，即双手往上举着晃动。还有不分长幼尊卑都可施行的称为"长揖"，即拱手高举，自上而下晃动。作揖的礼节形式现在仍旧存在，例如，表示问候、致谢、致敬时常施以作揖礼，演员上台、武术比赛选手上场也常以作揖礼向观众致意。

4. 鞠躬。鞠躬是中国传统的礼俗，这一礼节的形式是两脚并拢，两手下垂于大腿两侧，弯曲上身，弯曲的幅度越大表示越尊敬。辛亥革命以后废除了跪拜礼，鞠躬礼在社交场合得到了广泛的应用。直到今天，鞠躬仍旧在许多场合被频繁地应用，例如，演员谢幕常以鞠躬礼向观众表示感谢，报告人上台讲演、获奖者上台领奖也常以鞠躬礼向与会者表示敬意，学校上课学生向老师鞠躬敬礼，老师还以鞠躬礼，婚庆典礼新郎新娘向来宾行鞠躬礼。

鞠躬

5. 握手。握手作为相见时的一种礼节古人运用得比较少。一般是表示互相友好欢快的心情，文字上有"握手言欢"的成语。《后汉书·李通传》记载："（光武）往答之，及相见，共语移日，握手极欢。"这是古代的握手礼。现在国际通行的握手礼是中国近代以来兴起的礼俗。

握手

## 第二节　现代礼仪概述

### 一、礼仪的定义

礼仪是在人际交往中，以一定的、约定俗成的程序、方式来表现的律己、敬人的过程。

在多数情况下，人们习惯把礼仪同礼节、礼貌混为一谈。其实三者之间既有区别，又有联系。礼貌一般是指在人际交往中，通过言语、动作向交往对象表示谦虚和恭敬，它侧重于表现人的品质与素养。礼节通常是指人们在交际场合，相互表示尊重、友好的惯用形式，它实际上是礼貌的具体表现方式。礼节与礼貌两者之间的关系是：没有礼节，就无所谓礼貌；有了礼貌，就必然伴有具体的礼节。礼仪则是对礼节、仪式的统称，它是指在人际交往中，自始至终地以一定的、约定俗成的程序、方式表现的律己、敬人的完整行为。显而易见，礼貌是礼仪的基础，礼节是礼仪的基本组成部分。换言之，礼仪在层次上要高于礼貌、礼节，其内涵更深、更广，礼仪实际上是由一系列的、具体的、表现礼貌的礼节所构成的，它不像礼节只是一种做法，而是一个表示礼貌的完整过程。

## 二、礼仪的分类

礼仪依据其适用对象、适用范围的不同，大致可分为政务礼仪、商务礼仪、服务礼仪、社交礼仪和涉外礼仪。政务礼仪又称国家公务员礼仪，指的是国家公务员在执行国家公务时所应当遵守的礼仪；商务礼仪主要指公司、企业的从业人员以及其他一切从事经济活动的人士，在经济往来中所应当遵守的礼仪；服务礼仪指的是各类服务行业的从业人员在自己的工作岗位上所应当遵守的礼仪；社交礼仪也称交际礼仪，指的是社会各界人士，在一般性的交际应酬中所应当遵守的礼仪；涉外礼仪即国际礼仪，是人们在国际交际中，在同外国人打交道时所应当遵守的礼仪。

## 三、礼仪的特征

1. 规范性。礼仪的规范性，约束着人们在一切交际场合的言谈话语、行为举止，使之合乎礼仪，是衡量他人、判断自己是否自律、敬人的一种尺度。

2. 限定性。礼仪，主要适用于交际场合，适用于普通情况下一般的人际交往与应酬。在此范围内，礼仪肯定是行之有效的，但离开这个特定的范围，礼仪就未必适用。

3. 操作性。切实可行，实用可行，规则简明，易学易会，便于操作，是礼仪的一大特征。

4. 传承性。任何国家的礼仪都具有自己鲜明的民族特色，任何国家的当代礼仪都是在本国古代礼仪的基础上继承、发展起来的。离开了对本国、本民族既有礼仪成果的传承、扬弃，就不可能形成当代礼仪。

5. 变动性。礼仪是社会发展的产物，具有鲜明的时代特征，它与时代同步，根据社交活动而不断变化、有所进步、推陈出新。

## 四、礼仪的原则

1. 真诚尊重。待人切记要真诚，避免给人以矫揉造作之感。同时还要尊重对方，社交场合切记：给他人充分表现的机会，对他人表现出最大的热情，永远给对方留有余地。

2. 平等适度。交往对象是平等的，切忌目中无人或厚此薄彼，既要彬彬有礼，又不能低三下四。同时也讲究适度，既要热情大方，又不能轻浮谄谀；要自尊却不能自负；要坦诚但不能粗鲁；要谦虚又不能拘谨。

3. 自信自律。只有自信才能在交往过程中表现得不卑不亢、落落大方。但是，自信不等于自负，为了避免自负，增强自信，自律是非常重要的。在交往过程中严于律己、宽以待人也是比较重要的原则。

4. 信用宽容。做人要讲究信用，最基本的是要守约守时，做到"言必信、行必果"。在没有非常特殊的情况下，不要轻易取消与别人的约会，而且还要有非常强的时间观念。

## 五、礼仪的功能

1. 塑造形象。现代社会中形象非常重要，形象就是一个人在日常生活和工作中，留给他人的印象以及获得的社会评价。在日常工作和交往中，塑造人的形象的艺术就是礼仪。形象的塑造包括个人形象与组织形象。在很多时候，人是作为个体而出现的，这就要求我们个人注意个人形象的塑造；另外，人具有很强的社会性，隶属于不同的组织，因此还要注意维护组织的形象。一个有教养的人是爱岗敬业的人，自觉维护所在组织形象的人。

2. 沟通信息。礼仪是一种信息性很强的行为。根据礼仪的表现方式可以将礼仪分为言语礼仪、行为表情礼仪、饰物礼仪，这三种类型的礼仪行为均具有很强的信息性。言语礼仪是指直接用语言来传达的某种礼仪，如问候语"你好""身体好""早安""万事如意"等。这种礼貌问候语本身就包含一种很强的信息，通过语言本身的字面含义传递给对方这样一种信息，或是祝福，或是尊重，或是一般性礼貌，或是一种随意的问候等。行为表情礼仪是指通过身体语言传情达意的一种礼仪行为，也称"体态语"，泛指人际沟通中除语言信息之外所产生的一切信息。如手势语言在人际交往中所占的比重是很大的。握手是社交活动中最频繁的动作，而不同的握手姿势所表达的信息显然不同。如用双手紧紧握住对方并使劲晃动，自然表示了一种久别重逢或深深的感激或浓浓的鼓励，如松松垮垮握一下对方的手，可能传达不重视或希望赶快结束等信息。饰物礼仪是指通过服饰、物品等表达思想的一种礼仪。在社会活动中，人们经常通过服饰打扮或各种物品来传情达意、表达一种礼仪，不同的物质所具有的礼仪信息是不同的。如红色衣服适合喜庆场合，黑色衣服适合隆重、庄严的场合，白色表示纯洁、高尚等。

3. 联络感情。为个人或组织营造一个和睦的人际环境和顺畅的社会氛围，经常举办各种形式的宴会。宴会首先表达的是一种礼数，这种礼数的目的就是为了联络双方的感情，增进相互间的了解和信任。现在宴请已成为社交场合一种有效的礼仪手段。

4. 增进友谊。联络感情有时是一种浅层次的社交，那么增进友谊可以说更进了一层。社交礼仪增进友谊的职能有两个方面：一在个人的社交圈子中，能为个人交往架设友谊桥梁；二在组织交往过程中，能为组织之间互相了解、增进友谊带来便利。

## 第三节　实用交际礼仪

### 一、个人形象的塑造

1. 站姿。基本的站立姿势有立正、跨立、稍息。如果长时间站立，可以交换双脚位置，将身体重量交互落在左右脚上。与人交谈时，身体应直立并稍微前倾；如果是十分正式的场合，必须始终保持身体直立，两臂下垂的姿势；与人作正式谈话时，不能将两臂抱在胸前或插在裤袋里。

2. 坐姿。上身保持正直，下巴往后收，脖子要直，胸部要挺起，手自然地置于双膝之上，入座时要注意轻、缓、紧。切忌双腿大分叉；瘫坐在椅子上；二郎腿频繁倒腿、抖动；摆弄手指、茶杯；不时整理头发、衣服；双手交叉于脑后仰坐在沙发上等。

站姿

坐姿

3. 行姿。不太讲究的人走路时勾肩搭背，这是很不文雅的行为。走路男生以走大步为佳，女生以走碎步为美。走路时一般不要将手插在衣服口袋里，尤其不可插在裤袋里，也不要倒背着手。与他人一起走路，应使自己的步伐与他人协调一致。

## 二、穿着需注意的问题

1. 符合身份。毕业生求职面试没有必要穿西装打领带，只要做到整洁即可。另外，穿着不能乱穿，男人要像个男人，女人要像人女人。

2. 扬长避短。脖子短尽量不穿高领衫，而穿 U 领衫或 V 领衫；腰较粗不穿露脐装；腿长得粗不穿超短裙。

3. 区分场合。工作场合强调庄重保守、休闲场合要求舒适自然。另外，忌穿拖鞋、短裤进入公共场合，一般场合忌穿透明装、超短裙等服装。

4. 遵守常规。穿西装应遵循三色原则，即身上的颜色控制在三种之内，衣服、皮鞋、皮包最好是同一颜色，而且首选黑色。另外，在特殊场合不穿尼龙丝袜。

## 三、关于握手的礼仪

握手的正确姿势是：至距握手对象约一米处，双腿立正，上身略向前倾，自然伸出右手，四指并拢，拇指张开与对方相握。握手时应用力适度，上下稍稍晃动三、四次，然后松开手，恢复原状。与他人握手，一般应起身站立，除非是长辈或女士，否则坐着与人握手是失礼的。

周恩来与尼克松握手

握手时伸手的先后顺序是由握手人双方所处的社会地位、年龄、性别等条件决定的。握手应遵守"尊者决定"的原则，即握手者首先确定双方彼此身份的尊卑，由位尊者先行伸手，位卑者予以响应，贸然抢先伸手是失礼的表现。例如，年长者与年轻者握手，年长者应先伸出手来，年轻者方可伸手握之；身份高者与身份低者握手，身份高者应先伸出手来，身份低者方可伸手握之；女士与男士握手，女士应先伸出手来，男士方可伸手握之；已婚者与未婚者握手，已婚者应先伸出手来，未婚者方可伸手握之。

不同的场合，不同的对象，握手的方式也有所不同。客人来访，主人要主动伸手行握手礼以示欢迎；宾客见主人伸手应该立即伸手响应，以示谢意。男性和女性握手，一般须由女性先伸手，双方轻握片刻即可。男性在任何场合下必须先脱下手套再握手。与老人、尊长、领导握手要等对方伸手后快步趋前用双手握住对方的手。握手时切忌眼睛不注视对方或者冷冷地伸出手蜻蜓点水似的碰到对方的手即收回，都是对对方冷淡的表示。

## 四、交谈中的礼仪

1. 说什么——内容。有些话是不能乱说的，与外人交谈时"六不谈"：不非议党和政府、不涉及国家秘密和商业机密、不非议交往对象、不在背后议论别人、不谈论格调不高的话题、不涉及个人隐私问题。

2. 如何说——形式。

（1）细语柔声。"有理不在声高"，避免粗声大嗓。高声喧哗是没有教养的标志。

（2）看对象说话。"到什么山上唱什么歌"，看对象讲规矩。

（3）看场合说话。场合分为正式和非正式、喜庆和悲哀、庄重和随便、公开和私下等，应根据不同的场合说话。

（4）注意体态语。切忌东张西望、挖鼻孔、剔牙、挠头抓痒、擤鼻涕、鼻子出粗气等。

## 五、关于电话的礼仪

打电话时地位高者先挂。接听电话要及时，一般来说铃响不过三声；同时语言要规范，即首先要问候对方、然后自报家门；另外掉线要及时拨回，并表示歉意。

拨打电话时应注意择时通话，周末假日晚上八点以后，早上七点之前切忌打电话；三分钟原则，即长话短说，废话不说，没话别说；拨错电话要道歉。

关于手机的问题首先应注意区别工作电话与私人电话；其次要注意安全，在驾驶车辆、乘坐飞机时，不要接听手机；重要的是公共场合要将手机改为振动或关机，以免制造噪音。

## 六、书信礼仪

书信是一种向特定对象传递信息、交流情感的应用文书。亲笔给亲戚、朋友、同事写信，不仅可以传达自己的思想感情，而且能给受信人以"见字如面"的亲切感。

书信由笺文和封文两部分构成。笺文即写在信笺上的文字，也就是发信人对受信人的招呼、问候、对话、祝颂等，是书信内容的主体。封文即写在信封上的文字，就是受信人和发信人的地址、姓名。

书信的写法首先必须合乎规范，这表现为两个方面，一是书写格式的规范，二是书信语言的规范。这两种规范都必须严格遵守，否则就会出乱子，闹笑话。其次要言之有物，通情达理。"信"字本身含有信任之义，这要求书信不论写给谁看，所述之事都要实在，所表之情都要率真，所讲之理都要通达。

现在通常使用的信笺有横、竖两种款式。竖式信笺，又称"中式信笺"，是我国传统的信笺款式。横式信笺，又称"西式信签"，是今天常用的款式。笺文实际上是一种书面谈话，既然是谈话，就要先向谈话对象打招呼，打招呼要讲礼貌；接着要说向对方表示尊重的话；接下来要有几句应酬语自然地引出谈话的正题；再接下来才是正文；正文完了之后，还要说上几句结束谈话的应酬语，然后向受信人报自称并署名；最后写明谈话的时间。就总体来讲，笺文的结构见下表所列：

| | | |
|---|---|---|
| 笺文结构 | 首部 | 一、称谓 |
| | | 二、提称语 |
| | | 三、启事敬语 |
| | | 四、开头寒暄语 |
| | 中部 | 五、正文 |
| | 尾部 | 六、结尾应酬和敬语 |
| | | 七、问候祝颂语 |
| | | 八、自称、署名、礼告敬辞、时间（也可加写信地点） |
| | | 九、附候与补述 |

1. 称谓。称谓是发信人对受信人的称呼，它表明双方之间的关系，在信笺第一行起首位置书写。中国素来重视人伦、名分，所以在交际活动中应该特别重视称谓妥当，写信时尤其如此。笺文中的称谓包括名字号、公职位、私关系、

尊词等。这四者在有的信中单独使用，如"主席""妈妈""大哥""爷爷"等；有的信中则两项联合使用，如"希哲老师""母亲大人""王涛先生""春生儿"等。在实际使用中，四者如何结合，值得注意。尊词是表示发信人对受信人的尊敬之情而附加的称谓语，如"大德""大人"等。

2. 提称语。提称语是用来提高称谓的语词。有的提称语除提高称谓之外，还有请受信人查阅此信的意思，如"赐鉴""青鉴"等。提高称谓就是对受信人进行尊敬抬举的意思，如"希圣老师尊鉴"。在礼仪简化的现代生活中，提称语常常被省略。省略提称语后，在称谓下加冒号，如"希圣老师："。

3. 开头应酬语。开头应酬语是在述说正事之前，写上几句问候、寒暄之类的话，用来引出正事。开头应酬语属于客套话，现在大多用"您好"，然后连接正文。现代礼仪简捷明快，却过于单调，传统礼仪虽然繁杂，但自有一番人伦亲情。

4. 正文。正文是笺文内容的主体，即书信所要说的事，所要论的理，所要叙的情。正文的写作，除要求语言通顺、条理清楚之外，还须注意措辞得体，须根据受信人的特点及发信人与受信人的特殊关系进行措辞。

5. 结尾应酬语和结尾敬语。写信对人叙事论理，说完正事马上就结束，显得不太礼貌，因此要说一两句客气话，如"临书翘企，敬候佳音""因故迟复，请谅""恕不详叙，望早日面谈"等。

6. 问候祝颂语。书信说完正事之后，向对方表示问候与祝颂，均属礼貌之举。常见的问候祝颂语很多，现代的如"向您全家问好""祝身体健康""祝你进步""祝你成功"等。传统的如果给长辈写信，经常用"敬请×安""敬颂崇祺"；如果给平辈写信，一般用"即请大安""顺颂时祺"；假如给晚辈写信，则用"即颂""顺问"即可。

7. 自称、署名、礼告敬辞及时间。笺文结尾要写上发信人名字和写信时间。需要注意的是，应在名字之前加上相应的自称，名字之下要选用适当的礼告敬辞。关于礼告敬辞，如"学生赵白帆敬启""男伟叩""鲁迅启上"等，这些便是自称、署名、礼告敬辞三者联用的形式。其中的"敬启""叩""启上"等，即所谓礼告敬辞，也叫作"末启辞"。礼告敬辞的使用应切合写信人与受信人之间的关系。时间是书信必不可少的内容，按照常规，写信时间放在礼告敬辞之下；如果省略礼告敬辞，时间便写在署名之下。

## 附录　实用交际礼仪用语

初次见面说"久仰"；好久不见说"久违"；请人批评说"指教"；请人原谅说"包涵"；

请人帮忙说"劳驾"；求给方便说"借光"；麻烦别人说"打扰"；向人祝

贺说"恭喜";

求人解答用"请问";请人指点用"赐教";托人办事用"拜托";赞人见解称"高见";

看望别人用"拜访";宾客来临说"光临";陪伴朋友用"奉陪";中途先走称"失陪";

等候客人称"恭候";请人勿送用"留步";对方来信称"惠书";老人年龄称"高寿"。

**复习思考题：**

1. 何谓"五礼"？

2. 什么叫作礼仪？

3. 礼仪的分类、特征、原则和功能。

**视频教学指南：**

《百家讲坛·身边的礼仪（交往的艺术)》《百家讲坛·身边的礼仪（形象的塑造)》《百家讲坛·身边的礼仪（商务交往的技巧)》《交往的礼仪》《你我身边的礼仪》等。

# 第七章
# 人 生 仪 礼 ◀

《光绪帝大婚图》（局部）

内务府员外郎庆宽等人绘制的《光绪帝大婚图》，用写实笔法再现了皇帝大婚的外朝礼仪全景，工笔彩绘，极为精细，为后人留下了研究清朝皇家礼仪的珍贵资料。皇帝大婚不行"问名""纳吉"之礼，改"纳征"为"大征"，以表明规模宏大。皇帝不"亲迎"，只派遣使节"奉迎"。因有钦天监推定良辰吉日，也无"请期"之礼。

人生仪礼又称"个人生活仪礼"，国际上称为"通过仪礼"。对于绝大多数人来说，一般会经历诞生、成年、婚嫁、丧葬等人生阶段，人的社会属性是通过这些重要阶段而不断确立的。进入各个阶段时，总有一些特定的礼仪作为标志，以便获得社会的承认和评价。人生仪礼可分为脱离前状况的仪式（如诞生礼、丧葬礼等）、过渡阶段的仪礼（出生到成年、结婚到死亡之间经历的相关仪式）、进入新状况的仪礼（如成年礼、结婚礼等）。

## 第一节　诞生与成年之礼

### 一、诞生、洗三、百日、周岁

诞生是人生开端的第一个连续性礼仪。中国人自古以来高度重视生儿育女和子孙繁衍，时至今日，民间仍将妇女怀孕称之为"有喜""得喜"，因为在传统社会里，妇女怀孕生子对于个人、家庭、家族来说都是可喜的事情。一个新生命诞生前后，人们通常会举行一些仪式以示庆贺。

人的生命是从成胎开端还是始于分娩，尽管在医学界、法学界其至在各自专业领域内，可能会有不同的认定，但作为人生仪礼之一的诞生仪礼却是超前的：胎儿还未在母体形成的时候，人们就进行种种"求子"活动，而在生命尚未出世的时候还有所谓的"催生礼"。催生礼在宋代已经出现，孕妇将要分娩，娘家父母送礼至婿家，慰问产妇，以祝吉祥。《梦粱录》记载，当时杭州人家，孕妇将生产时，女家父母要送银盆或彩画盆，内装一束粟杆，用锦或纸覆盖，其上再放花朵、通草，贴上五男二女的花样。送馒头谓之"分痛"；做眠羊、卧虎状的果实，取其卧眠之意。还要彩画鸡蛋120枚以及精美食品、生枣、栗子，再加上婴儿穿用的彩绣褓裸等一并送至婿家，名曰"催生礼"。

婴儿诞生后，首先要去外婆家报喜，俗称"送喜果"。由新生儿父亲去报喜，通常携带荔枝、龙眼、花生及染成红色的鸡蛋（"红蛋""喜蛋"）等礼物。红蛋之数，生男为单，生女为双，有些地方生女不送红喜蛋的。外婆家接礼后，立刻准备喜蛋、衣裙等物回送，所送喜蛋须视所受之数加倍。接到外婆家所送喜蛋，按照男单女双之数分送亲友，而亲友则以火腿、桂圆相赠。现代社会中"发喜糖""发红蛋"的习俗，是这种"送喜果"习俗的延续。

报生中有以象征物品区别男女的习俗，似乎与古代的诞生标志相关。《礼记·内则》："子生，男子设弧于门左，女子设帨于门右。"弧是木弓，象征男子的阳刚之气；帨是佩巾，多用红色，表示女子的温柔。"悬弧"与"挑红"习俗在许多民族中仍可见到，例如，东北满族与西北锡伯族生下男孩之后，在大门口挂一只弓和箭，生了女孩则挂一条红布条或红头绳。

纺锤

中国古代生男被称为"弄璋之喜"，璋是佩玉，表示宝贵、尊贵，要大加庆贺；生女被称作"弄瓦之喜"，瓦是纺锤，表示女工，庆贺从简。因而生男与生女所举行的礼仪是不一样的。弄璋与弄瓦出自《诗经·小雅·斯干》："乃生男子，载寝之床，载衣之裳，载弄之璋……乃生女子，载寝之地，载衣之裼，载弄之瓦。"这种重视生男、贱视生女的意识，体现在整个诞生礼仪中，甚至在日常生活中亦有反映。当全家人都在焦虑等待着孩子出世时，习惯上如果生的是男孩，接生婆就会在新生儿哭第一声时对筋疲力尽的母亲大叫"大喜"；如果她没说话，就表明生的是女孩。因此，总生女孩的妇女少不了被别人讥笑，会被戏称为"瓦窑"。清人褚人获的《坚瓠集》记载：无锡人邹光大，因为老婆总是生女孩，每次都请朋友翟永龄喝酒，翟永龄给邹光大献上一首诗："去岁相招云弄瓦，今年弄瓦又相招。寄诗上复邹光大，令正原来是瓦窑。"

婴儿诞生后的第三天称为"三朝"，家长要举行庆祝仪式。在这个庆典举行之前，要给孩子取个好的名字。中午时设宴招待前来祝贺的亲朋好友，因为大多在宴席前上一道汤饼，故亦称"汤饼宴"。产后三日由产婆或有经验的老

抓周晬（出自《古代风俗百图》）

妇人浴洗婴儿，是民俗中必行的婴儿卫生行为及要紧仪式，被称为"洗三""洗三朝"。亲友也在此时送礼祝贺。洗三在产房中进行，置木盆盛温水于床前，产妇不动，为婴儿洗浴的人灵巧地完成洗浴卫生行为，口中念诵"前拍拍，后拍拍，娃娃无灾无病易成人，长命百岁"等吉祥语。木盆中必置"洗儿钱"，亲友也送"洗三钱"，均归洗三老妇享有。洗时，一般在浴盆里放上喜蛋和一些金银饰物等。洗完之后，取蛋在婴儿额角擦一擦，认为可以免生疮疖；用金银首饰为的是给婴儿压惊。洗三时，一边洗一边说着一些吉利话："先洗头，做王侯；后洗腰，一辈要比一辈高；洗脸蛋，做知县；洗腚沟，做知州。"

婴儿出生满一个月时，许多地方也要举行庆祝活动，这就是"满月礼"或称"弥月礼"。外婆或舅舅经常抱着孩子到大街上或邻居家走一走，亲友一般也要前来祝贺送礼，庆祝"家有后人""添丁之喜""足月之喜"。满月时，孩子一般要剃胎发，剃头仪式隆重而严肃。一些地方剃头时前额顶上要留"聪明发"，脑后要蓄"撑根长"，眉毛则全部剃光。剃下的胎发须谨慎处理，有的地方用红纸包好后放大门顶上，意思是步步登高；有的则搓成圆团，用彩线缠好，挂在床头避邪。过满月，既是添丁之喜，同时也是希望孩子长寿。

婴儿出生100天，有百日礼，也叫"百晬"。周岁礼是诞生礼仪的总结，也是寿礼系列的开始。周岁礼一般比较隆重。亲朋好友前来馈赠庆祝，为小孩祝福。百日礼与满月礼大致相同，不同的是这一天要穿百家衣、戴百家锁。有的地方还要穿虎头鞋、系长命锁。此外还有"拈周试晬"的仪式。《红楼梦》第二回通过贾雨村与冷子兴的对话，"演说"了贾宝玉"抓周"的故事。贾宝玉年满一周岁之际，贾政要试一下儿子将来的志向，便将许多东西摆放出来，任其抓取。谁知宝玉其他东西一概不取，伸手只抓脂粉钗环来玩。这一举动气坏了贾政，于是便不喜欢宝玉，说他将来必是酒色之徒。

"抓周"又叫"试儿"，这种习俗在民间流传已久。它是小孩周岁时举行的一种预测宝宝前途和性情的仪式，是第一个生日纪念日的庆祝方式。它与产儿报喜、三朝洗儿、满月礼、百日礼等一样，同属于传统的诞生礼仪，其核心是对生命延续、顺利和兴旺的祝愿，反映了父母对子女的舐犊深情，具有家庭游戏性质，是一种具有人伦味、以育儿为追求的信仰风俗，也在客观上

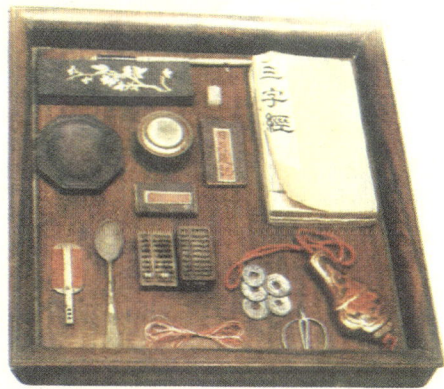

抓周用的晬盘

检验了母亲是如何养育，如何进行启蒙教育的。抓周的习俗至迟出现于南北朝时期。《颜氏家训》记载："江南风俗，儿生一期为制新衣，盥浴装饰，男则用弓矢纸笔，女则用刀尺针缕，并加饮食之物及珍宝服玩，置之儿前，观其发意所取，以验贪廉愚智，名之为'试儿'。"抓周之礼盛于宋代，被称为"拈周""试周""试晬"等。古人对抓周的征兆深信不疑，乐此不疲。宋人吴自牧《梦粱录》记载："其家罗列锦席于中堂，烧香炳烛，顿果儿饮食，及父祖诰敕、金银七宝玩具、文房书籍、道释经卷、秤尺刀剪、升斗戥子、彩缎花朵、官楮钱陌、女工针线、应用物件，并儿戏物，却置得周小儿于中座，观其先拈者何物，以为佳谶，谓之拈周试晬。"这种抓周盛况，宋代孟元老在《东京梦华录》中亦记载道："至来岁生日，谓之周晬。罗列盘盏于地，盛果木、饮食、官诰、笔研、算秤等经卷针线应用之物，观其所先拈者，以为征兆，谓之试晬。此小儿之盛礼也。"至近世，抓周之俗风行于大江南北。

## 二、成年标志——冠礼与笄礼

在古代不论男孩女孩，小时候都是头发自然下垂，被称为"垂髫"。陶渊明《桃花源记》中说，桃花源中"男女衣着，悉如外人，黄发垂髫，并怡然自乐"。孩子到了上学年龄，即称为"成童"。成童时，把头发束起来，就叫作"总发""束发"。归有光《项脊轩志》中说他"自束发，读书轩中"，这都是男子 20 岁、女子 15 岁以前的称法，因为那时还不算成年，没有举行成年礼。

男子 20 岁举行成年礼，称为"冠礼"，要郑重其事地由家长发出文书，邀请亲友，举行加冠仪式。加冠仪式并不复杂，一般是先由家族中的长者预先制好一顶黑色的帽子，摆在神龛前的供桌正中。待客人来齐后，即由孩子的父母引导孩子先拈香焚纸，祝告天地，然后在祖宗牌位前三叩首，由家族中年长者给孩子戴上帽子，摘下长命锁，仪式便告完成。正因为男子 20 岁行冠礼，所以又把 20 岁的男子称为"弱冠"。

冠礼

女子在 15 岁举行成年礼，称为"笄礼"，笄就是插在头发上的簪子。女子 15 岁时把头发盘成髻，为了使之不松散开，就用笄插上去拴稳，之后再佩戴其他首饰。笄礼与冠礼一样，礼成之后，女子就可以"以姓配字"，嫁给族外的人了。

男女行过成年礼后，都应该自立。可以在父母给取的"名"外，另外加

"字"。古人有名有字，婴儿出生三个月后，由父亲为孩子取名，称为幼名。男子20岁举行冠礼、女子15岁时举行笄礼时，由宾客取字。一旦取字以后，除了自称和君、父、师可以称其名外，任何人不得直呼其名，只能以字相称。甚至史官在记载历史时，对于在世的诸侯也不直书其名，只有当他失掉封地或残害百姓时才以名相称。从儒家的观点来看，这样做是表示对人的尊敬，而从民俗学的角度来看，实际上是对称名的忌讳，属于对崇高和神圣事物的避讳。对于一般人，称呼他的"字"就可以了。例如，司马光在信中称王安石为"介甫"，王安石的回信中称司马光为"君实"。有些人在"字"之外又有"号"，"号"非由家长和宾客所命，都是自取的。例如，大家都习惯称苏轼为"东坡"、陆游为"放翁"、辛弃疾为"稼轩"，他们的字"子瞻"、"务观"、"幼安"反而不为人熟知了。

## 三、生日与祝寿民俗

### （一）生日、祝寿概述

中国传统的寿文化源远流长，与民族、宗教、礼仪等有着密切关系，是我国历史文化遗产的一个组成部分，至今仍然对人们的生活具有较大的影响。《尚书·洪范》有云："五福，一曰寿，二曰福，三曰康宁，四曰攸好德，五曰考终命。"在我国传统五福中，寿是排在第一位的。祝寿是敬老养老具体的礼仪形式之一，是指在老人诞辰举行的庆祝活动，故老人的生日又称"寿诞"。《诗经·小雅·蓼莪》载："哀哀父母，生我劬劳。"生日那天，要思念父母生育的艰辛，作哀戚状，不能宴乐庆贺。

由于敬老养老的习俗和重视生命延续的观念，先秦两汉盛行随时随地向人献酒、献金上寿的礼俗。《诗经》中有许多上寿的记载："虎拜稽首，天子万年。""如南山之寿，不寒不崩。""跻彼公堂，称彼兕觥，万寿无疆。"这里是分别向天子、贵族、主人上寿。春秋齐桓公与管仲、鲍叔、宁戚四人饮酒，桓公对鲍叔说："盍不起为寡人寿乎?"[1] 燕太子丹与荆轲饮酒，"酒酣，太子起为寿。"[2] 鸿门宴上，范增为刺杀刘邦，让项庄"入前为寿"[3]。这些都是献酒祝寿的习俗。送寿礼的风俗也产生了。战国时赵国平原君"以千金为鲁连寿"[4]；严仲子"奉黄金百镒，前为聂政母寿"[5]；西汉大将军卫青以五百金为王夫人寿，都是献金祝寿。祝寿、献酒和献金上寿，虽有祝愿健康长寿之意，但都不是在

---

① 管仲:《管子·小称》。
② 《燕丹子》卷下。
③ 司马迁:《史记》卷7，中华书局1959年版，第312-313页。
④ 司马迁:《史记》卷83，中华书局1959年版，第2465页。
⑤ 司马迁:《史记》卷86，中华书局1959年版，第2522页。

生日这天进行，只是单纯地上寿，而不是庆祝寿诞。

民间庆贺生日始于南北朝时期的江南。周岁试儿、大宴宾客已启动过生日的风俗。《颜氏家训·风操》记载周岁试儿后，接着说："自兹已后，二亲若在，每至此日，常有酒食之事尔。无教之徒、虽已孤露，其日皆为供顿。酣畅声乐，不知有所感伤。梁孝元帝年少之时，每逢寿诞之日，常设斋讲。自阮修容薨殁之后，此事亦绝。"当时做生日有两种情况，一种是双亲在世，生日那天设酒庆贺，父母去世后，就不再过生日了。梁元帝每年八月六日做生日，自生母阮修容死后，就不再做了。另一种是所谓的"无教之徒"，亦即民间，父母去世后仍置酒乐，庆祝生日。所以，顾炎武说："生日之礼，古人所无……此礼起于齐梁之间。"[①] 这两种情况一直延续到唐前期，唐太宗对长孙无忌说："今日吾生日，世俗皆为乐，在朕翻成伤感……《诗》云'哀哀父母，生我劬劳'。奈何以劬劳之日更为宴乐乎！"[②]

唐玄宗开元十七年（729 年），丞相源乾曜、张说奏请，将玄宗生日（八月初五）定为千秋节，"布于天下，咸令宴乐，群臣以是日献甘露醇酎，上万岁寿酒。"唐玄宗诏准曰："依卿来请，宣付所司。"[③] 这是皇帝明确表态把献酒上寿的古礼与生日合并起来了。杨贵妃 37 岁生日时，唐玄宗亲到华清池为她祝

各国庆寿（清末年画）

寿，命 15 岁以下的梨园弟子在长生殿演奏新曲，从岭南运送的荔枝到达，遂将新曲定名为《荔枝香》。可知自玄宗开始，皇帝、贵妃都开始庆贺寿诞。依照此例，唐宋皇帝都为自己的生日立节庆贺。如唐肃宗的生日叫"天成地平节"，

---

① 顾炎武：《日知录》卷 13。
② 司马光：《资治通鉴》卷 198。
③ 王钦若：《册府元龟》卷 2。

唐武宗叫"庆阳节";宋代皇帝生日又称"圣节",宋太祖的生日叫"长春节",宋徽宗的圣节叫"天宁节",北宋九朝皇帝都有圣节。还有的为皇太后生日立节。宋仁宗为刘太后正月初八生日立"长宁节"。明清时期,皇帝、皇太后的生日统称为"圣寿节""万寿节",皇后、皇太子的生日称为"千秋节"。每遇皇帝、皇太后、皇后、皇太子生日,往往普天同庆。文武百官进献寿礼,皇帝大宴群臣,有时还大赦天下。明清时还要请教坊司或戏班演戏贺寿。光绪二十年十月初十(1894 年 11 月 7 日)是慈禧太后 60 寿辰,不惜动用海军经费,提前几年将清漪园重修为颐和园。寿辰前后,美化宫殿、宴席、赏赐等各项开支共耗费白银 1 000 多万两。

麻姑献寿图

民间的祝寿活动也盛行起来。寿诞那天,要设寿堂,挂寿联、寿图,摆宴庆贺。寿联上写"寿比南山松不老,福如东海水长流"之类的联语。寿图有《寿星图》《王母献寿图》《八仙庆寿图》《麻姑献寿图》① 等。寿宴中不可缺少的是汤饼和寿桃。汤饼即洗儿风俗中的长寿面,此后每年过生日都要吃。唐玄宗王皇后曾哭诉说:"陛下独不念阿忠脱紫半臂易斗面,为生日汤饼邪?"② 生日汤饼既为长寿之意,寿诞上就更不可缺少了。桃是长寿果。据《汉武帝内传》载,西王母将 3000 年一熟的蟠桃送给汉武帝。《西游记》中,孙悟空偷吃蟠桃,王母娘娘开蟠桃会的说法,更加强化了人们对寿桃的重视。民间庆寿的寿桃,一般用白面制作,尖部染上红色。直到今天,人们仍遵守这一古老的传统,以充分体现时代特色的各种形式庆祝老人的生日,祝愿他们健康长寿。

(二)关于寿诞的民俗

寿诞礼仪是每当生日时举行的人生礼仪,一生要做好多次。这些在生日时

---

① 麻姑是神话人物,晋代葛洪《神仙传》说她是建昌人,修道于牟州东南姑余山。传说三月三日西王母寿辰,麻姑在绛珠河畔以灵芝酿酒,为王母祝寿。

② 欧阳修:《新唐书》卷 76,中华书局 1975 年版,第 3491 页。

举行的礼仪因年龄不同有所差别。虽然这些礼仪的中心都在于祝福，庆贺健康长寿，但小字辈一般不叫"寿礼"，而俗称"过生日"。民众认为，小孩子、青年人做寿是不妥的，要折寿，只有到一定年龄，即到了49岁以后，才能举行寿礼。

1. 寿星。现代人们在举行寿庆活动时，往往把被祝寿人称为"寿星"，年纪大的称"老寿星"，称男的为"寿公公"，女的为"寿婆婆"，年纪小的则称"小寿星"。

寿星原是星的名称。一说寿星即二十八宿中的角亢星，为东方苍龙七星——角、亢、氐、房、心、尾、箕之一。每年五月初的傍晚，寿星便带着长寿的吉祥之光出现在东方。还有一种说法，认为寿星即南极老人星。据说，天空中只要出现寿星，天下便太平安定，所以自汉代起，人们就祭拜它，以祈祷福寿。唐代时将角、亢与南极老人星都当作寿星，并设坛合祭，从此两种寿星崇拜遂合而为一。

寿星的人神化与祭祀风俗有关。东汉时每到仲秋之月都要举行敬老与祭祀寿星的活动。《后汉书·礼仪志》说，"仲秋之月，县道皆案户比民。年始七十者，授之以王杖，餔之糜粥。八十九十，礼有加赐。王杖长九尺，端以鸠为饰。鸠者，不噎之鸟也。欲老人不噎。是月也，祀老人星于国都南郊老人庙。"王杖即鸠形手杖。传说鸠是一种胃口常开的"不噎之鸟"。老人使用鸠杖，寓有进餐可防噎的意思。朝廷赏赐王杖给70岁以上的老人，是古代尊老敬老、祝福老人健康长寿的标志，也是我国尊老养老史上的一段佳话。由于祭祀寿星与敬老活动相结合，寿星遂定格为一拄长杖的老人形象。南宋时的寿星像是"扶杖立"，"杖过于人之首，且诘曲有奇相"①。明代，寿星长头短身的形象逐渐突出。《西游记》所描绘的寿星形象是："手捧灵芝飞蔼绣""长头大耳短身躯"。

关于寿星的特大号脑门，还有一则传说：寿星母亲怀上寿星九年，尚不能分娩。母亲十分着急，竟然问腹中的孩子："儿啊，你为什么还不出来？"寿星在娘胎中说："如果家门口的石狮双眼出血，我就要出生了。"这话被隔壁的屠夫听到了，就用猪血涂在石狮双眼中，结果寿星就急急忙忙从母亲腋下钻了出来。由于未足年份，寿星的头就变得长而隆起了。

年画《寿星图》是民间喜爱的吉祥物，图上那位慈眉善目的寿星老人满足了人们对健康长寿的美好祈望，人们看到他便心旷神怡，从中得到一种心理的满足和精神的安慰。《寿星图》四周还点缀有松、鹤、龟、桃、灵芝、葫芦等表示长寿吉祥的动植物。这就更增添了吉祥的气氛，突出了长寿的主题。

2. 寿联。寿联作为对联中的一种特殊类型，分自寿联和贺寿联两种。自寿

---

① 岳珂：《桯史》卷4。

联内容多以诙谐、自嘲的笔墨写出，妙趣横生，或感慨人生得失，或抒发志趣情怀，具有鲜明、突出的个性。自寿联要写得既雅有文采，又恰如其分，实在不是一件容易的事情。历代自寿联中比较著名的，是清代郑板桥的 60 自寿联："常如做客，何问康宁，便使囊有余钱，瓮有余酿，釜有余粮，取数页赏心旧纸，放浪吟哦，心要阔，皮要顽，五官灵动胜千官，过到六旬犹少；定欲成仙，空生烦恼，只令耳无俗声，眼无俗物，胸无俗事，将几枝随意新花，纵横穿插，睡得迟，起得早，一日清闲似两日，算来百岁已多。"郑板桥以诗、书、画"三绝"闻名于世，此联如行云流水般地一气呵成，可以看出郑氏为人豁达和随遇而安。

在我国传统社会中，遇到亲朋好友寿诞时，送上一副寿联，既表达撰写者的祝寿心愿，也称颂寿星的生平业绩，是一种颇为高雅的祝寿礼品。一副出色的贺寿联，往往写出贺者的真情和受贺者的特点。冯玉祥 60 寿辰时，朱德和彭德怀曾送过他一副寿联："南山峨峨，生者百岁；天风浪浪，饮之太和。"极其精炼地表现了冯将军为人处世的风貌，并祝他精力充沛，永葆青春。

寿联中还常常嵌入数字，巧妙地将被祝寿的年龄包含其中，读来饶有趣味。如乾隆皇帝 80 寿庆时，纪晓岚献上的寿联是"八千为春，八千为秋，八方向化八风和，庆圣寿，八旬逢八月；五数合天，五数合地，五世同堂五福备，正昌期，五十有五年"。乾隆看后高兴不已，赏他白银千两。原来这一年既是乾隆 80 寿诞，又是他即位第 55 年。

3. 寿字。现代社会，在一些为长寿老人庆贺寿辰的酒宴中，往往可以见到墙上贴着的大红"寿"字。"寿"字形态各异，有时是长方形的，有时是圆形的，有时则是"花寿"。

据传说，"寿"字早在伏羲时代就已产生。当时人们是用一种叫作"龙书"的字体来书写，因此寿字也被书写得像两条龙在腾云驾雾。到了新石器初期的神农氏时代，寿庆、娱乐的祝寿场合和馈赠礼品中，出现了一些经过艺术变形的"寿"字形体。"花寿"这种寿字的写法，是在一个大型的寿字中间画上各种风情独具的花卉、人物、器具等图案，以此增添"寿"字的内涵和艺术感染力。被画入"寿"字中的图案大多具有祝吉祈祥的寓意，其中又以牡丹、松柏、八仙人物等最为典型。在我国传统观念中，牡丹被称为"富贵花"；松柏是长寿的标志；八仙既是长生不老的神仙人物，八仙所用的葫芦、扇子、箫管、拐杖等神器就一起被画入寿字图中，体现了中国人一贯具有的"富贵长寿""有福有寿"的思想。

寿

寿字中堂（新兴木刻）

4. 寿图。有这么一幅典型的寿图，图中一只猫蹲在山石之下翘首仰望，山石的上方有一只美丽的蝴蝶正在展翅飞翔。原来，猫与蝶的读音，正好与代表长寿的两个年龄，即"耄"与"耋"相谐，有时再加上寿石与菊花，就凑成了"寿居耄耋"的口彩。在这种巧妙的组合图画中，既可看出我国民间对于长寿理想的热切企盼，又反映了中国人在语言艺术方面的独特创造。

百寿图

寿图中经常可以见到的动物还有龟、鹤、鹿、鸟等。自古以来，龟与鹤一直是人们心目中延年长寿的灵物。晋代葛洪《抱朴子》云："知龟鹤之遐寿，故效其道引以增年。"南北朝时已铸有"龟鹤齐寿"的古钱。后来，龟与鹤又被共同入画，成为深得民间喜爱的"龟鹤齐龄"。鹿与鹤共同入画的现象也时有所见。鹤大多是站在山石的上方，下面则有一只悠闲的梅花鹿，叫作"鹤鹿同春"，又称"六合同春"，因"鹿"与"六"、"鹤"与"合"谐音，"六合"

指天、地、东、西、南、北，所以"六合同春"寓意天下皆春。后来，"鹤鹿同春"的画又常被用来寓指夫妻长生不老。

寿图中经常选用的瑞禽是绶带鸟。绶带鸟又称"吐绶鸟""珍珠鸡"，嘴根长有肉绶，颜色时时变化，由于"绶"与"寿"、"带"与"代"谐音，因此绶带鸟便成了人们心目中长寿的象征。绶带鸟常常与水仙一同入画，凑成一句长寿吉利的口彩，叫作"代代寿仙"。绶带鸟还常与梅、竹画在一起，梅表示"眉"，竹表示"祝"，绶带鸟表示"寿"，三者一起表示"齐眉祝寿"。此图经常被用于祝贺夫妻双庆寿诞。

5. 寿称。在我国传统的寿称中，常见的有"花甲"（60岁），"古稀"（70岁），"耄耋"（80~90岁），"期颐"（100岁）等，此外还有"还历寿""喜寿""伞寿""米寿""卒寿""白寿""茶寿"等寿称。还历寿即61岁的寿辰，由于按干支纪年法，60岁为一转，61岁正是新一转重新算起的时候，故称"还历"；喜寿为77岁寿辰，"喜"字的草书写作"七七七"，故此得名；伞寿即80岁寿辰，因"伞"字的草体写作"伞"，形似"八十"，所以这样称谓；米寿为88岁寿辰，因为"米"字可以拆成"八十八"，此外，还含有年事虽高，但食欲旺盛之意；卒寿即90岁寿辰，因"卒"字的草书体是"九"和"十"；白寿为99岁寿辰，"白"字为"百"字去掉上面的"一"，即差"一"就是百岁的意思；茶寿为108岁寿辰，因"茶"字的草盖头为二十，加上下面其余笔画为"八""十""八"，20加88，正好为108，所以称为"茶寿"。

## 第二节 关于婚姻的民俗

### 一、婚姻形态的演变

《列子·汤问》载：远古时代"男女杂游，不媒不聘"。这种杂乱婚没有特定的约束规范，"无亲戚兄弟夫妻男女之别，无上下长幼之道。"[①] 这时既构不成氏族、家族，也不知道生育的秘密，往往归结为"感神龙""践巨人迹""吞薏苡"等，还算不上严格的婚姻。

人类最早的婚姻形式是血缘婚，当时已排除了父母与子女之间的性交关系，是一种同胞兄弟姐妹间的婚配。据说，伏羲、女娲是中国最早兄妹婚的例子，可见血缘婚大致相当于伏羲氏时代。这时，人类不仅知道了生育秘密，而且逐渐认识到同一血缘结婚的害处，在古代，叫作"男女同姓，其生不蕃"[②]。

---

① 吕不韦：《吕氏春秋》卷20。
② 《左传·僖公二十三年》。

第七章 人生仪礼

167

在远古认识愚昧低下的阶段能够认识到近亲结婚的害处似乎令人难以置信，其实是可以理解的。首先，许多兄妹结婚的传说，都是在各种天灾之后，仅剩兄妹二人，别无选择，表现了一种万般无奈的心理否定。其次，许多兄妹结婚后，都有生下肉球、肉瓜、葫芦、无四肢五官等怪胎的传说，反映了人们抵制血缘婚的朴素观念。再次，现代许多婚俗比较落后的民族，不仅对同血缘婚姻有清醒的认识，而且实行的基本上都是族外婚。于是，人们先从禁止父母与子女间的婚姻关系入手，再禁止亲兄弟姐妹、堂兄弟姐妹、远房兄弟姐妹，最后，本氏族内不准通婚，这就产生了族外婚。

伏羲女娲交尾图

族外婚是甲氏族的一群兄弟出嫁到乙氏族，与乙氏族的一群姐妹互相婚姻。在中国古代，一般是两个氏族结成世代通婚的联盟。如姬姓氏族与姜姓氏族即是长期通婚的联盟。族外婚在具体通婚形式上有野合而婚、公共房屋、走访婚等，这三种形式也显示了向对偶婚发展的线索。

古代和现代某些少数民族，都要定期举行祭祀女神的仪式和各种形式的集会，目的之一就是为两氏族青年男女提供建立婚姻关系的机会。商周时代仍有这种旧俗。《周礼·地官·媒氏》载："中春之月，令会男女，于是时也，奔者不禁。"《史记·滑稽列传》载："州闾之会，男女杂坐……履舄交错，杯盘狼藉，堂上烛灭……罗襦襟解，微闻香泽。"另外，《诗经》中反映男女野合调情的例子很多，孔子就是其父叔梁纥与颜氏女野合而生的。

新中国成立前的云南阿细人氏族男女分居，女住"黑衣德"，男住"若衣德"。其中，黑衣德也是女子晚上招待外氏族男子的场所。由于本氏族男子晚上都出去了，若衣德实际上成了老人和小孩睡觉的地方。《三国志·魏志·东夷传》载，高句丽"女家作小屋于大屋后，名婿屋。婿暮至女家户外，自名跪拜，乞得就女宿，如是者再三，女父母乃听使就小屋中宿"。这种"婿屋"，可为上述公共房屋之佐证。

随着族外婚的发展，由本氏族一群兄弟的集体拜访，发展到单个人的拜访。云南永宁纳西族，对外氏族的异性朋友互称"阿注"，只要双方合得来，男方即可应约到女方过宿。这种阿注婚就是一种走访婚。

族外婚也是群婚，随着它的发展，双方要求保持相对专一、稳定的婚姻关系，这就是对偶婚。恩格斯在《家庭、私有制和国家的起源》中讲，在对偶婚的情况下，"一个男子在许多个妻子中有一个主妻，而他对女子来说，也是她的许多丈夫中的一个主夫。"上述纳西族的阿注婚有两种情况：一是男方仅仅晚上到女方那儿去，白天的生产、生活是分开的；另一种是不光在女方居住，白天的生产、生活也在一起，就是一种对偶婚。

父权制确立后，中国传统婚姻实行严格而虚伪的一夫一妻制。它要求妇女严守片面的贞操，绝对不准同时有两个丈夫，男子则可同时拥有众多媵妾，但"礼无二嫡"，妻子同时只能有一个。后来也出现过双妻，但都是不合法的。自兄妹血缘婚开始，人类的婚姻生活正式创立，到一夫一妻制为止，传统的婚姻形态最后定型。

## 二、"六礼古习"

中国是一个历史悠久的文明古国，素有"礼仪之邦"之称。婚俗礼仪，总体上来说沿袭先秦时代婚嫁中的"六礼古习"。"六礼"即纳采、问名、纳吉、纳征、请期、亲迎。其中，纳采、问名、纳吉、纳征属于订婚礼节，请期、亲迎属于结婚礼节。纳采俗称"小定"，即男家请媒人至女家提亲；问名又叫"请庚帖"，即男家遣媒人问女孩姓名和出生年、月、日、时辰，以占卜吉凶。问名之后，还要进行卜婚。卜婚是合婚的原始形式。周代将卜筮决定婚姻定为六礼之一，直到唐代才出现合婚，以男女年庚是否相配、五行是否相生、属相是否相合来决定婚姻。合婚一般分两步走：首先是自我合婚，男女双方的主婚人各将对方的八字红帖，即出生年月日时压在家中佛堂的香炉底下，或者压在宗亲牌位前的香炉底下，陈设供品，焚香点烛祈祷一番。此后三天内测看全家的吉凶，如果主婚人、结婚人以及家族成员出现了意外的喜事吉兆，说明此门亲事为家门带来了祥瑞，两家可以联姻；相反，如果三天内发生死伤、失盗、水火灾害、官司诉讼、口舌纠纷等不幸之事，则婚事将一笔勾销。合婚中重要的是属相是否相合，属相不合的有以下民谚："白马怕金牛，羊鼠一旦休。蛇虎如刀锉，兔龙泪交流。金鸡怕玉犬，猪猴不到头。"通过自我合婚，双方认为五行相生、属相相合，两家联姻条件基本成熟，就可以各自择吉去命馆合婚了。命馆合婚只要男女两家门户相当，五行相生，属相不克，不妨公婆、姑叔，双方便可联姻。男方家可备礼物委托媒人向女方家报喜，此礼即六礼中的"纳吉"。然后在当地请个儒生，用大红纸写份《龙凤帖》，各执一份，算是合法结婚的凭据了。龙凤帖一般是四折六面，面书天赐良缘、鸾凤和鸣、龙凤呈祥等字。纳征俗称"大定"，也就是男家给女家送聘礼；男家决定婚期备礼告知女家求其同意，称为"请期"；新郎至女家迎娶，称为"亲迎"。

俗话说"天上无云不下雨，地上无媒不成亲"。中国从古代到近现代，"父母之命，媒妁之言"是婚姻中不可缺少的部分。而在扼杀人性的封建礼教中，媒婆在其中扮演着重要的角色。《诗经》中有"匪我愆期，子无良媒"之句。在当时的社会里，没有媒妁之言，就像现在没有办理结婚登记手续一样，是不合法和大逆不道的。因此，孟子曾说："不待父母之命，媒妁之言，钻穴隙相窥，逾期相从，则父母国人皆贱之。"① 将两情相悦、私自相爱的男女行为视为人人得而贱之的犯法行为。封建社会尤其明清以来，年轻女子因为缠足，大门不出，二门不进，被围困于重门深院或柴扉茅屋之内，加之男女有别、男女授受不亲的传统礼教的束缚，男女青年往往互相并未见过面，婚姻匹配，好孬贵贱，全凭媒人一张巧嘴，全靠媒人安排做主，人们形象地说"就像隔着布袋买猫"。父母之命，媒妁之言禁锢了男女青年的自由恋爱，往往使他们得不到纯真的爱情。中国文学史上，为追求婚姻自主的青年男女，殉情自杀的例子可以举出很多，梁山伯、祝英台便被视为千古绝唱。

### 三、传统婚典

传统婚典的第一个过程就是迎娶，也就是"接新娘"。古时迎娶花轿都在黄昏以后，大约六朝以后改为白天。宋朝以后才流行人们所熟知的花轿。

娶亲的日子，男方家大门外要搭彩楼，张灯结彩，贴喜联、喜字。娶亲的喜轿和执事要排列到门，明媒正娶的一定要坐轿，官宦人家的女儿乘红呢大轿，不绣花，民间百姓之女则乘花轿。轿分八人抬和四人抬之分，迎亲人多时，红轿一顶，其余皆乘绿轿。执事可繁可简，一般前面是一对开道锣，锣挂在一根一端雕成龙头的长杆上，杆上挂一面带有火焰边的方形旗帜，上书"××"号，中间是"开道"两个大字，担在执事肩上，前面是铜锣，后面是旗帜。后面是四个举着金灯的执事，金灯为一尺二寸高，直径六寸的八角形宫灯，镶着八面画有吉祥物花纹的玻璃，宫灯之下有红色长柄。再有清道、飞龙、飞凤、飞虎旗各一对，再往后是金灯四对，其后是金立瓜、金卧瓜、金钺斧、金天镫各一对，再后是金灯四对，再便是伞、扇、筛镜各一对。其后为吹鼓手十几人，手执唢呐、笙、笛、大鼓、长号等乐器。最后为喜轿和车辆。

女儿出嫁前，家族亲友一般要进行宴请，叫作"吃送嫁饭"。新娘出嫁前要"开脸"，盘起发髻。传统婚俗中，哭嫁习俗在中国南方不少地方流行，哭的方式各种各样，开始在出嫁前几个月，每隔一晚便号啕一阵，临近婚期每天晚上不间断地哭。在出嫁前一天晚上，全村寨相好的姐妹们、姑嫂长辈、未婚姑娘要来新娘处陪哭。迎亲那天，由媒人领着男方家的人抬着嫁妆上门。发轿时，新娘哭着喊着，穿上新衣，在堂前哭拜祖先，再拜父母，然后被扶上花轿，哭哭啼啼唱着哭嫁歌，一路上哭到婆家为止。

---

① 《孟子·滕文公下》。

新娘出嫁，为表示是与人为妻，不是与人为妾，不管祖上、家长或所嫁新郎有无官品，都要凤冠霞帔。因为男子娶妻谓之"小登科"，可以穿九品官服，故新婚可以凤冠霞帔，以象征吉祥。新娘上轿鞋一般为绿色绣花，一律不穿红鞋。因为红色象征火，如果穿红鞋上轿，就意味着跳进了火坑，这对女子过门是不吉利的。迎亲太太又称"娶亲太太"，为男方迎亲仪式的总主持人。送亲太太则为女方家一位年长妇人。旧时迎亲的花轿不能空着去，要人压轿，轿帘不下，迎娶时一般为两轿，去时迎亲太太坐头轿，不放轿帘，新郎坐二轿。轿里还撒一些大枣、花生、桂圆、荔枝之类的喜果，取"早生贵子"之意。返回时新娘坐头轿，迎亲太太坐二轿，新郎则骑马或乘车。花轿坐了新娘即成为"宝轿"，必须放下轿帘，使之封闭，不让恶魔进入，路过庙宇、祠堂、坟地、井河、桥梁等要由送亲的人用红毡子象征性的遮挡一下。宝轿走起来要四平八稳，使新人不受颠簸，象征婚后生活安定。新娘坐在轿内，手捧宝瓶，脚踏"脚炉"，象征生活美好，婚后日子红火。新娘花轿绝不能从原路回去，而是走另一条道，谓之"不走回头路"，寓意夫妇今后生活要多开辟道路，不能一条道走到底。

清朝皇室所用花轿

　　迎亲队伍到女家门外，女方大门紧闭，要为难男家。于是迎亲太太和新郎上前敲门，口中说着"吉时已到，请新娘上轿"之类的话。女方家人则隔着门缝，要男方吹鼓手吹奏一些曲牌，并向院中扔一些糖果等，然后大门才打开，一阵铜钱雨和一小包茶叶骤然飞出，叫作"撒满天星"。迎亲队伍进门后，新郎拜见岳父岳母，人们象征性地入席，然后便起身告辞。新郎回轿中等候，新娘着红袄花裙、戴凤冠霞帔、蒙绣花红盖头，由女方送亲太太搀扶上轿，放卜轿帘，由女方四位男亲属负责"押轿"，即"扶轿杆"，送亲太太紧随红轿，然后鼓乐齐鸣，放炮起轿出门。

　　新娘进男方家门，院中放一个烈火熊熊的火盆，轿子从火盆上抬过，表示红红火火。新娘下轿，抱着宝瓶，跨过马鞍，寓意平平安安。新娘进门后，不能直接引入洞房，还有一个突出的仪式就是拜堂。拜堂在唐代已经比较流行，俗称"拜天地"。一般是三拜：一拜天地，二拜高堂，夫妻对拜。有的地方还向姑、姨、舅、叔（伯）等一一跪拜，一方面从中介绍诸长辈，并领受"见面钱"。拜堂时新娘头上搭着红盖头——上不见天，脚踏红毡毯——下不履地，由男家请来的两位全福不忌的伴娘搀扶着。拜堂时，男左女右。拜堂时寡妇、孕妇、产妇、戴孝者及生辰八字与新人相克者均自动回避。随后便是宴客。新娘、新郎红线相牵，步入洞房。

洞房内的礼仪比较繁琐，主要有坐帐、撒帐、合卺、闹房等环节。

首先是坐帐，也称"坐床""坐炕"。洞房内，新人的坐向一般是"里八字"或朝东南、西南，或朝东北、西北。是由命馆先生指定的，喜课这样说："新人行合卺之礼宜正西方大吉；新人安床坐东向西大吉。"坐床按男左女右的位置入座，新郎的右衣襟压在新娘的左衣襟上，表示男女已同床共宿，也寓意男人压女人一头。

然后是撒帐，由娶亲太太把大枣、花生、桂圆、荔枝等喜果撒在床上，甚至撒向洞房的每一个角落。娶亲太太必须是全福之人，即上有丈夫，下有孙男弟女，属相又不能和新郎新娘相克。一边撒，一边叨念吉祥语，诸如"当朝一品、和合二仙、三元及第、四季平安、五子登科、六合同春、七子团圆、八仙上寿、九世同居、十全十美""喜果撒床东，花开富贵朵朵红；喜果撒床南，早生贵子中状元；喜果撒床西，金鸡晓唱千门喜；喜果撒床北，和顺一门生百福"等。接着，新郎用红纸裹着的新秤杆将新娘的盖头挑下来，谓之"初会"，俗称"露脸"。新郎往往把盖头坐在屁股底下，意思是婚后可以压新娘一辈子。送亲太太眼疾手快，不容他坐下便抢夺过来，口里念着："请新郎高升"，就在新郎起身站立时，盖头就抢了过去。这时，两位新人可相互正视对方"尊容"，是俊是丑，是乐是悔，就在这一瞬间。

合卺酒

撒帐以后是合卺，俗称"喝交杯酒"，此礼始于周代。《礼记·昏仪》载："（夫妇）共牢而食，合卺而醑。""卺"就是瓢，唐代把一个匏瓜一锯两半，成为两个小瓢，用五彩丝串在一起，让两个父母双全福分好的卺童对坐，手里各捧一个瓢，斟上酒，然后请新郎新娘饮，这是喝交杯酒的原始形式，后来以杯代卺。喝完交杯酒，双方要吃女方娘家带来的子孙饺子和男家的长寿面。但饺子和面条都不能煮熟，闹房的人笑着问："生不生?"娶亲太太则回答："生！生！"之后，新郎即出洞房，只留下新娘一人坐帐。新娘在新房内一般不能"解手"，不能随便下地走动，不管人们如何嬉逗都不能笑，否则就认为不吉利。

最后的环节是闹洞房。闹洞房除寡妇、孕妇、产妇、戴孝者以及生辰八字与新郎新娘相克者外，不论同辈、长辈"三日无大小"。

第二天为会亲，新娘的女眷到男家祝贺，男方盛情款待，客人向新郎馈赠礼品。第三天为回门，男方双方回女家拜见岳父岳母。这种婚俗各地大同小异。而小户寒门，摆不了如此排场阔气者，只能婚仪从简，有的将送嫁妆、迎娶、会亲并在一天之内完成，称为"小三天"；还有的穷家不备轿、车、仪仗，由娘家将姑娘送往婆家，略备酒席，吃喝一番，结婚大礼也算完成。

## 四、新婚姻时尚的探索

蔡元培在20世纪初，曾经以自己振聋发聩的言行，引领过那个时代的婚姻时尚。1900年，蔡元培做绍兴中西学堂的监督，他的原配妻子王氏病逝，其时蔡元培32岁。男人盛年丧偶，再娶是自然而然的事。蔡元培曾经中过进士，结交遍及天下，在当地名声很大，故而媒婆纷至沓来。蔡元培对于再娶坚持五项准则，并且登报公开：女子须天足；女子须识字；男方不娶妾；男死后女可再嫁；男女双方意见不合可离婚。蔡元培再娶的五项择偶标准一经宣布，众媒婆都目瞪口呆，认为最后两条"至为可骇"。正因为如此，蔡元培在本乡本土很难找到符合自己要求的意中人，直到一年以后，才由一位名叫叶祖芗的朋友做媒，与江西黄尔轩先生之女黄仲玉订婚，并很快在绍兴举行了婚礼。

蔡元培

按照民间习俗，婚礼之后便要继之以闹房。蔡元培对此坚决反对，决定以演说会代替闹房旧俗。当着前来贺喜的亲朋好友，也当着新婚妻子黄仲玉的面，蔡元培用浓重的绍兴口音，讲述了自己关于夫妻平等、男女平权的人生追求。演讲完毕，博得大家的热烈掌声。当蔡元培走回到妻子身边时，他的一个朋友向蔡元培提问："倘黄夫人学行高于蔡先生，则蔡先生须以师礼视之，何以平等？倘黄夫人学行不及蔡先生，则蔡先生当以弟子视之，又何以平等？"蔡元培当即答道："就学行言，固有先后，就人格言，总是平等！"蔡元培的五项择偶标准和用来代替闹房旧俗的演说会，很快在社会上不胫而走，高声喝彩者有之，诋毁诟骂者有之。蔡元培以自己的行为表现出了向封建旧婚俗毫不妥协的挑战姿态，并且使得追求男女平等和自由离婚，成为20世纪初影响最为广泛的婚姻时尚。

1902年6月26日、7月27日，当时中国两份大型日报——天津《大公报》、上海《中外日报》，先后刊登同一个人的征婚广告："今有南清志士某君，北来游学。此君尚未娶妇，意欲访求天下有志女子，聘定为室。其主义如下：一要天足；二要通晓中西学术门径；三聘娶仪节悉照文明通例，尽除中国旧有之陋俗。如有符合以上诸格及自愿出嫁又有完全自主权者，毋论满汉新旧、贫富贵贱、长幼妍媸均可。请即邮寄亲笔复函，若在外埠能附寄大著或新照更妙。信面写AAA，托天津《大公报》馆或青年会二处代收。"征婚者提出的三项择偶标准虽然比蔡元培少了两条，却代表了当时国人有关妇女问题的三种最新观念：破除缠足恶习以提倡人体自然美；创兴女学以提高妇女文化修养；摒除传统婚姻礼仪的繁文缛节。应该说，这则征婚广告的出现，不仅代表了中国求婚形式的大胆变革，而且反映了当时新文化人择偶的时尚标准。所以，1902年7月27日《中外日报》在刊登这一广告时，特意加上一个十分醒目的标题《世界最文明之征婚广告》。这则"世界最文明之征婚广告"堪称中国的第一则征婚广告。1905年7月5日，留日学生王建善在《时报》刊登征婚广告中公开了自己的姓名、住址、职业等情况。

《大公报》于1910年报道的一场题为《文明结婚》的婚礼上，演说者为该报创办人英敛之。演说词中有："夫妇之道，最重爱情。有此种真精神以固于其间，则百年和合，永无反目之虞。我国数千年来，婚姻一事，专听父母之命及媒妁之言，其祸之烈，不可胜言……且我国结婚一事，繁文缛节，虚浮滥费，举皆无益……"在这则报道中，还专门记录了新郎新娘互戴结婚戒指的细节："仿泰西通俗，互将戒指戴于手上。"大概中国人戴结婚戒指的风俗，也是从那时开始的。

1909年前后一段时间里，伴随资产阶级民主革命思潮的蓬勃兴起和民主革命的日益高涨，一些进步的青年知识分子纷纷撰文批判封建婚姻礼俗，并带头举办具有时代特色的新式婚礼，合唱《自由结婚》即是其中重要的仪式之一。其歌词唱道："记当初指环交换，拣着平生最敬爱的学堂知己……可笑那旧社会，全凭媒妁通情。"此歌曾在清末民初知识界流行一时，宣传了婚姻自由的新观念。

民国初年，中国人的婚俗依然以父母之命、媒妁之言为主体，一般由长辈从中介绍。即使是青梅竹马、同窗同学，仍须有亲友为之保媒。无亲友为其介绍的，则每每假手媒人。媒人只顾迎合双方家长的意愿，决不顾及男女双方的愿望，依然造出许多不幸福的家庭。这种现象在文学作品中也有反映，例如，巴金的《家》中，老大觉新属意梅表姐，但却听从高老太爷的安排，娶了瑞珏为妻。老三觉惠爱上了丫环鸣凤，却不能与之结合。而鸣凤终因冯老太爷的逼婚，投水殉情而死。只有老二觉民为了真正属于自己和意中人琴的爱情，勇敢地冲破了封建大家庭的樊笼，在抗争中终于使高老太爷在临咽气前，解除了与冯家的包办亲事。这便是处在社会转型期的婚俗现象，反映当时受新思想影响的年轻人要求恋爱自由、婚姻自主的愿望以及与封建婚姻礼教所做的不屈抗争。

民国时期新式的婚姻和婚礼，是在上海这样中西合璧的时髦城市中时兴起来的。父母之命、媒妁之言的婚姻制度，受到了自由恋爱、自主婚姻的挑战。而西洋的结婚仪式和自由恋爱之风，已为新时代的新人物所接受。它与女子接受新式的学校教育，女子走向社会，更多地抛头露面，出现在公众场合是密不可分的。上海滩头、南京路上，成双成对的青年男女，打扮入时，挽着胳膊，相依相偎在街头徜徉，流连忘返。对在饭店、礼堂、教堂中举行新潮婚礼这种形式，越来越多地为年轻人所羡慕、所崇尚。

时尚往往是大人物首先提倡，然后民众紧跟其后。1913 年 5 月 15 日，45 岁的革命党人章太炎与 28 岁的汤国梨在上海哈同花园举行文明结婚仪式，共有千余人参加婚礼，有 80% 为女学生，其余多是革命党人。礼堂是一舞台，正中悬一匾曰"天演台"，两边为鲜花丛。孙中山站在东侧，黄兴站在西侧。陈其美为司仪，他身穿黑色纱马褂、白纺绸长衫，既潇洒又风流，起劲地张罗着。介绍人为蔡元培与张通典。新郎章太炎穿黑色礼服，头上的礼帽约一尺高，而新娘汤国梨身着大红缎衣裙，脚上穿大红色缎绣鞋，两人均神采飞扬。在陈其美的主持下，由蔡元培致贺词，颂赞二人白头偕老等。某男宾向众人演说，满口革命先烈，似有不伦不类之感。某女宾由抨击内政到袁世凯的外交，慷慨激昂。新郎新娘向孙中山、黄兴、蔡元培等鞠一躬，又向来宾鞠一躬，又互相鞠一躬。孙中山和黄兴与新郎新娘握手，以示祝贺，婚礼告成。这场文明婚礼引起各界的广泛注意，欲学文明婚礼者皆说：像章太炎这样全国著名的人物都进行文明结婚，我们为什么不向他们学习呢？于是既文明又省钱的新式文明婚礼很快为年轻人所接受。

新式文明婚姻被人们肯定为有三大好处：第一便利之处为"梳一东洋头，披件西式衣，穿双西式履，凡属凤冠霞帔锦衣绣裙红鞋绿袜，一概不用"；第二便利之处为"昂然登舆，香花簇拥，四无障碍，无须伪啼假哭，扶持背负"；第三便利之处为"宣读婚约，互换约指，才一鞠躬，即携手同归，无候相催请，跪拜起立之烦"。[1]

当时的婚礼上，新娘穿婚纱的极少，因为国内几乎没有制作婚纱的服装厂。有些政府高官或家资雄厚的大商人、大资本家，其子女结婚时，为了赶时髦，常会托人从国外重金购得。一般新式夫妻要想做到这一点，则力有不逮。而且，婚纱虽然看起来雍容华贵，但不免有叠床架屋般的累赘感。所以，一般女性在

---

① 是龙：《自由女之新婚谈》，《申报》1912 年 9 月 19 日。

婚礼上还是青睐那种线条简洁的西式礼服长裙。

但在1927年以后，国人对婚纱的概念彻底改变，穿婚纱结婚成为女孩心中最大的梦想。这种状况的发生，源于1927年12月1日蒋介石和宋美龄中西合璧的结婚典礼。蒋宋婚仪由两部分组成，第一部分在宋宅按基督教礼仪举行的西式婚礼。仪式由中华基督教青年会总干事余日章主持，江长川牧师负责祈祷，宋氏家族众人及美军外交官布里斯托尔少将等宾客出席。蒋介石身穿崭新的礼服，在男傧相刘纪文的陪伴下，站在红木桌前。新娘宋美龄身着白色长裙礼服，头上遮着面纱，手里捧着一束用银白色缎带系着的康乃馨，由其兄宋子文挽着，缓缓地走过大厅，来到红木桌旁。余日章手捧圣经，站在新郎、新娘面前宣读礼文："诸位亲爱的兄弟姐妹们，我们今天在上帝与蒋宋二府亲戚面前为蒋中正先生、宋美龄女士举行婚姻的圣礼……我们应当谨敬尊奉上帝之意旨，成就这件大事。"蒋介石举起右手，虔诚地宣誓："我蒋中正，情愿遵从上帝的意旨，娶宋美龄为妻。从今以后，无论安乐患难、健康疾病，一切与你相共，我尽心竭力地爱敬你、保护你，终生不渝，上帝实临鉴之，这是我诚诚实实的应许你的。如今特将此戒指授予你，以坚此盟。"宋美龄将手放在圣经上，宣誓词与蒋介石一样。当她宣誓完毕后，两人互相将各自的结婚戒指戴在对方左手的无名指上。余日章大声宣布："蒋中正先生与宋美龄女士，今日已在上帝和蒋宋二府的亲友面前交换戒指，互立盟约，结为夫妇，我现在郑重地宣告你们二人已正式结为夫妇。"他张开双臂祈祷着："我们天上的父，你是统治世界万民的大主宰，是人类真正爱情的源泉。我们今天奉你的名，结合蒋先生与宋女士为夫妇，我们感谢你的大恩，求你使他们伉俪之情与日俱笃，使他们组织理想完美的家庭，为中国社会确立良好的基础……阿门！"蒋介石二人向余日章鞠躬致谢，观礼的亲朋好友、中外来宾一齐热烈地鼓掌，以示祝贺。

之后，蒋介石和宋美龄又分别乘车去外滩大华饭店，按照中国传统方式举行结婚典礼。婚礼的主持人为蔡元培，出席者有美、英、日、挪、法等16国领事。婚礼台上悬挂孙中山画像，两边是国民党党旗和"中华民国"国旗，中悬福寿两字。16时15分，身着西式大礼服的蒋介石偕男傧相刘纪文首先登台。之后，在乐队奏响的门德尔松《婚礼进行曲》中，两位司花女童走在前面，手执花篮，将花朵撒在地上。其后是穿桃红缎衣的女傧相四人，两前两后，轻移细步，款款而行。最后是新娘宋美龄在其兄宋子文的挽扶下，随着乐曲慢步前进。孔祥熙、宋蔼龄

蒋介石和宋美龄的结婚照

夫妇的儿女孔令杰、孔令伟在新娘的后面司持着长长的白纱。新郎新娘立定后，主婚人宣布全体起立，共同向孙中山遗像及两旁的国旗、党旗三鞠躬。之后蔡元培高声宣读了结婚证书，新郎新娘分别在证书上用印，并相对鞠躬，又向主婚人、证婚人一鞠躬，最后转身向来宾一鞠躬。整个婚礼场面富丽堂皇，极为壮观。最后在人们热烈的掌声和兴奋的欢呼声中，伴着美国男高音歌手霍尔一曲《哦，答应我》而结束。

## 五、"集团结婚"

文明结婚成为一种时尚，它的高潮是在 1935 年。为了响应国民政府和蒋介石提倡的"新生活运动"，1935 年 2 月 7 日，上海市社会局倡议发起以"简单、经济、庄严"为宗旨的新式婚礼——集团结婚，立即得到准备结婚的年轻男女的响应，纷纷报名参加。4 月 2 日，首届集团结婚的新人演习仪式在江湾上海新市政府礼堂举行。为了搞好集团结婚这一新形式，市长吴铁城非常重视，亲自出席典礼，并发表热情的讲演，阐释集团婚礼的意义："中国旧有的礼节太繁琐了，结婚花费了不少金钱和时间。甚至社会上还有许多人，将毕生节俭积蓄所得的钱，尽花于这些婚丧喜庆的人生大事上

上海市首届集团结婚颁发的纪念品

面……本政府有鉴于此，特提倡集团结婚。"参加演习的青年男女报以热烈的掌声。众人按规定礼仪认真排练。

第二天，典礼正式进行。军乐队鼓乐齐鸣，奏起欢快的《婚礼进行曲》，集合在礼堂外面的 57 对身穿结婚礼服和西式婚纱的新郎新娘，随着礼仪小姐走进礼堂。先由司仪宣布仪式规定，并以唱票方式报告新郎、新娘姓名，每两对新人为一组，叫到名后依次登台，向悬挂在中央的孙中山遗像和国旗、党旗三鞠躬，新人相对二鞠躬，最后向担任证婚人的市长吴铁城和仪式主持人、社会局局长吴醒亚一鞠躬。然后由证婚人吴铁城颁发结婚证书及题有"新生活集团结婚"字样的纯银团月式嵌花太极图纪念品，并致证婚辞。程序完成后新人下台，再上来两对。等 57 对新人全部完成仪式后，步出礼堂，由典礼组织者请来的摄影师为新人分别拍照留念。当新人步出礼堂拍照时，57 名新娘身上风情万种、飘逸多姿的婚纱，让上海的女人们看花了眼。上海及提前到场的北京、天津、成都、长沙等地报纸的百余名记者，提着相机满场奔走，将这一盛况空前的历史性镜头抢拍下来。围观的市民人山人海，万巷皆空。年轻人更是以一种

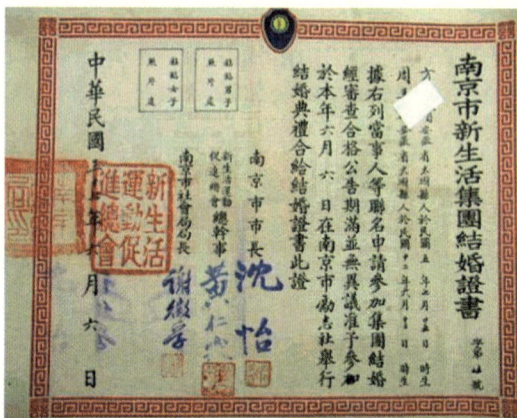

南京市集团结婚证书

羡慕的目光欣赏新娘的美貌和新郎的英俊，向往这种既体面风光、又节约俭省的婚仪。民国政府的宣传机构和美国派拉蒙、米高梅等电影公司派出的摄影组将婚礼全程跟踪拍摄下来，作为新闻片在上海和全国其他大城市放映，让全国各地的人们一睹为快。于是，流风所及，集团婚礼成为趋之若鹜的一大时尚。

## 六、1949 年后婚嫁习俗的变化

1. 建国十七年：朴素的婚姻形式。新中国建立以后，中国流行了几千年的"父母之命，媒妁之言"的旧式婚姻逐渐为人们所摒弃，自由恋爱、自主婚姻开始成为一种时尚。但是，在新旧时代嬗变之际，婚姻往往带有新旧两种时代的特征。1950 年 4 月 13 日，中央人民政府委员会第七次会议通过了《中华人民共和国婚姻法》，并于 5 月 1 日颁布施行。全国城乡开展了声势浩大的宣传新婚姻法的活动。对于新婚姻法，年轻人热烈欢迎、拥护，而上了岁数的人思想上一时转不过来弯，有抵触情绪。新婚姻法规定结婚的法定年龄为：男 20 岁、女 18 岁，"只要男女双方本人完全自愿，不许任何一方对他方加以强迫或任何第三者加以干涉"，始得结婚。农村由于多子多福、不孝有三、无后为大等封建思想观念的影响，早婚和多子女现象非常普遍。城市中青年男女的婚龄要比农村中稍晚。在新郎新娘的服饰上，虽然城市已经换成干部服和列宁服，而在农村和县城，男方仍是马褂长袍，只是将帽上的金花、身上的披红去掉，胸前改戴一朵大红花。女方也不戴凤冠霞帔、不穿绣花裙而改穿旗袍，头顶花朵编织而成的"花冠"。有的地区，新娘仍要坐花轿，证婚人一般请党支部书记。仪式一般是新郎、新娘、介绍人、证婚人及双方家长在结婚证上盖章，男女双方各执一份，然后来宾和亲戚共同到饭馆中欢聚一堂，喝喜酒、吃喜筵，然后照相留念。这种婚礼形式中，旧社会的痕迹较深。

几年之后，又为婚仪新潮流所代替。一般的结婚形式是：找一个节假日，

178

一般定在五一、十一的很多。领了结婚证之后，买二斤糖果之类，请来领导证婚，男女向毛主席像鞠躬，向参加婚礼的来客鞠躬，再互相鞠躬。当晚，两人将被子抱到一张床上，再买个洗脸盆和一对暖水瓶，就算完成结婚典礼了。而结婚证书也很简单。一般为：印有喜字的一张纸，上有结婚证字第××号，然后是并列的男女双方姓名、年龄，下为"自愿结婚，经审查合于中华人民共和国婚姻法关于结婚的规定，颁发此证"。然后是颁证机关带国徽的大印。《婚姻法》规定："废除包办强迫、男尊女卑、漠视子女利益的封建主义婚姻制度，实行男女婚姻自由、一夫一妻、男女权利平等、保护妇女和子女合法利益的新民主主义的婚姻制度。""禁止重婚、纳妾，禁止童养媳，禁止干涉寡妇婚姻自由。禁止任何人藉婚姻关系问题索取钱财。"法律规定废除买卖婚姻或借婚姻索取彩礼，为婚龄男女青年的结合，为相互节俭的婚姻形式开创了一条自由之路，从而朴素、奉献、追求上进的婚姻时尚开始流行。当年，年轻男女被新凤霞的评剧《刘巧儿》迷得死去活来，谁都会唱上两句"我和柱儿不认识，我怎能够嫁给他呀""这一回我可要自己找婆家"成为翻身解放妇女的口头禅。参加了工作的年轻人，摆脱了家庭的束缚和羁绊，在单位里互相认识，建立恋爱关系进而结婚的很多。还有经人介绍认识，再经过互相了解，感情发展到结婚的也大有人在。

繁琐、铺张的婚礼在50年代和60年代初基本消失。简单的仪式、节省的花费，使那个时期的婚礼显得既朴素又新潮。有一个女子出嫁，不要彩礼，不坐花轿，自己大大方方走到婆家，所带嫁妆只有一把新式农具。据说她的婆婆看了以后，非常恼火。但经大家说服，最后也想通了。不管她的婆婆是否真的如当时报刊上所宣传的那样"想通了"，但透过《中国妇女》杂志对此事的报道，不难看出社会舆论对移风易俗的宣传和朴素婚姻时尚的形成有积极作用。50、60年代，这种俭朴的婚礼是很多人都经历过的。一位中国社会科学院的著名学者回忆道：1961年冬天，他在上海复旦大学读研究生，因为定量粮票不够吃，副食品又少得可怜，每次吃饭，女朋友总要将自己碗里的饭拨一些给他，于是两人商量多次，决定结婚。因为结婚后，便有了副食品供应证，每周可买几块豆腐干，半斤豆芽之类。由于购买结婚用品都要票证，煞费脑筋，在朔风凛冽中奔波，费了很大劲，才凭票购买到一张双人铁床、一只热水瓶、一个脸盆、一只痰盂。简简单单，完成人生人事。

总的来说，那一时期婚姻时尚中的主旋律就是追求进步，积极上进。姑娘心目中最佳伴侣的标准是：踏实肯干、劳动模范；小伙子心目中最佳伴侣的标准是：不慕虚荣，不爱打扮，勤劳贤惠，不拖丈夫后腿。当时，青年人的婚礼一般都选择在五一、五四、十一或八一这样有革命意义的节日举行。婚礼上，一般都是请领导，最好是单位的党支部书记当证婚人。新人先向毛主席像鞠躬，向党支部书记鞠躬。婚礼结束的当天晚上，一对新人将两床被子合到一张床上，这婚就算是结成了。第二天早上，新郎新娘各带一斤水果糖到单位分发给众同事，向大家宣布自己结婚了。虽然婚礼竭尽简朴之能事，但有些日常生活用品还是必备的：一张双人床，一只热水瓶，一个脸盆，一只痰盂，后来有人将其概括为"四个一工程"。60年代以后，这几样必备用品就不那么好买了，因为每样东西都必须凭票才能买到。有些人攒不够票，就只能挑最急需的，买这"四个一工程"中的一样或者两样。对这样的结婚条件，当时的青年大多泰然处之，认为没什么不好，也没有什么可以大惊小怪的。这大约缘于朴素婚礼已经成为大家普遍接受的一种婚姻时尚。

2. "文革"十年：革命化的婚礼程式。20世纪50年代以后，婚姻关系中已经开始出现"有成分论，不唯成分论"。一般出身好的工农干部，在婚前由单位出具介绍信，去单位或居委会调查对方的家庭成分、本人成分和表现，婚姻开始带有政治色彩。"文化大革命"中，"老子英雄儿好汉，老子反动儿混蛋"这种反动的"血统论"甚嚣尘上。红五类找红五类，黑五类找黑五类。那个时候人们谈婚论嫁时，首要的标准是看出身，看成分。工人和贫下中农成分是硬杠杠，共产党员是最佳配偶。地、富、反、坏分子或他们的子女，即使男子高大英俊，姑娘貌美如花，也常常是男娶丑妇，靓女嫁恶夫。虽说不合理，却是那时的时尚。家庭成分不好的青年男女，一直都是文革婚姻中最受歧视、命运最为坎坷的一群人。他们几乎被剥夺了爱与被爱的权利。对于他们来说，能够平平安安、不受骚扰地活着，就已经是万幸了。所以，在谈婚论嫁的时候，他们根本不能也不敢去追求自己所爱的人。他们那时的理想往往是娶一个或者嫁一个家庭出身好、根正苗红的对象，这样，在未来的日子里，他们或许才有可能彻底改变自己以及子女们的命运。而这一切与爱无关。

"文革"期间，婚姻中男欢女爱的感情成分完全被阶级斗争所淹没。亲不亲，线上分，阶级不合，观点、路线有异，夫妻便会反目，便会互相斗争，互相揭发。就连一个小家庭，也要严格地划清界限。现在人们当然很难理解那样一种奇怪的情形，但确实曾经是那个时代里的婚姻时尚：婚姻中没有了温情和爱恋，只有革命，只有斗争。要革命，讲斗争，便不能谈情说爱，不能搞资产阶级那一套。这就是"文革"期间的逻辑，这就是整个"文革"时代的婚恋特征：社会舆论否定男女情爱，甚至抹杀两性区别，把男女关系简化为同志、战友、阶级关系，试图用一种冷冰冰的政治理念来图解两性间的关系，当然也包括夫妻关系。"文革"中，爱情这两个字是不能公开谈论的，谈恋爱是偷偷摸摸的行为，在街头巡行的造反队和纠察队，常常把约会的恋人们当流氓抓起来。虽说文革时期情爱是禁区，但并不妨碍男婚女嫁。

"文革"期间，城里人结婚大都在晚上进行，因为白天得用来干革命工作。其基本程序是：新郎、新娘共唱《东方红》或《大海航行靠舵手》。在革命委员会头头主持下，念一段毛主席语录："我们都是来自五湖四海，为了一个共同的革命目标走到一起来了……一切革命队伍中的人都要互相关心，互相爱护，互相帮助……"向毛主席像三鞠躬，向家长三鞠躬，新郎、新娘互相三鞠躬，向来宾敬礼，分发喜糖。婚宴基本上是没有的，最多是请帮忙的人吃碗面条，这是城里的婚礼。在农村情况稍有不同，唱《东方红》、学语录、向主席像三鞠躬这些程式基本上相同，不同的是农村讲究"坐席"。那时候的"席"很简单，买点猪头、猪下水，用圆白菜炖，或者熬白菜、萝卜时加些肥肉和肉皮，这两样菜往桌上一端，再打上 2 斤散装白酒，就算是一"席"了，这样的"席"在当时被称作"半荤素酒席"。在农村还讲究"随份子"，最少 2 毛钱，最多 2 元钱。出到 5 毛钱，全家就可以一起吃一顿荤素席。除了随份子，还有送贺礼的。贺礼主要是四大件：脸盆、暖瓶、毛巾和被面。当然，除了这四大件，在很多地方，尤其在城市里，人们的贺礼还有毛主席像章、石膏像。石膏像以毛主席去安源的那种最受欢迎。那时，未婚夫妻的定情之物也带有浓烈的革命色彩：双方互送毛主席像章和毛主席语录。除此之外，如果条件允许，女方会买一二斤毛线，织成毛衣送给男方。而男方送给女方的则大多是素色手绢和笔记本。笔记本的扉页上总要写一些"乘风破浪""共同进步"之类的革命言语。如果双方对以上定情物均无异议，并且欣然接受，那么一对革命战友便可以从此"比翼高飞"，狠抓"革命"、猛促"生产"了。

3. 改革开放以后：多变的婚姻时尚。20 世纪末，婚姻时尚是丰富多变的。"文革"结束以后，农村包办婚姻卷土重来。1984 年 4 月 12 日，《人民日报》发表了山西兴县 83 名农村青年的紧急呼吁："把我们从买卖婚姻中解放出来！"呼吁说：山村青年的婚事，至今仍听命于媒妁之言，父母之意，决定于金钱交易之中……由于包办买卖婚姻，青年人抗争反对无效，只有默默忍受，有的则以自杀反抗。包办买卖婚姻在有些地方发展成为一种换亲风俗，这种恶俗是封建婚姻在新形势下的畸形复活。一般的换亲是同代换亲，妹妹嫁出去，为哥哥换回嫂子，而妹妹嫁给嫂子的哥哥。换亲的原因大多是由于经济问题，无力支付彩礼或者嫁妆，就走换亲的路子。换亲一般双方不再支付彩礼和嫁妆，所以被称为"等价交换"。与包办婚姻相配套的是彩礼之风重新大盛，并成为全社会的时尚。彩礼名目繁多，有看相钱、谢媒钱、行脚钱、背妹钱、伴姑钱等。有的以貌论价，有的分等级论价，诸如双眼皮多少钱，一个酒窝多少钱，都是有约定俗成的价码的。而有的更以斤论价，即以妇女的体重论价。据《人民日报》（海外版）1986 年 5 月 21 日公布的一次调查资料，当时农村彩礼数额比五年前增加了 10 倍左右，而同期农民的人均收入增加 1.1 倍，比例严重失调。有代表性的彩礼数额为 1 000 元到 3 000 元，有的高达 5 000 元，甚至上万元。

高考制度恢复以后，大学生很快成为"天之骄子"。在此之前，婚姻讲的是政治思想、家庭出身，讲的是革命，而 20 世纪 70、80 年代之交，讲究知识、讲究人才，学历和知识层次成为人们谈婚论嫁时最重要的条件。学历越高，追求者越多。凡是有大专以上学历的，找对象都不难，当时的婚俗普遍崇尚节俭，还带着"文革"岁月的痕迹。有些原本在农村工作的人一旦考上大学，便迫不及待地与原先的妻子离婚，理由是：知识层次差距过大！据社会学家调查，在当时的离婚案中，此类离婚审查逮捕占有相当的比重。与此相关的是，一跃龙门便忘本的"陈世美"受到社会舆论的一致抨击和责骂，可怜兮兮的"秦香莲"则成了人们同情的对象。80年代中期，随着经济的繁荣与活跃，第一批下海经商的弄潮儿纷纷逮住了"大鱼"，一批批企业家脱颖而出，发家致富。在振兴经济的年代，找个"万元户"，找个有钱的老板、会做生意的经理，是男女青年择偶的第一目标。只要对象腰包里有钱，长相、年龄和其他标准统统靠边站。90年代中后期，人们又认为被砸掉的"铁饭碗"是具有魅力的。找一个白领阶层，今天可能有可观的收入，到了明天，有可能被老板炒鱿鱼，赚钱再多，仍是个高级打工仔，缺乏一种稳定的安全感。谁也不长个前后眼，能保证自己不下岗？于是将择偶的目标又投向政府的公务员或留在大学中教书的青年教师。认为这些人的职业是稳定的，不必为饭碗而担心。

## 七、百年婚姻法

1. 国民政府的《民法》。1930年，国民政府公布了《民法》。其中《民法·亲属编》第967、969等条文，把古代以宗法区分亲属的旧观念改为血统亲和姻亲两种亲属，封建礼法观念被破除一些。从第970条规定的计算姻亲等办法看，夫妻的地位在法律上是平等的。《民法·亲属编》的颁布对结束旧的婚姻关系起到不可低估的作用。第972条："婚约由男女当事人自己订定。"这条规定从法律上肯定了男女双方在决定自己的婚姻方面地位是平等的，并排除了他人干涉，对自古以来"父母之命，媒妁之言"的封建婚姻是一个打击；第980条："男未满十八岁，女未满十六岁都不得结婚。"这里，从下限规定了结婚年龄，虽然限制得较低，但对古代流传下来的早婚是有抵制作用的，也从法律上禁止了娃娃亲、童养媳等婚姻陋俗；第985条："有配偶者不得重婚。"这里肯定了一夫一妻制，禁止了纳妾恶习。该法还比较公正地对待离婚问题。《民法》规定，"一方有下列情况之一者（重婚，与人通奸，受他方不堪同居之虐待，妻虐待公婆或公婆虐待妻致不堪为共同生活，恶意遗弃他方，有精神病，生死不明已逾三年或被判处徒刑），另一方可向法院请求离婚"。

但是，《民法》中亦有维护夫权、歧视妇女的情况，在以下6种权利中，将妇女置于次要地位：

（1）姓名权。妻以其本姓冠以夫姓。

（2）居住权。妻以夫之住所为住所。

（3）财产权。妻子应将自己原有财产交丈夫统一管理，丈夫对这部分财产有使用权、收益权和处分权。

（4）继承权。财产由直系血亲继承，直系血亲亲属为第一顺序继承人；妻子不能代位继承；夫死，由其子继承翁姑遗产；守节妇可代理应继承之财产，进行管理，但不是继承人，对财产没有所有权；改嫁妇女更无继承权。

（5）家庭管理权。家设家长，家务由家长管理；子女从父姓；未成年子女，以父亲为法定代理人；子女的特有财产，由父亲管理。

（6）教养子女权。对于未成年子女的权利和义务，名义上由父母共同行使和负担，但父母意见不一时，由父亲决定。还把父母亲等法定代理人的同意作为未成年人订婚、结婚的必要条件，否则婚约即属无效，婚姻也可依有同意权人的请求而撤销。由于法律规定的成年年龄、结婚年龄之间有差距，当时不可能从根本上杜绝早婚，这些条款在一定程度上为家长包办和干涉未成年人婚姻提供了法律依据。

2.《北泉礼仪录》。1943 年 10 月 3 日，国民政府考试院长戴传贤（戴季陶）主持"礼制讨论会"，讨论会在陪都重庆北碚北温泉举行。参加者有内政部、教育部、铨叙部、外交部、礼乐馆、文官处、典礼局等政府部门以及专家名流学者等。会议时间长达半个月，会后刊行了《北泉礼仪录》一书。其中对婚礼规定如下：（1）订婚。凡男女已届法定订婚年龄，同意缔婚时，得择期约定婚约；订婚之约，应附男女双方世系表；男妇订婚，须向父母预告，请求指导；婚约载三代之名氏；古者问名，但问女所出而已，此之不同，盖优先之意寓焉。（2）请期。婚约既订，如一方拟定期结婚时，应以书帖商请对方同意；对方同意时，应具书答复；请期时应附体格检查证书。（3）结婚。婚期既定，应先期柬请证婚人、介绍人、司仪及傧相，并得柬请近亲挚友观礼；结婚礼应从简约，凡不得要之费用，概宜节省；婚姻以敬爱为本，不得议及财物；迎亲之礼从地方习惯者，听。《北泉礼仪录》中的婚礼仪节比较繁琐，共有 25 项之多，规定结婚应有证书。从这些仪节来看，大体上是古代"六礼"同西方文明婚仪的综合。

3.《中华苏维埃婚姻条例》等。1931 年 12 月 1 日，中华苏维埃共和国中央执行委员会颁布了《中华苏维埃婚姻条例》，这是中国共产党建立新民主主义和社会主义婚姻制度的第一个法律性文件。条例分 7 章，共 23 条。1934 年 4 月 8 日，中央执行委员会在此条例的基础上，进行了修订补充，颁布了《中华苏维埃共和国婚姻法》。其主要内容是：（1）男女婚姻自由。"确定男女婚姻，以自由原则，废除一切包办强迫和买卖的婚姻制度，禁止童养媳。"婚姻自由包括了离婚自由："确定离婚自由，男女一方坚决要求离婚的，即可离婚。"（2）实行一夫一妻制，禁止一夫多妻。（3）保护妇女、子女的合法权益。当时在红区内，妇女经济地位尚未完全获得独立，所以在离婚问题上，偏重于保护妇女，考虑妇女的经济、生活等问题。"男女同居时所负的公共债务，由男子负责清偿。"（4）男女平等。（5）保护红军战士的婚姻。

抗日战争时期，各抗日民主政权根据政治、经济、文化教育发展的不同情况，分别颁布了一系列婚姻法令，如 1939 年 4 月的《陕甘宁边区婚姻暂行条例》，1942 年 7 月的《晋察冀边区婚姻条例》，1942 年 4 月的《晋西北婚姻暂行条例》等。以上婚姻条例的基本原则大体与《中华苏维埃共和国婚姻法》相同。解放战争时期，陕甘宁边区第三届参议会第一次大会通过了《陕甘宁边区宪法原则》，规定了"妇女与男子权利平等"的原则。同日通过了《陕甘宁边区婚姻条例》，其内容同抗战时期的规定基本相同，略有增加、润色。比如增加了有关少数民族婚姻的特殊规定。

4.《中华人民共和国婚姻法》。1950 年 4 月 30 日，中央人民政府颁布命令：中央人民政府委员会第七次会议通过的《中华人民共和国婚姻法》，自 1950 年 5 月 1 日起公布实行。自公布之日起，所有以前各解放区颁布的有关婚姻问题的一切暂行条例和法令均予废止。这部《婚姻法》共 8 章 27 条。《婚姻法》的公布，彻底地废除了在中国延续了 2000 年之久的包办强迫、男尊女卑、漠视子女利益的封建主义的婚姻制度。规定禁止重婚、纳妾、禁止童养媳、禁止干涉婚姻、禁止买卖婚姻。确立了男女婚姻自由、一夫一妻、男女平等、保护妇女和子女合法利益的婚姻制度。《婚姻法》对现役军人婚姻给予保护。

1980 年新的《中华人民共和国婚姻法》颁布和实施。新《婚姻法》是在 1950 年婚姻法的实践经验和中国在社会主义制度下婚姻家庭关系方面的新情况、新问题制定的。其根本任务是巩固和发展社会主义婚姻家庭制度，保障公民在婚姻家庭关系方面的合法权益、促进社会主义的精神文明和国家的社会主义现代化建设。前后两部婚姻法相比较，新婚姻法既保留了 1950 年婚姻法的许多行之有效的规定，同时又适应社会条件的变化，加强了对婚姻家庭关系的法律调整。新婚姻法共 5 章 37 条。具体说来，新婚姻法就以下几点作了修改：

（1）在原则方面，增加了保护老人合法权益的内容和计划生育的内容。

（2）将法定婚龄从男 20、女 18 提高到男 22、女 20，并禁止三代以内的旁系血亲结婚。而 1950 年婚姻法规定直系血亲、同胞兄弟姐妹、同父异母和同母异父的兄弟姐妹禁止结婚，五代以内的旁系血亲是否结婚遵从习惯。新婚姻法的修改是从优生优育、提高民族素质方面考虑的。

（3）加强了父母对未成年子女的责任；增添了祖父母、外祖父母和孙子、外孙子女间以及兄弟姐妹之间的经济责任的规定；对于扶养、抚养、赡养、收养继父母、继子女关系等问题，作了明确而具体的规定。

（4）规定经由诉讼程序处理的离婚案件，如双方感悟确已破裂，调解无效，应准予离婚。关于离婚后子女、财产等问题的规定，既反映了中国妇女经济地位的变化，又妥善地保护了双方当事人特别是女方和子女的利益。

（5）增添了有关制裁办法和执行问题的规定。

2001 年 4 月 28 日，九届全国人大常委会第二十一次会议通过关于修改婚姻法的决定，修改内容包括：

（1）禁止有配偶者与他人同居。修改后的婚姻法规定，对重婚的，依法追究刑事责任。受害人可以依照刑事诉讼法的有关规定，向人民法院申诉；公安机关应当依法侦查，人民检察院应当提出公诉。在离婚一章中就明确规定，因重婚或有配偶者与他人同居的，男女一方要求离婚的，调解无效，应准予离婚。修改后的婚姻法还规定，因重婚、有配偶者与他人同居而导致离婚的，无过错方有权请求损害赔偿。

（2）增设无效婚姻和可撤销婚姻。新婚姻法与以前的婚姻法相比，增设了许多新婚姻家庭法律原则和制度，无效婚姻和可撤销婚姻便是其中两个。修改后的婚姻法明确规定：有下列情形之一的，婚姻无效：重婚的；有禁止结婚的亲属关系的；婚前患有医学上认为不应当结婚的疾病，婚后尚未治愈的；未到法定婚龄的。

（3）离婚时夫妻财产分割更明确。新修改的婚姻法规定，夫妻在婚姻关系存续期间所取得的财产如工资、资金，生产、经营的收益，知识产权的收益，除婚姻法另有规定以外的继承或赠予所得的财产等，归夫妻共同所有。同时规定：一方的婚前财产、一方因身体受到伤害获得的医疗费、残疾人生活补助费、遗嘱或赠予合同中确定只归夫或妻一方的财产，一方专用的生活用品，其他应当归一方的财产等，为夫妻一方的财产。离婚时，夫妻的共同财产由双方协议处理；协议不成时，由人民法院根据财产的具体情况，照顾子女和女方权益的原则判决。修改后的婚姻法还对夫妻约定财产作出规定，夫妻可以约定婚姻关系存续期间所得的财产以及婚前财产归各自所有、共同所有或部分各自所有、部分共同所有。约定应当采用书面形式。夫妻对婚姻关系存续期间所得的财产以及婚前财产的约定，对双方具有约束力。此外，修改后的婚姻法还规定，离婚时，一方隐藏、转移、变卖、毁损夫妻共同财产，或伪造债务企图侵占另一方财产的，分割夫妻共同财产时，对隐藏、转移、变卖、毁损夫妻共同财产或伪造债务的一方，可以少分或不分。离婚后，另一方发现有上述行为的，可以向人民法院提起诉讼，请求再次分割夫妻共同财产。

（4）追究家庭暴力犯罪的刑事责任。实施家庭暴力构成犯罪者将被依法追究刑事责任。修改后的婚姻法对实施家庭暴力构成犯罪者做出明确规定：禁止家庭暴力，禁止家庭成员间的虐待和遗弃。实施家庭暴力或虐待家庭成员，受害人有权提出请求，居民委员会、村民委员会以及所在单位应当予以劝阻、调解。对正在实施的家庭暴力，受害人有权提出请求，居民委员会、村民委员会应当予以劝阻；公安机关应当予以制止。实施家庭暴力或虐待家庭成员，受害人提出请求的，公安机关应当依照《治安管理处罚条例》予以行政处罚。对实施家庭暴力构成犯罪的，依法追究刑事责任。受害人可以依照刑事诉讼法的有关规定，向人民法院自诉；公安机关应当依法侦查，人民检察院应当依法提起公诉。实施家庭暴力导致离婚的，无过错方有权请求损害赔偿。

（5）过错赔偿原则写进新婚姻法。确立了离婚的过错赔偿原则，今后有配偶者与他人同居，家庭暴力，虐待、遗弃家庭成员等原因导致离婚的，无过错方有权请求损害赔偿。

## 第三节　中国古代的尊老

尊老敬老是古代世界各民族普遍具有的风尚，除一些游牧部落因为生产方式与生存需要而"贱长贵壮，俗尚气力"①，或"壮者食肥美，老者食其余。贵壮健，贱老弱"② 外，大多数古代民族都具有敬老养老的传统。中国古代的尊老养老历史悠久，并且形成了比较完备的制度，具有中国自己的特点，是中华文明的重要组成部分。

"老"在古代有两重含义，一是指本族的长辈，这是按家族谱系上的行辈划分的，非常明确。另一种是指老年人。从先秦时期起，在社会成员中划分出老年一族，并用各种实际行为表达对他们的优待与尊敬。

从年龄来看，什么时候算是进入老年，其标准从 50 岁到 70 岁很不一致，其原因可能是因为古制是以 50 岁为老的开端，到了春秋战国时期为了增加兵源、赋役而把老龄标准不断提高，甚至提高到 70 岁为老的界限。因为老年人口属于免征赋役的对象，老年界限的划定，直接影响国家税收，所以不同的年龄界限与国家财力的盈虚有关，当然也与朝廷实行仁政的意向有关。

中国古代，还根据老年人的特点每 10 年为一段，取一个雅致的称谓。《礼记·曲礼上》："五十曰艾，服官政；六十曰耆，指使；七十曰老，而传；八十九十曰耄……百年曰期颐。"对此有学者解释道："五十曰艾，发之苍白者，如艾之色也。""耆者，稽久之称，不自用力，唯以指意使令人，故曰指使，《传》谓传家事于子也。""耄，昏志也……老而无知已衰。""人寿以百年为期，故曰期，饮食居处，动作无不待于养，故曰颐。"③ 对老龄称谓记述最详的是《释名》："五十曰艾""六十曰耆""七十曰耄""八十曰耋""九十曰鲐背"，或者叫"黄耇""胡耇""冻梨"。因冻梨皮有斑点，被认为长寿征兆。"鲵齿"，据说鲵鱼的牙齿落而更生，借指老人寿征；"眉寿"，《诗经·小雅·南有嘉鱼》有"乐只君子，遐不眉寿"的记载，金文中也常有"万年眉寿"或"祈绰〔缩〕眉寿"之类铭文，借指男性长寿眉之意。"百年曰期颐。"《说文解字》

---

① 刘安：《淮南子·原道训》。
② 司马迁：《史记》卷 110，中华书局 1959 年版，第 2879 页。
③ 李光坡：《礼记述注》卷 1。

又与《释名》不完全一致，"七十曰老，年八十曰耄，年九十曰鲐"，但《释名》所列艾、耆、耄、鲐、耈、眉寿等均见于先秦典籍，他们都是根据高龄老人的外形变化与特点称谓老人确凿无疑，这本身表明对老人的关怀无微不至，是尊老的反映。除此之外，笼统上用于高年的称呼还有很多，如"二毛""叟""鳏""寡""独""矜"等。

## 一、历代养老制度述略

中国是世界文明古国之一，赡养老人是中华文明的重要组成部分，在中华文明发展史上占有重要地位。每个时代都制定了一定的养老尊老制度，保障老年人的物质和精神生活，使他们能够安度晚年。

《礼记·礼运》描述上古大同社会时，为我们描述了一副美好的社会情景："大道之行也，天下为公。选贤与能，讲信修睦。故人不独亲其亲，不独子其子，使老有所终，壮有所用，幼有所长，鳏寡孤独废疾者，皆有所养。"秦时期有关中国尊老思想和养老制度的记载主要见之于《尚书》《诗经》《左传》《礼记》《孟子》等典籍，中国的尊老礼俗形成于尧舜时期，经夏商时期进一步发展，到西周时期逐步完备，并形成了尊老礼制。《礼记·王制》中说："凡养老，有虞氏以燕礼，夏后氏以飨礼，殷人以食礼，周人修而兼用之。"从尧舜时期起，先秦各代养老还都设有专门地点："有虞氏养国老于上庠，养庶老于下庠；夏后氏养国老于东序，养庶老于西序；殷人养国老于右学，养庶老于左学；周人养国老于东胶，养庶老于虞庠，虞庠在国之西郊。"[1] 周代已经有了一整套比较完备的养老制度，主要内容有：收养外族长辈；国家设置官吏，专门负责尊老尚齿；免除徭役，生活上给以保障；政治上给以优待；礼仪程序中有尊老尚齿的内容；政治体制上体现出对老者的尊重与重用等六个方面。[2]

鸠形首饰"王杖"

"孝悌也者，其为仁之本欤？"[3] 秦汉时期，特别是两汉时期，已经充分认识到养老的重要性，认为它不但是一个个人基本的修养问题，更重要的是它还是国家实行仁政、稳定社会重要手段，因此这一时期的养老制度已由先秦时期的礼制为主转为国家政治制度的一部分，国家已开始制定法律制度来保障老年人的政治、经济等各方面的生活。"以孝治国"是汉代国家政治制度的一大特色。具体做法是：首先，在物质上给予特别关照，

---

① 《礼记·王制》。
② 参见李岩：《周代尊老尚齿礼俗的形成》，《社科纵横》2005 年第 3 期。
③ 《论语·学而》。

文帝元年（公元前 179 年）定制："年八十已上，赐米人月一石，肉二十斤，酒五斗。其九十已上，又赐帛人二匹，絮三斤。赐物及当禀鬻米者，长吏阅视，丞若尉致。"① 元帝、成帝时也有类似的做法。汉代肉类食品虽较前增多，但仍十分昂贵，"一豕之肉，得中年之收"②。其次，从法律上予以照顾。惠帝初即位，诏令："民年七十以上……有罪当刑者，皆完之。"③ 景帝后元三年（公元前 141 年）诏令："年八十以上，……当鞠系者，颂系之。"宣帝于元康四年（公元前 62 年）又令："自今以来，诸年八十，非诬告杀伤人，佗皆勿坐。"④ 成帝又进一步规定："年七十以上，人所尊敬也，非首杀伤人，毋告劾也，毋所坐。"⑤ 东汉对高年老人的刑处仅限于手杀人一条，这是极其宽松的规定。再次，给予特殊的政治地位——赐予王杖。汉代给年老者授予王杖，是尊老、敬老的充分体现。对此，史书中有明确的记载。《汉书·文帝纪》："吴王诈病不朝，赐以几杖"；《汉书·武帝纪》："二年冬，赐淮南王、缁川王几杖，毋朝"；《后汉书·安帝纪》："仲秋养衰老，授几杖行糜粥"。王杖的作用，与政府使用的符节一样，是一种重要的凭证和地位的标志。拥有王杖者，享有一定特殊照顾的权力，进入任何官府衙门，不能阻挡出行，可以走在皇帝专用道上，经商不许征税，有人殴打、欺辱老人，毁坏王杖可判死罪。

王杖诏令册

魏晋南北朝时期战乱不已，一方面是社会动荡，老年人的生活受到很大冲

---

① 班固：《汉书》卷 4，中华书局 1962 年版，第 113 页。
② 桓宽：《盐铁论·散不足》。
③ 班固：《汉书》卷 2，中华书局 1962 年版，第 85 页。
④ 班固：《汉书》卷 8，中华书局 1962 年版，第 258 页。
⑤ 《王杖诏令册》。

击，难有切实的保障；另一方面是政权更替频繁，篡夺之事不断发生，忠孝很难两全。统治阶级为了维护社会秩序的稳定，便大力提倡"以孝治天下"。结果虽然巩固了家族地位，然而国家局势仍然不得安定。养老与敬老之风虽有所表现，但是难以在全社会蔚然成风，更何况其中还夹杂有为猎取功名利禄，矫揉造作的伪饰之举。至于广大劳动人民则处于颠沛流离、饥寒交迫的困境之中，但庶民百姓中仍不乏奉亲敬老之人，这种养老敬老的美德与人间真情更值得称道。

唐朝是中国古代社会的盛世，政治、经济、文化空前繁荣，给尊老养老奠定了雄厚的物质文化基础，因此，唐朝的尊老养老之风非常兴盛。首先，政府大力倡导养老，颁布了一系列敬老、养老的政令规制。高祖武德初年，颁布了"百姓年五十者，皆免课役"①的政令。到高宗时又予以重申，后来还对百姓中的老者，按不同的年龄段，予以免役、赐物和给侍等待遇，体现了政府对天下老人多方面的关怀和照顾。对于致仕的官员更是较前恩宠有加，有的可加官一级，有的还享受朔望朝参的荣誉。如太宗贞观二年诏："内外文武群官，年老致仕，抗表去职者，朝参之班，宜在本品见任之上。"②并且致仕官员的养老俸酬也逐渐给予到其终年。使老年致仕官员政治上享有荣誉，生活上保障供给，做到老有所养，安度晚年。其次，和前几个朝代一样，唐朝也从法律上保障敬老。《唐律》以儒家的纲常伦理为理论基础，规定了许多保障老年人权益的法律条文。如要求子孙克尽赡养老人的义务，维护老年人的生存权利。《斗讼律》云："诸子孙违犯教令及供养有阙者，徒二年"，从法律上保证了老年人不受虐待。

两宋五代十国时期，政治不统一，战争不断，国力一直都比较弱，老人的生活得不到保障，甚至还要去从征。"童髦夺养，老稚服戎，空户从役，或越绋应召。"③但是当朝皇帝和政府几经努力也尽量能够延续前代的养老尊老的优良风尚，主要从生活方面关注保障老年人。宋武帝下令"六十以上，及扶养孤幼，单丁大艰，悉仰遣之。穷独不能存者，给其长赈。府州久勤将吏，依劳铨序。并除今年租税"④。宋文帝也说："其高年、鳏、幼孤、六疾不能自存者，可与郡县优量赈给。博采舆诵，广纳嘉谋，务尽衔命之旨，俾若朕亲览焉。"⑤孝武帝在《加恩历阳郡诏》中强调："鳏寡、孤老、六疾不能自存者，厚赐粟帛。高年加以羊酒。凡一介之善，随才铨贯；前国名臣及府州佐吏，量所沾锡。人

① 王溥：《唐会要》卷85。
② 王溥：《唐会要》卷67。
③ 沈约：《宋书》卷2，中华书局1974年版，第35页。
④ 沈约：《宋书》卷2，中华书局1974年版，第35页。
⑤ 沈约：《宋书》卷5，中华书局1974年版，第75页。

身已往，施及子孙。"① 更为难能可贵的是，宋朝医学家陈直根据老年人的特点，特撰《养老奉亲书》一书，从医学角度保证老年人安度晚年。可以说对老年的关照进入更加细致入微的阶段，体现了整个社会的文明向前又发展了一步。

百岁坊

元朝为游牧民族所建立，不熟悉儒家文化，基本以高压和民族歧视政策为主，直到正十二年（1352 年），最后一位皇帝元顺帝实行"恳旌优名"的新花样，凡家有 80 岁以上老人都要为其家悬族，俗称"树旗杆"。对于"高年耆德"者还要免除一切杂役。蒙古统治者终于认识到中华尊老传统的文化潜能，但这时离元代的覆灭只有十几年。这是《元史》中关于尊老的唯一记载。树旗杆也许可以视为清代为老人建百岁牌坊的先声。

明代是我国尊老养老风尚的又一个高峰，明太祖朱元璋夺取政权后，仿照汉制，并从政治上加强对老年人的尊敬，采取的措施有：（1）恢复乡饮酒礼。国家规定，每年正月十五和十月初一举行两次并把仪礼的过程绘成连环画，下发参照。此外，乡饮酒礼时，还把犯过错误的人招来听"律令"，为他们单独划定位置，不许杂于善良之中。（2）老人在家庭减免赋税、杂役方面享受优厚的待遇。规定 70 岁以上的老人可以留一个孩子在身边，免除各种杂役；80 岁以上每月供米五升，肉五斤，酒三斗；90 岁以上再外加帛一匹。（3）设置类似于汉代三老五更的"里老"。由汉代的每乡一人发展到每乡五人，明确赋予里老有治理社会、调解民事纠纷的权利，规定乡里的重大事件都由里老会同乡官处理。因此，明代成为继周代和汉代之后敬老的第三个高峰期。

清代处于中国封建时代的晚期，但却建成一个强盛的朝代。从尊老来看也再度形成高潮，乾隆时期更达到中国尊老史的顶峰。其标志是空前绝后的"人瑞坊"和"千叟宴"。清朝在养老方面的政策、措施最为周详。主要有以下几点：（1）物质方面的保障有免除老人及其家庭成员差役负担和对老人子以物质补助。顺治元年清政府已作规定："军民年七十以上者，许一丁侍养，免其杂派差役；八十以上者给与绢一匹、帛一斤、米一石、肉十斤；九十以上者倍之。有德行著闻，为乡里所敬服者，给冠带荣身。"② 至康熙十七年，为使家庭能充分照顾老人生活，清政府又诏：军民 70 岁以上者，许一丁侍养，免其杂派差役，把免除差役的范围扩大到老人的家庭成员。顺治元年规定，军民 80 岁以上

---

① 沈约：《宋书》卷 6，中华书局 1974 年版，第 131 页。
② 《世祖章皇帝实录》卷 9，中华书局 1985 年影印，第 95 页。

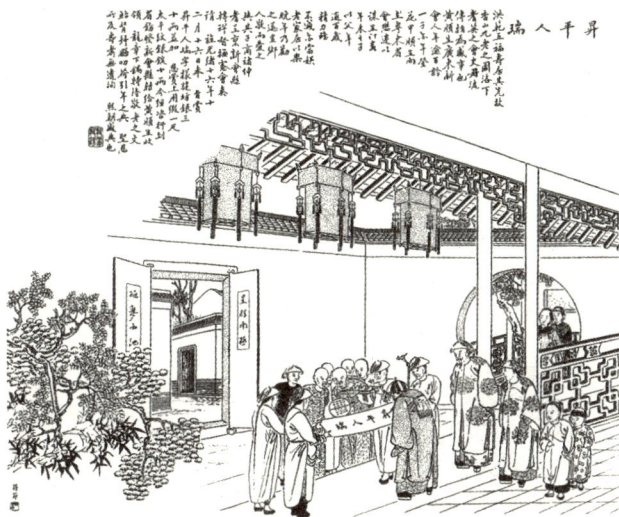
升平人瑞（出自《点石斋画报》）

者，政府赏给绢 1 匹，棉花 10 斤，米 1 石，肉 10 斤；90 岁以上，加倍给予。雍正四年，又遍赏全国 70 岁以上老人钱物，共费银 89 万余两、米 16.5 万余石。每逢朝廷庆典时，清政府也通常会对老人有所赏赐，如康熙 60 大寿时，即凡兵民男妇自 65 岁以上者，赐缎匹衣服及银两有差。（2）精神上除前文所讲的"人瑞坊"和"千叟宴"外，还有存问高寿老人等，清朝要求地方官应不时"存问" 90 岁以上的老人。另外，清朝像以往朝代一样也在法律方面给老年以优待。清代法律对老人犯罪作了特别的规定：如年过 70 岁以上者，犯流罪以下，罪行并不严重者，可以钱赎罪；80 岁以上老人犯罪，罪行严重须判死刑者，应由皇帝亲自裁决；90 岁以上者，则"虽有死罪不加刑"。在其他方面，老人也享有特殊待遇。如在科举考试中，清政府对坚持参加考试的老年应试者往往格外开恩。①

## 二、中国古代养老制度的特点

以上所述，只是历代养老政策之大端。可也集中地反映了中国古代为解决老有所养、老有所终所做的谋划。把它放在中国优老发展史上去考察，可以看出古代优老政策具有以下特点：

1. 倡导孝道。子孙对老人要尽孝，国家和社会要提倡和为尊老养老创造条件，努力做到使"老有所养、老有所终"，尊老养老成为中华伦理型文化的重要内容，不孝为社会及其舆论所不容，汉代起形成风尚，朝廷在孝子中选拔基

---

① 参见王彦章：《清代尊老优老礼制述论》，《历史档案》2006 年第 4 期。

层官吏（如汉代举孝廉），形成孝子门前求忠臣，提倡忠孝两全，社会上形成了尊老敬老、崇老爱老的风尚。

2. 以饮食为依托。文献明确记载，最早的尊老礼仪就是"有虞氏以燕（宴）礼"，这是"养老"之礼与宴席的共同起源。在生产力不发达的古代社会，我认为饮食养老不仅仅是解决老人的衣食问题，更是从礼仪形式上来尊敬老年人并教育青年，这种礼仪形式，政府是以正统的乡饮酒礼进行的，居家则以坐序等形式表现。

3. 立法完备，尊养结合。历代的优老政策，包括尊老、养老两个方面。尊老采取选用老人为官、优礼高年大臣、选拔老人作里老、召见老人、遣使慰问、赐给爵位、给予王杖冠带、乡饮宾席、旌表建坊、老人宽刑等 10 项措施，从法律上肯定了老年人的社会地位。养老从物质供给及生活侍养两个方面对老人赡养做出明确而又具体的规定，运用国家系统的权力机构对群众进行宣传、教育，责成官民切实遵照执行；同时注重落实，对于违犯国家优老政策的子孙婿侄，分别情况，予以处置。

4. 官民有别，重男轻女。中国古代历来就是一个等级社会。每个人都隶属于一定的等级。良贱有别，官民有别，等级森严，不得逾越。政府依据年龄把老年人划为 60 至 69、70 至 79、80 至 89、90 至 99 及 100 岁以上等五个年龄段。在同一年龄段的老人中，官民有别，官吏比百姓的待遇更为优厚。同时尊老的主要政策，诸如选拔老人为官、召见老人、赐给爵位、给予冠带、乡饮酒礼等，只是适用于男性，将女性排斥在外。嘉靖《尉氏县志》有谓："妇人寿满百岁，不预恩例。"以上是说国家的政策，其实，即使是在家庭内部，从表面上看，老年男女都受到了尊敬，但在本质上，人们对老年妇女的尊敬大多是在孝的光环下，子女对母亲亲情的奉养所尽的孝道。实质上，在以父系为基础的血缘体制下，尊老是以男性为主，妇女只是处于从属地位。作为儒学思想核心的《周易》，在阐述其理论体系的《系辞上》中第一句话就说："天尊地卑，乾坤定矣。"男尊女卑，历来被视为天经地义。其实这一思想贯穿于整个中国古代历史的各项制度中，在尊老政策中当然也有所反映。

## 三、中国古代尊老的原因

尊老风尚的出现，应当来讲是人之常情，老人毕竟为家庭和社会操劳一生，做出了巨大贡献，应该得到家庭和社会的回报。对于中国来讲，更深层次的原因可以归纳为以下几点：

1. 宗法农业社会使然。中国一直以来就是一个农业社会，古代社会文化知识主要是靠代代口耳相传。在一个以农业为主要生产部门的社会里，生产周期长，技术性强，一般要到一定年纪才能掌握相当的知识和技术。老年人在长期的社会实践中掌握了知识，摸清了规律，如孔子认为自己"五十而知天命，六十而耳顺，七十而从心所欲不逾矩"①。故而，"樊迟请学稼，子曰：'吾不如老农'，请学为圃，曰：'吾不如老圃'。"② 从这里我们可以看出，孔子是敬重老农的，不能笼统地说孔子鄙视劳动，鄙视小人和农业。

2. 儒家伦理仁政思想的影响。中国古代在早期儒家思想中，养老是重要内容之一。主要有二：一是家庭养老。"仁"是孔孟伦理道德的核心，而"孝悌"是"仁"的根本："孝悌也者，其为仁之本与！""尧舜之道，孝悌而已矣。"③ 儒家认为，统治者要治国平天下，就必须推行孝道。孝悌是家庭道德规范，它是家庭养老孝亲的关键。二是社会养老。《礼记·王制》："有虞氏养国老于上庠，养庶老于下庠；夏后氏养国老于东序，养庶老于西序；殷人养国老于右学，养庶老于左学；周人养国老于东胶，养庶老于虞庠，虞庠在国之西郊。""凡养老，有虞氏以燕礼，夏后氏以飨礼，殷人以食礼，周人修而兼用之。"这些追述所用的概念虽然未必准确，但其反映的养老史事，当有所本。《礼记·王制》还载："周人养国老于东郊，养庶老于虞庠，虞庠在国之西郊。""五十养于乡，六十养于国，七十养于学，达于诸侯。""八十，月告存。九十，日有秩。"《礼记》记录的古人敬老、养老之礼仪，皆体现了儒家对养老问题的重视。汉代大儒董仲舒还把"孝"绝对化，甚至神化："夫孝者，天之经也。"④ 儒家的《孝经》一书，更是专门教育人们要尊老养老的典籍。

3. 统治阶级的大力提倡。历代统治者都已经认识到"得人心者得天下"的道理，而尊老便是"得人心"的一条重要措施，进而可以国泰民安。在统治阶级那里，尊老明显地带有政治色彩，《礼记·乡饮酒义》直言不讳地道破了其中的奥秘："民知尊长养老，而后乃能入孝弟，民入孝弟，出尊长养老，而后成教，成教而后国可安也。"从周代开始，养老的内涵在维系宗教形态的祭祀敬神同时，开始从功利性的祈福消灾向人事社会的养育事亲转化。《礼记·王制》："养耆老以致孝"；《国语·越语》："事父以孝"；《论语·为政》："今之孝者，是谓能养"等。因此，从汉代开始，几乎历代统治阶级都提出"以孝治天下"的口号，拿出很多措施推行养老，并且还常常带头尊老，使全民仿效，"所谓平天下在其治国者，上老老而民兴孝，上长长而民兴弟，上恤孤而民不倍，是以君子有絜矩之道也，言此三者，上行下效，捷于影响，所谓家齐而国治也。"⑤ 而对于致仕官员的尊重，也有其特别的原因，发挥士族官员退休后的咨询作用，是敬老崇老精神的具体体现。这既是安置元老重臣的一种有远见的措施，又能

① 《论语·为政》。
② 《论语·子路》。
③ 《孟子·告子下》。
④ 董仲舒：《春秋繁露·五行对》。
⑤ 《礼记·大学》。

在一定程度上吸收其治国经验，保证国家政策的正确性、连续性。孔子说："吾十有五而志于学，三十而立，四十而不惑，五十而知天命，六十而耳顺，七十而从心所欲不逾矩。"① 因此，人们常以"而立""不惑""知天命"等标志人的各个年龄阶段，这与古代礼制所划分的年龄段基本上是吻合的。

## 第四节　慎终追远之丧葬

《荀子·礼论》："生，人之始；死，人之终。"《论语·为政》又载："子曰：'生，事之以礼；死，葬之以礼，祭之以礼。'"死亡是人生旅途的终结，因此人生礼仪的最后一个环节是丧葬礼俗。中国的传统丧葬礼仪非常讲究寿终正寝。古人认为人死在别处是不吉利的，必须死在正室（也叫"正寝"），这样才与横死、客死他乡及夭折等有所区别，这样才叫作"善终"，也叫作"寿终正寝"。

### 一、初终、小殓、大殓、送葬

将死之际，家属守在身旁，"属纩以俟绝气"，也就是死者鼻孔前放置少许新绵丝试气，绵丝不动才确定已经断气。因此，后来也将"属纩之际"作为临危的代名词。古人相信灵魂不死，特别是刚刚死的人，只要招呼他（她），仍然能复生，由此产生了招魂仪式。断气后，家人拿着死者的衣服，拉长声音高呼死者的名氏，呼唤死者回来，被称为"复"，俗称"招魂"，表示为挽救死者做最后的努力。复之后再验纩，如果仍然不动，才最终确定真的死亡，于是开始哭丧。一般男主人呜咽而啼，兄弟放声大哭，妇女捶胸顿足，即所谓"主人啼，兄弟哭，妇人哭踊"②。

在死者弥留之际，亲属必须给他（她）穿戴好内外新衣（寿衣）。否则，就是"光着身子走"。沐浴更衣仪式结束后，还要举行饭含仪式。饭含是指在死者的口中放入珠、玉、米、贝等物。这是为了不让死者张着嘴、饿着肚子到阴间成为"饿死鬼"。死者断气后，用殓巾盖住尸体。之后在尸体的东侧（后来改在南侧）设置酒食，明清时称为"倒头饭"，供死者饮用。这时死者家属脱掉华丽的衣饰，换穿淡素的衣服，开始居丧。而且要在堂前竖立书写死者名氏的"铭旌"，以让外人知道死者为谁。在堂前也要放置一块木牌，暂时代替神主，象征死者的亡灵。晚上时在堂上点燃蜡烛，便于亡灵享用供品。以上都属于初终的礼仪，必须在一天之内完成。

---

① 《论语·为政》。
② 《礼记·丧大记》。

死亡当天，家属派人向死者上级、亲友报丧称作"讣告"。讣告原作"赴告"，含有奔赴相告之意。亲属接到丧讯，应该立即返家奔丧。亲属之外的朋友、同事、门生等接到讣告，也要前往吊丧，并慰问死者家属，死者家属要哭尸于室，对前来吊唁的人跪拜答谢并迎送如礼。而且要布置灵堂。灵前安放一张桌子，悬挂白桌衣，桌上摆着供品、香炉、蜡台和长明灯等。在收殓之前，这盏长明灯不管白天晚上都要有人看守，不能让它熄灭。据说，这盏灯就是死者的灵魂。尸体和灵柩都忌讳停放在光天化日之下。据说，怕受所谓"日晶月华"，更怕冲犯上天过往的神灵。因此只要是举行简单的祭奠仪式，就必须要搭灵棚。

吊唁举行完毕之后，就要对死者进行入殓仪式。入殓有"大敛"和"小敛"之分。在民间的习俗里，入殓的衣服和被子忌讳用缎子，因为"缎子"谐音"断子"，惟恐因为这个原因遭到断子绝孙的恶报。人们的做法一般用绸子，"绸子"谐音是"稠子"，可以福佑后代多子多孙。殓衣又忌讳用皮毛制作。兽皮，虽然是难得的贵物，但是对于已经死去的人没有益处，留下来对生者倒还可以有用。还有一种说法是，用兽皮做被子的话，死者来世会转生为兽类的。另外一种说法是从"全尸"考虑的，说是恐怕人尸与兽革混杂一处而不能辨别。殓衣还不能用带"洋"字的布料，殓衣是给去世的人穿的，带洋字的布料会使殓衣带有"阳"的意思，对于在阴间的死者不好。小殓是指为死者穿上入棺的寿衣，一般在第二天进行。第三天要进行大殓，即入棺仪式，就是主人主妇在执事人的帮助下，奉尸入棺。死者在板、在床称为"尸"，"尸已要棺曰柩。"古代称殓而未葬曰"殡"。大殓的次日，"五服之人，各服其服"[1]，死者家属穿上不同的孝服，称为"成服"。死者亲属每天在日出和日落之前举行两次哭奠。之后就要选择安葬的日子进行送葬。尸体收敛之后就要把灵柩送到埋葬的地方下葬，叫作出丧，又叫"出殡"，俗称为"送葬"。停尸祭祀活动后就可以出丧安葬。

## 二、虞祭、斋七、百日、周年、忌日

亡者骨肉归于土，古人认为灵魂不死，彷徨游荡，所以要三次祭祀才能使之安。死者下葬之后，丧主以灵车载重而归，升堂而哭，称作"反哭"。反哭后进行三次祭祀，称为"虞祭"。虞祭在下葬当天中午进行。虞祭结束为"卒哭"，意即停止哭泣。佛教传入中国之后，认为人死后在死此生彼之间，要寻求生缘，以七日为一期，七日不得生缘，再续七日，因此产生了做七的习俗。每隔七天做一次佛事，请僧人设斋祭奠。

---

① 朱熹：《家礼·丧礼》。

第100天为"百日",也要隆重祭奠。死者满周年,要进行小祥之祭;满二周年要进行大祥之祭。以后每逢死者周年称"忌日",也要像守制一样祭祀。

守制即守孝,指孝子或承重孙谢绝人事、官职,在家遵守居丧制度。旧时遭父母丧守制也称"丁忧",做官者要辞官守制。有时朝廷急需留任,或者守制期限未满而令其出仕,素服办公,不参加吉礼,称作"夺情"。

## 三、五服制度

在所有的这些丧葬习俗中,丧家必须穿戴丧服。在丧礼中,晚辈给长辈穿孝服主要是为了表示孝意和哀悼。2000多年以来,汉族的孝服虽然有传承和变异,但仍然保持了原有的定制。根据《仪礼·丧服》的记载,丧服分为斩衰、齐衰、大功、小功、缌麻五等,统称"五服"。斩衰是五服中最重的一种,用最粗的生麻布制作,麻布不缝边,斩断处外露,表示悲痛已极不加修饰,所以叫斩衰。诸侯为天子、臣为君、子为父、父为长子都服斩衰。妻妾为夫、未嫁女为父服斩衰时,还要去掉头发上的笄,用麻布条束发,称为髽衰。如果死者的嫡长子已死,则由嫡长孙或嫡长曾孙为丧主,称为承重孙或承重曾孙,也服

| | | | | | | | | | |
|---|---|---|---|---|---|---|---|---|---|
| | | | | 高祖 高祖母 齐衰三月 | | | | | |
| | | | 族曾祖姑 出嫁缌麻 出嫁出服 | 曾祖 曾祖母 齐衰五月 | | 族曾祖父母 缌麻 | | | |
| | | 族祖姑 在室缌麻 出嫁无服 | 从祖祖姑 在家小功 出嫁缌麻 | 祖父 祖母 齐衰不杖期 | | 伯叔祖父母 小功 | 族伯叔祖父母 缌麻 | | |
| | 族姑 在室缌麻 出嫁无服 | 堂姑 在室小功 出嫁缌麻 | 姑 在室期年 出嫁大功 | 父 母 斩衰三年 | | 伴叔父母 期年 | 堂伯叔父母 小功 | 族伯叔父母 缌麻 | |
| 族姊妹 在室缌麻 出嫁无服 | 再从姊妹 在室小功 出嫁缌麻 | 堂姊妹 在家大功 出嫁小功 | 姊妹 在室期年 出嫁大功 | 己身 | | 兄弟期年 兄弟妇小功 | 堂兄弟小功 堂兄弟妇缌麻 | 再从兄小功 再从兄妇缌麻 | 族兄弟缌麻 族兄弟妇无服 |
| | 再从侄女 在室小功 出嫁无服 | 堂侄女 在室小功 出嫁大功 | 侄女 在室期年 出嫁大功 | 众子期年 众子妇大功 | 长子期年 长子妇期年 | 侄期年 侄妇大功 | 堂侄小功 堂侄妇缌麻 | 再从侄缌麻 再从侄妇无服 | |
| | | 堂侄孙女 在室缌麻 出嫁无服 | 侄孙女 在室小功 出嫁缌麻 | 众孙大功 众孙妇缌麻 | 嫡孙期年 嫡孙妇小功 | 侄孙小功 侄孙妇缌麻 | 曾侄孙缌麻 堂侄孙妇无服 | | |
| | | | 侄曾孙女 在室缌麻 出嫁无服 | 曾孙妇 无服 | 曾孙 缌麻 | 曾侄孙缌麻 曾侄孙妇无服 | | | |
| | | | | 玄孙妇 无服 | 玄孙 缌麻 | | | | |

同宗九族五服正服图

斩衰。斩衰的服期号称三年,实际上是27个月。齐衰是仅次于斩衰的丧服,也用粗麻布制作,但衣边要缝齐,所以叫齐衰。齐衰又按居丧期分类四等。第一等齐衰三年,是父卒为母、母为长子的丧服。第二等是齐衰杖期,期是一周年,杖指执杖,这是父在为母、夫为妻的丧服。第三等是齐衰不杖期,服期也是一

年，但不执杖，这是男子为伯叔父母、兄弟、长子以外的其他儿子，女子为娘家父母、媳妇为公婆、孙子孙女为祖父母的丧服。第四等是齐衰三月，是为曾祖父母、高祖父母的丧服。大功又次于齐衰，用熟麻布制作，因为这种布经过加工，所以称为"功"。服期九个月。男子为出嫁的姐妹和姑母、堂兄弟和未出嫁的堂姐妹，女子为丈夫的祖父母、伯叔父母、娘家兄弟、公婆为嫡子之妻，都服大功。小功又次于大功，也用熟麻布制作，但做工更加精细。服期五个月。男子为伯叔祖父母、堂伯叔父母、堂姐妹、外祖父母，女子为丈夫的姑母和姊妹、为兄弟媳妇，都服小功。缌麻是五服中最轻的一种，用精细的熟麻布制作。叫它缌麻，因为它缕细如丝。服期三个月。男子为族曾祖父母、族祖父母、族伯叔父母、族兄弟、为外孙、外甥、女婿、岳父母、舅父等都服缌麻。

# 附录一　"七出"与"三不去"

"七出"与"三不去"即中国封建时期休弃妻子的七种理由和不准休妻的三种规定。

七出，又称"七去""七弃"，即在中国、礼制和习俗中，规定夫妻离婚时所要具备的七种条件，当妻子符合其中一种条件时，丈夫及其家族便可以要求休妻（即离婚）。整体来看，七出和七去的内容大多是以夫家整体家庭家族的利益为考量，凡是因为妻子的行为或身体状况，不能符合这个考量，夫家或丈夫就可以提出离婚。因此可说是对于妻子的一种压迫。但另一方面在男性处于优势地位的古代社会中，也使女性最低限度地免于任意被夫家抛弃的命运。

七出一词要到唐代以后才正式出现，但其内容则完全源于汉代记载于《大戴礼》的"七去"，又称作"七弃"。《大戴礼记·本命》说："妇有七去：不顺父母去，无子去，淫去，妒去，有恶疾去，多言去，窃盗去。"《仪礼·丧服》说："七出者，无子，一也；淫佚，二也；不事舅姑，三也；口舌，四也；盗窃，五也；妒忌，六也；恶疾，七也。"丈夫可以用其中任何一条为借口，解除婚姻关系。反之，妻子则毫无离婚的自由与权利，只能从一而终。

在封建夫权时代，丈夫欲休妻子，无须征得女方同意，只需写一纸"休书"即可将妻子驱于门外。为了言之有据，历代统治者为休妻制定了必备的七条理由，妻子只要符合其中任一条，便可被丈夫休弃。

此外，在传统中国，为防止妻儿无着致成社会累赘，封建法规又定了不准休妻的"三不出"，用以保障妻子不被轻易休弃，《孔子家语》："三不出者，谓有所娶无所归；与共更三年之丧；先贫贱而后富贵。"即妻子曾经帮舅姑服丧、娶妻时贫穷现在富有及妻子的父母家族散亡，被休后可能无家可归。

# 附录二　近代以来婚爱流行语

**晚清：**女权、男女平等、婚姻自由、纳妾、圆房、童养媳、父母之命，媒妁之言、贞节牌坊、望门寡、八字、庚辰、择吉、迎喜神、拜堂

**民国：**文明婚礼、集团结婚、婚纱照、自主婚姻、爱情至上、女界、女德、三从四德、妇女解放、男女授受不亲、节妇烈女、贤妻良母、逃婚

**20世纪50年代：**夫妻识字、包办婚姻、彩礼、新事新办、媒婆、爱人同志、搞对象、重婚、婚姻法、婚姻自由、先结婚后恋爱

**20世纪60年代：**移风易俗、早婚、晚婚、革命战友、共同进步、生活作风、拍婆子、泡马子

**20世纪70年代：**破鞋、野汉子、"一帮一，一对红"、三转一响、四十八条腿、双眼皮、酒窝、高价姑娘、晚婚晚育、偷情、"亲不亲，线上分"、家庭妇男、轧马路、秦香莲、陈世美

**20世纪80年代：**集体婚礼、红娘、婚姻介绍所、征婚广告、婚外恋、贤内助、骗婚、婚前性关系、未婚先孕、人工大流产、道德法庭、第三者插足、妻管严、大操大办、计划生育、人工授精、结扎、上环、泡妞、钓鱼、嗅蜜、大男大女、涉外婚姻、阴盛阳衰、性感、性解放、做爱

**20世纪90年代：**三陪、小姐、试婚、同居、妻妾成群、丰乳肥臀、离了吗？单身贵族、网络爱情、电脑征婚、旅行结婚、热线、非常男女、非常爱情、离婚餐厅、红色恋人、包二奶、瓷器、傍家、傍大款

# 附录三　结婚周年说法

一周年——纸婚

二周年——棉婚

三周年——羊皮婚

四周年——花果婚

五周年——木婚

六周年——铁婚

七周年——铜婚

八周年——古铜婚

九周年——陶瓷婚

十周年——锡婚

十一周年——钢婚

十二周年——麻婚

十三周年——花边婚

十四周年——象牙婚

十五周年——水晶婚

二十周年——瓷婚

二十五周年——银婚

三十周年——珍珠婚

三十五周年——珊瑚婚

四十周年——红宝石婚

四十五周年——蓝婚

五十周年——金婚

五十五周年——绿婚

六十周年——钻石婚

七十周年——白金婚

**复习思考题：**

1. 中国古代的寿称。

2. 中国古代婚姻形态的演变。

3. 何谓"六礼古习"？

4. 什么是集团结婚？

5. 中国古代尊老的原因与特点。

6. 什么是"五服制度"？

**视频教学指南：**

《百年中国·婚姻（婚姻宣言）》《百年中国·婚姻（两地书)》《百年中国·婚姻（刑场上的婚礼)》《百年中国·婚姻（妃子离婚)》《百年中国·婚姻（出走的"娜拉")》《百年中国·婚姻（刘巧儿)》《百年中国·婚姻（相聚千年)》《婚礼进行曲》（门德尔松)《东方红》《大海航行靠舵手》等。

第八章
# 风　水　学 ◀

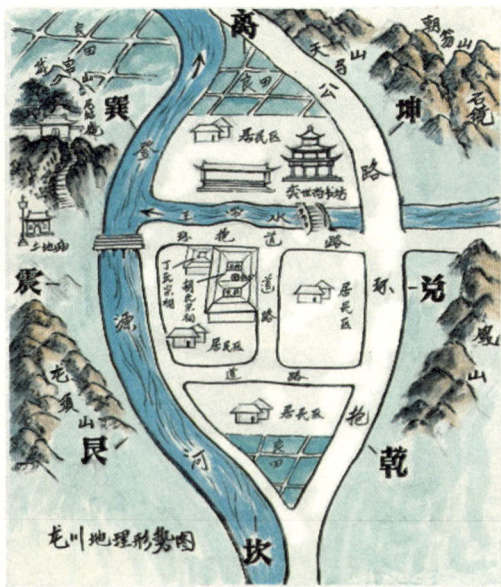

安徽绩溪龙川风水

俗话说"生在扬州、长在苏州、玩在杭州、食在广州、死在柳州、葬在徽州"。龙川为胡姓聚族而居的古村落，是先人根据风水理论选择的结果。龙川村依山傍水，水绕村东流，汇入登源河。村东龙须山耸立，村西凤山对峙，北有登源河蜿蜒而至，南有天马山奔腾而止，整个村貌成船形，颇具龙舟出海之势，堪称风水宝地。

在中国传统社会，风水观念十分浓厚，村落住宅、皇宫大殿、寺观庙宇、墓地陵寝，无不附会着风水的传说，从选择基址、格定方位、营造时间等，都在风水理论指导下进行。在古代人的思想中，风水有一种超人的神秘力量，冥冥之中主宰着人们的吉凶祸福、富贵贫贱、子孙繁衍、家族兴衰等。风水中的迷信成分自不必说，这也是我们必须坚决反对的。说到底，风水是处理人与环境之间关系的学问，尤其体现在中国传统建筑中。

## 第一节　风水的由来与内涵

### 一、"风水"的由来

对于风水由来的解释有两种：

第一种是从风水书上寻找根据。认为风水源于"葬者，乘生气也。气乘风则散，界水则止。古人聚之使不散，行之使有止，故谓之风水"。[①] 根据风水理论的解释逻辑，阴阳二气是天地万物之源。无形之"气"在天成象即为日月星辰，在地成形即为山川河流，天上的飞禽、地上的走兽、流动的河水、生长的植物以及活动的人都是由"气"带动的。"气"旺则生命力强，"气"衰则生命力弱。人只有求得"气"才有生气，人有生气才会逢凶化吉、兴盛繁荣，子孙才会繁衍，家族才会兴旺。"气"到何处去求呢？风水理论解释说，"气"可以通过"形"来求得。山脉、河流被称为有灵性的"龙脉"，考察其"来龙去脉"，便可以点到"真穴"。"穴"是能秉受"真气"的地方，即所谓"风水宝地"。由于"气随风则散，界水则止"，因此地之吉凶的关键是看"形"（山脉河流）是否可以"藏风"，是否可以"得水"。若能"藏风""得水"，便可以"聚气"，为"真穴"所在，是大吉大利之地，反之则为凶地。"风水"二字由此而来。

第二种是从影响古代人择居建房的环境条件来寻找依据。人们为什么把建房同"风""水"二字联系起来？古代人抵御自然灾害的能力很弱，并且住房简陋，多以生土、竹木为建筑材料。2800 多年以前，甚至王公贵族的宫殿，也不过是草棚而已。狂风与洪水是威胁人们生命财产最常见的两种自然灾害。如何躲避狂风吹袭和洪水淹没是择居时必须考虑的因素。人们在同大自然长期打交道过程中，逐渐摸索和总结出利用地形来避风，同时接近充足水源而又能有效躲避洪水威胁的择居经验。显然，人们择居时对自然界中风与水的考察，便使建房与"风""水"二字联系起来了。

在两种解释中，第二种解释说明了"风水"二字来源的真正历史原因，而风水书上的"风水"不过是试图说明自然界中的风与水对居住环境的影响。风水理论并没有用科学的理论解释这种影响关系，而是以阴阳、五行、八卦作为理论基础，因而使中国古代的择居理论——风水说带上了神秘色彩。

---

① 郭璞：《葬书·内篇》。

## 二、什么是风水

《辞海》："风水，也叫堪舆。旧中国的一种迷信。认为住宅基地或坟地周围的风向水流等形势，能招致住者或葬者一家的祸福。也指相宅、相墓之法。"

《辞源》："风水，指宅地或坟地的地势、方向等。旧时迷信据以附会人事吉凶祸福。"

《〈风水探源〉序》："风水的核心内容是人们对居住环境进行选择和处理的一种学问，其范围包含住宅、宫室、寺观、陵墓、村落、城市诸方面，其中涉及陵墓的称为阴宅，涉及其他方面的称为阳宅。风水施加于居住环境的影响主要表现在三个方面：第一，是对基址的选择，即追求一种能在生理上和心理上都能满足的地形条件；第二，是对居处的布置形态的处理，包括自然环境的利用与改造，房屋的朝向、位置、高低大小、出入口、道路、供水、排水等因素的安排；第三，是在上述基础上添加某种符号，以满足人们避凶就吉的心理需求。"

《住宅风水勘吉凶》："在中国古老学识当中有一门叫作'堪舆'，通常被我们称为'风水'，其实，这门所谓'风水'，如果用现代化的字眼来叫，应该叫作'地球磁场与人类关系学'。以内容来说，风水这一学问可以分成两大部分，一部分是讲究峦头形势，另一部分是讲究方位理气。"

《文史知识》1988年第3期："所谓风水，是相地术的一个俗称。按照中国的传统习俗，大凡兴工动土，都要察看地形环境，看它是否得风得水，然后择宜土，避凶地。中国风水建立在以下三个前提的基础上：（1）某个地点比其他地点更有利于建造宅第或坟墓；（2）吉祥地点只能按照风水的原则通过对这个地点的考察而获得；（3）一旦获得和占有了这个地点，生活在这个地点的人或埋葬在这个地点的祖先和子孙后代，都会受到这个地点的吉祥影响。"

综上所述，风水是从古代沿袭至今的一种文化现象，一种择吉避凶的术数，一种广泛流传的民俗，一种有关环境与人的学问，一种理论与实践的综合体。风水有阳宅和阴宅之分，阳宅是活人的居住活动场所，包括普通住宅、宫室、寺观、村落等，阴宅则指葬死人的陵墓。根据地形、河流、方位、时辰，替他人判断阴宅阳宅的吉凶祸福的人就被称为"风水先生""风水师""阴阳先生""堪舆家"等，判断阴宅阳宅吉凶的理论就是风水说，或称"风水术""堪舆术"。严格地讲，风水与风水术是有区别的。风水是一种客观存在，风水术是主观对客观的活动；风水的本体是自然界，风水术的本体是人。风水的核心是"生气"，它的概念十分繁杂，涉及龙脉、明堂、穴位、河流、方向等。它有许多禁忌，对时间、方位、地点都有讲究。风水理论有形势（形法）派和理气（理法）派之分，形法主要根据地形的自然形态观察"气"之吉凶顺逆，从而推导吉凶祸福，选出佳地，其理论要点是所谓的"地理五诀"，此派主要承袭江西派；理法注重罗盘的使用，理论基础是八卦、十二支、天星、五行学说，所使用的绝大多数术语完全脱离了具体含义，因而艰涩难懂，是风水中最迷信的部分，此派主要承袭福建派。

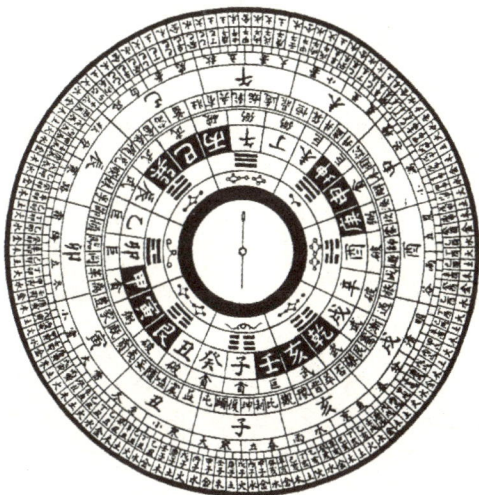

风水罗盘

## 三、风水的同义语

历史上，地理、阴阳、卜宅、相宅、图宅、形法、青囊、青乌、青鸟、堪舆等，曾是风水的同义语。

地理即关于地的道理和内在规律，最早见于《周易·系辞上》："仰以观于天文，俯以察于地理。"古人认为，地理环境、山川形势与人的吉凶祸福有内在联系，这是"地理"的含义。《册府元龟》中把凡风水验而有证的史事，归为一类，称为"明地理"。因此，古代的地理往往专指风水事宜。大概因为建屋和墓葬都立于地上，与地具有更亲密的关系，对山川地形的踏勘也占据风水的一大部分，因此地形家、地理家、地师等亦成为风水先生的代名词。

阴阳最早见于《诗经·大雅·公刘》："既溥既长，既景乃冈，相其流泉，观其阴阳，其军三单，度其隰原。"周初居住在豳地时，开垦了广阔的土地，并根据日影的方向认准西方，然后登上山冈，观察向阳背阴、寒暖不同的地区，又勘测水源灌溉之利，测量高地与洼地，目的在于勘察辨别宜于垦殖的田地。因此，后世俗称风水师为"阴阳先生"。

卜宅最早见于《尚书·召诰》："太保（指姬奭）朝至于洛，卜宅。厥既得卜，则经营。"说的是周克商后于洛河之阳选址营建洛邑之事。《周礼·大司徒》中也说："相，占视也，以相民宅，而知其利害。"说明当时在建筑都城、住宅之前，都要先勘察地形水文，以选择条件优越的基址，趋利避害，这实际上就是古代风水术的肇端。

相宅一词出自《尚书·召诰》："成王在丰，欲宅洛邑，使召公先相宅。"又云："惟太保（指召公）先周公相宅。"《尚书·洛诰》记述同一事件："召公既相宅，周公往营。""宅"本义是指活人的居所。因为人死之后也需要安歇长眠的场所，于是，"宅"又被称作死人的墓穴。后来由相宅衍义，亦有相地、相土、相墓之说。相即相度、考察的意思。相地最早见于《史记·周本纪》："后稷相地之宜，宜谷者稼穑焉，民皆法则之。"意思是后稷考察土地，适宜种什么庄稼。后来引申为相度地理、选择宅址与葬址。相墓最早见于《晋书·羊祜传》："有善相墓者，言祜祖墓有帝王气"，这里的"相墓"，就是风水的意思。

图宅是在汉代以后，随着"图谶""图纬"的盛行而在风水中被逐渐引用的。

班固在《汉书·艺文志·数术略》中阐述序数术为六种，除"五行家"内列堪舆术书外，涉及汉时风水流派，尚有"形法家"的著述。班固谓其术云："形法者，大举九州之势以立城郭室舍形……以求其声气贵贱吉凶。犹律有长短，而各征其声，非有鬼神，数自然也。"后世风水术别称"形法"，风水家自称"形家"，即以班固所载为最早出处。

青囊本来是古代相术家装书的黑色布袋，后来借称相术家，又以之作为书名，进而作为风水术的别名。《晋书·郭璞传》载，郭璞曾受业于郭公，郭公从青囊中取书九卷给他，从此便精通五行、卜筮之术。郭璞后来著有《葬书》，后人以为其风水之术得自青囊之书，故把青囊术作为风水的代名词。

青乌之典出自《史记·轩辕本纪》："黄帝始划野分州，有青乌子善相地理，帝问之以制经。"《旧唐书·经籍志》则说青乌子为汉代相地家，著有最早的一部风水经典《葬经》，因此后人把风水称为"青乌术"。又因"乌"与"鸟"在古汉语中可以相互通假，所以风水术又名"青鸟术"。《左传·昭公十七年》记载："少昊之国"以"百鸟名百官"。其中"青鸟氏，司启也"。"青鸟氏"为计时的天文历法官员，属于上究天文的一种官职。

堪舆一词最早见于《周礼·保章氏》："堪舆虽有郡国所入，度非古数也。"《史记·日者列传》记载："孝武帝时，聚会占家问之，某日可取妇乎？五行家曰可，堪舆家曰不可，建除家曰不吉……"这里的堪舆家是当时十分庞杂的占家流派之一，并且堪舆家有择时的职责。堪舆的本义是天地，许慎在注《淮南子·天文训》时认为："堪，天道也，舆，地道也。"汉代学者经常谈论堪舆，但往往指的是神怪，因为堪舆为古代造图宅书的神，也就是说堪舆是创造风水术的神怪。堪舆的本意是天道与地道的对应，即天上一星座，对地上某一区域。由于风水认为"天上一星，地上一穴"，因此堪舆就成了风水的别称。

风水一词最早出现于晋代郭璞的《葬书》："葬者，乘生气也。气乘风则散，界水则止。古人聚之使不散，行之使有止，故谓之风水。"风是空气流动的现象，水是水流，气指地气，"生气"即有生机的地气，"乘生气"就是要寻找并利用有生机的地气。风水就是"乘生气"的一门术数，这是风水的本义。又说"风水之法，得水为上，藏风次之"。就是说相地的关键是因水聚气，如果没有水，风一吹就会把气吹散。只要有水，气便会聚集，风也就不会吹拂。有水之地最佳，避风之地次之。《葬书》首次提出了明确的以藏风、得水为条件的风水概念，为后世所继承。

## 第二节　风水理论的产生与形成

### 一、风水理论的产生过程

风水的产生最初与人类选择居址有关。纵观人类发展史，人类的择居过程大致经历了以下几个阶段。

1. 自然择居。原始人的居住遗址具有一些共同的环境特点：位于平原和山地的交界地带，地势稍高于平原；接近水源；遗址左右常有小山丘环绕，呈半闭合地形；洞穴的洞口或房屋多数朝向正南、东南或西南方。所有这些与风水模式的特点非常相似。这样的居住环境对原始人的生存有许多好处：有利于获得丰富的食物资源；接近水源可以保证饮水和其他生活用水；易攻易守的地形便于围捕猎物，并能逃避猛兽的攻击；保证不会迷途；便于部落的迁徙；洞穴或房屋朝向正南、东南或西南方，显然是躲避寒冷的北风，并且得到更多的阳光。

2. 卜宅。占卜是一种原始的宗教巫术。在原始社会后期，人们相信和崇拜占卜，在决定大大小小事情之前，都要询问"神"的意志，建筑活动也不例外。人们把在建房之前进行占卜以判明吉凶祸福的活动称为"卜宅"。卜宅最初多用于村落和城邑的选择和营建。当时卜宅的主要内容是决定动土兴建的年、月、日、辰以及选定建造的地点、范围等。卜宅带有浓厚的迷信巫术成分，给后来的风水烙上了荒谬的印记，使得风水难以逃脱迷信之笼。

3. 相宅。关于相宅的记载很多，通过这些记载，我们了解到商周时期相宅活动的内容包括全面巡视，考查自然的山水、林木等；丈量土地，确定建筑基址的范围；测量日影，确定建筑朝向等。从根本上来说，卜宅是盲目的，而相宅则是主动的。

4. 风水理论。人类经历了漫长的自然择居过程，又经历了卜宅和相宅，但这些并不是风水理论。当时人们的地质、地貌、气候、水文等知识非常缺乏，不可能用丰富的科学知识去认识居住环境而建立系统的择居理论。进入距今2000多年的秦末汉初，逐渐形成以阴阳、五行、八卦、四方、四时、五音、十二月、十二律、二十八宿、天干地支以及数字色彩相互配合来解释宇宙的哲学思想体系，这套思想体系的发展速度远远领先于当时的科学技术的发展速度，并且包罗万象。不管是植物枯荣还是人的生死，不管是天灾还是人祸，都可以用阴阳、五行、八卦来解释。在这种情况下，人们同样借用阴阳、八卦、五行来解释人类的居住环境，于是产生了风水理论。

## 二、风水理论成熟的标志

风水理论最后形成的标志是两部风水经典的问世，一部是《葬书》，一部是《宅经》。

（一）《葬书》的出现

《葬书》托名晋代的名士郭璞所作，这是我国现存最早的一部关于葬地风水的著作。其理论体系包括以下要点：

1. "葬者乘生气"说。《葬书》认为，天地万物都是由阴阳五行之气构成的，这种气运行在地中便是生气，通过父母的本骸凝聚成形就是人。因此，葬者与生气本为一物，都是由阴阳五行之气组成的。当然，人活着时，其气附于形体，无须依凭其他东西，但人死之后，其骸归地，凝聚成形的气便失去了依托，四处飘荡。风水的目的，就是让它们汇聚在一起，笼罩遗骸，感应生者。

2. "藏风得水"说。《葬书》认为，无论是葬者的"气"还是地中的"气"，都有两个特点，一是通风则飘散，二是逢水则界止。因此，在选择葬地时，就要考察该地能否挡风，是否有水环绕，这就是"藏风""得水"的含义。其中又以"得水"为上，"藏风"次之。这是因为水是由气凝结而成的，得不到水，就意味着没有生气，没有生气，也就谈不上"藏风"了。

3. 禁忌说。《葬书》围绕"得生气"这个基本要求，规定了一系列禁忌："童山不可葬"，童山指不长草木的秃山，这种山是没有生气的表现，因此不能安葬死者；"断山不可葬"，断山指骤然断裂的山脉，由于生气要靠地脉引导，所以这种山不适于点穴；"石山不可葬"，因为生气行乎土中，石山不通气，所以石山也不可葬。

4. 等级应验说。《葬书》将地穴按照等级身份加以列等，什么等级的地穴发什么等级的未来，如王侯之穴——山势如万马奔腾，自天而下；千乘之穴——山势如巨浪，层层奔涌而来；三公之穴——势如降龙，云缠水绕等。

（二）《宅经》的问世

《宅经》，也称《黄帝宅经》，是我国现存最早的住宅风水著作。其理论体系有以下要点：

1. 宅性说。根据房屋的坐向把住宅分为阴性宅和阳性宅。凡建在阳位的属阳宅，建在阴位的属阴宅。住宅的坐向要注意配合，不能"重阴重阳"，即阴宅不能坐阴朝阴，阳宅不能坐阳朝阳。

2. 宅位命座说。宅所内部的各个方位与家庭成员的命运联系在一起，联系到谁，此处就是谁的"命座"。

3. 建宅顺序说。修建住宅先建哪里、后建哪里，要根据宅性依次动工。

4. 建宅时令说。修建住宅必须讲究时令，否则就会触怒神灵，自取灾祸。

5. 宅墓配合说。《宅经》不仅就住宅而论住宅，而且特别讲究住宅与墓穴的配合。

6. 虚实说。《宅经》认为，宅有五虚五实，五虚令人贫困衰落，五实令人富贵得福。"五虚"指"宅大人少一虚，宅门大内小二虚，墙院不完全三虚，井灶安置不当四虚，宅地多房间少庭院广五虚"。"五实"指"宅小人多一实，宅大门小二实，墙院完全三实，宅小六畜多四实，宅水沟东南流五实"。

《葬书》与《宅经》这两部风水经典，建成了风水理论的基本框架。此后，风水著述层出不穷。晚清之际，可谓汗牛充栋，但是基本上都是在这个框架内进行填充与修补。

《宅经》

## 第三节　风水宝地与"地理五诀"

### 一、理想风水模式

风水追求的风水宝地有一个共同的模式，我们称之为"理想风水模式"。好的风水必定是"左青龙，右白虎，前朱雀，后玄武"，并且"玄武垂头，朱雀翔舞，青龙蜿蜒，白虎驯俯"。就是说风水宝地背倚连绵山脉为屏，前临平原，两侧水流曲折回环，水质清澈，汇流于前，左右护山环抱，林木葱郁，山脉止落之处为阳宅或阴宅的宅基。

理想风水模式中各个部位有一套专门的名字，如天门、地户、龙咽等。从整个地形结构特征来看，风水模式呈现闭合的地形。这种闭合地形成为古代中国人孜孜追求的理想居住环境，是判断阴宅阳宅吉凶祸福的标准。

### 二、"地理五诀"

理想风水模式的具体操作程序一般是先形法后理气，即先观察地形地貌，再确定方位，这就是所谓的"地理五诀"。地理五诀即理想风水模式的具体操作程序，包括寻龙、察砂、观水、点穴和定向，实际上就是把自然环境要素归纳为五个方面，风水主要根据五个方面及其相互之间的关系来决定建筑基址和朝向，其基本要求是龙要真、砂要秀、水要抱、穴要方、向要吉。

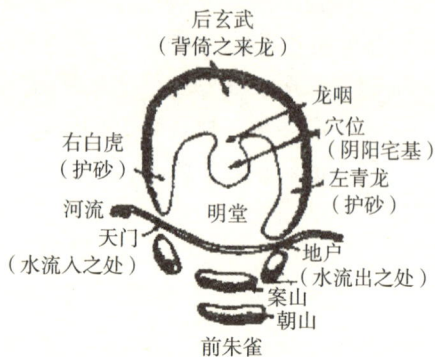

风水模式示意图

1. 寻龙。风水中把山脉称为"龙"，起伏的山脉称为"龙脉"，土是龙之肉，石是龙之骨，草是龙之毛。所谓"寻龙"实际上是对山脉走向，山脉的主干与分支关系的考察，即对地形的考察。

2. 察砂。砂是指主龙山四周的小山。主龙山左右的山称为"护砂"，即青龙白虎，位于主龙前方的小山丘，近者为案山，远者为朝山。由于理想风水模式强调闭合的地形，故护砂是否呈环抱之势成为判断砂之贵贱的依据。左右护砂达到"上八字开""下八字合"方可聚财，为富砂贵砂，判为吉；反之，若是"八风吹穴""孤脉独龙"则为贫砂、贱砂、反砂，判为凶。同时护砂的形体也是判断吉凶的根据，"气吉"则"形必秀润、特达、端庄"，"气凶"则"形必粗顽、破碎"。朝山、案山的形状要求似笔架、似竖旗、似狮虎、似玉圭、似横琴等，而忌石头裸露或形如停尸。

3. 观水。观水的主要内容包括水口、水城、水质和流动状况。水口是指水流入和流出之处，"水来之处谓之天门，水去之处谓之地户"。因为水主财，因此"天门"要开，意指财源滚滚而来，"地户"要闭，意指财用不竭。因为有些小河往往发源于闭合地形周围的山丘，无明显的"天门"，故水口逐渐演化为专指"地户"。"水城"指河道的弯曲形态。"水抱边可寻地，水反边不可下"，即村落房舍要建在水环抱一侧审理水的具体形态，水质清澈透明、水流平缓则为吉，若水有"歪斜倾泻之思"则为凶。水的流向以由西向东为妙，这主要是根据中国西高东低的地形特点推衍出来的。

4. 点穴。俗话说"三年相地，十年点穴"。"穴"的原始意义是洞穴。考古学者发现，人类的祖先学会在平地建房之前是住在天然洞穴或人工挖的洞穴里，以躲避寒风的袭击或野兽的威胁。后来人类走出洞穴在平地建房，"穴"的含义也逐渐演变为房屋住宅的基址。所谓"点穴"就是确定屋基的范围。理想的"穴"位于由"四灵兽"环抱的闭合地形内宽大明堂上微微隆起的部位。由于风水把点穴和"气"联系在一起，"穴"是秉受"真气"的地方。左右护砂"藏风"，案山、朝山盖穴，明堂"得水"，"气"便在明堂聚而不散。

5. 定向。定向就是确定房屋朝向，主要测量工具是罗盘。由于太阳光照射、风的方向等都有一定的分布和变化规律，所以房屋朝向影响房屋的采光和通风。我国大部分地区，夏季吹暖和的南风，冬季吹寒冷的北风，因此房屋朝向以正南、东南或西南为佳。风水用罗盘来格定方向具有朴素的科学原理，但风水术对罗盘的使用又添加了许多神秘的东西。

从表面上看，"地理五诀"是围绕"龙"和"气"展开的，判断是"真龙"还是"死龙"，有无"真气"以及是否能"聚气"。我们只要剥开这层披在风水外面的神秘外衣，就会发现"地理五决"的许多内容是对地质、地貌、气候、土壤、水文、植被以及地理方位等的考察，具有一定的科学内容。但这并不是说"地理五诀"完全是科学的。首先，风水把山比作龙、虎、狮等，把人与自然环境之间的关系变成了人与动物的关系，这一方面有利于建立起人与自然环境密切相关、相互作用的思想，表现出积极的一面，但另一方面却阻止了人们进一步探讨自然现象的本质，因此具有消极影响；其次，"地理五诀"为了符合"生龙""死龙""气"的说法，添加了许多虚无的迷信内容，使风水染上很浓的迷信色彩。

## 第四节　辩证看待中国的风水

中国风水被赋予阴阳、五行、八卦等符号后无疑具有迷信成分，但是其中亦存在着可取之处，尤其在建筑选址、规划、设计、营造中几乎无所不在，具有哲理、美学、地理、生态、景观诸方面的丰富内涵。中国科技史研究权威专家、英国人著名学者李约瑟（Joseph Needham）对中国风水评价极高："风水理论包含着显著的美学成分和深刻哲理，中国传统建筑同自然环境完美和谐地有机结合而美不胜收，皆可据以得到说明。再没有其他地方表现得像中国人那样热心体现他们伟大的设想'人不能离开自然'的原则……皇宫、庙宇等重大建筑自然不在话下，城乡中无论集中的，或是散布在田园中的房舍，也都经常地呈现一种对'宇宙图案'的感觉以及作为方向、节令、风向和星宿的象征主义。"[①] 当然，集理论与实践于一身的风水本身是十分复杂的，我们应该实事求是地加以认识。

1. 风水长期以来流行于世，在古代乃至当今社会中具有相当深远的影响，这是风水研究中首先必须正视的事实。无论它的真伪是非如何，就其影响来说是足以使人感到有必要去认真研究。

---

① 李约瑟：《中国科学技术史》第二卷（中译本），科学出版社 1990 年，第 303 页。

2. 从风水流传影响的事实来看，风水是占验预测人生吉凶祸福的旧术，它的这种功能迎合了某种世俗的人生观。所以，风水的流传绝非是推动社会开明进步的文化现象。至于那些职业风水师为获利而招摇撞骗更是毋庸讳言的庸俗现象。对于这一事实，只要不是偏执牵强的解释，人们应该能够达成共识。

3. 风水的流传具有一定的社会文化背景，脱离这些背景加以褒贬都会显得缺乏依据。无论怎样粗俗的习俗在一定的社会文化中必然有其功能价值：对某种社会价值观来说，风水有其存在的合理性，研究风水实质上就是研究传统价值观。如果单纯按照现代社会的价值观或科学方法论来衡量风水，那只能看到局部的事实，从而失去通过风水来研究传统文化整体面目的机会。所以，回避风水流传的事实，回避风水流传是民俗文化的事实，最终都不利于对传统文化做出全面客观的研究。

安徽黟县宏村风水示意图①

4. 风水的功用具体地体现在居址选择上，它是传统居宅营造和使用习俗中的重要内容。居处占断这个事实说明了传统观念对居宅的重视，这种重视与居宅的物质使用功能有着不可分离的关系。无论是从风水的起源还是从风水的文化功能上说，居宅的物质使用功能都是起因。但是，所有对居址占断的内容在风水中又无不归结于对居者前程命运的预测，也就是论风水并不是就居处占断居处。居宅不仅因其物质使用功能而受到重视，而且作为一系列人生信仰的寄

---

① 宏村始建于南宋时期，明永乐年间勘查后，认为地理风水形势乃一卧牛：九曲十弯的水圳是"牛肠"，傍泉眼挖掘的月沼是"牛胃"，南湖是"牛肚"，"牛肠"两旁民居为"牛身"，村西虞山溪上架四座木桥作为"牛脚"，从而形成"山为牛头，树为角，屋为牛身，桥为脚"的牛形村落。不仅解决了居民用水，调节了气温，创造了"浣汲未妨溪路连，家家门前有清泉"的环境。

托物而具有占断的价值，这就是居住观。在风水中，住宅、都邑乃至陵墓的传统型制、营造技术规范、使用制度习俗、建筑及环境形象的审美意识等无不是占断的依据。于是风水的选择成了传统居住文化的综合表现。无论是对居址还是对人生的吉凶，都是要按一定的价值观来评价的。所以，风水研究至少应该涉及传统居住文化的背景。

5. 抽去风水的世俗价值成分来看，它是一门关于使用空间评价和选择的学问，其中涉及空间方位和构成形象两部分。空间意识是人们认识自然活动的重要内容，由于风水中这种意识被蒙上了媚俗的禁忌条规，人们往往忽视了其中固有的意义。从风水中可以看出，传统的空间意识是与天文学理论和方法密切相关的。这就意味着它与时间意识密切相关。所以，我们有理由把风水的研究纳入到传统时空观、天地观的研究领域中去。至于风水中居舍或环境形象的选择，确切地说，它是具有传统空间审美意识成分的，尤其是风水术把居舍与环境作为一个有机整体空间相占的立意，更是传统天地观中典型的思想理论，这也是现今的居处环境研究中值得参考的内容。

6. 风水是一门综合的占术，它把人与居宅、环境等因素从物质价值到精神意义统统穿插在一起，反映了主客体整体联系的传统观念。从本质上来说，对诸多因素物质构成的选择是一门有客观性的学问，这是风水赖以成立的文化基础。但是风水不是对客观因素进行客观研究的学问，诸因素的社会价值意识是风水赖以流行的条件和土壤，例如，居舍不仅提供人们起居饮食的场所，而且具有反映家庭地位的门第价值；环境不仅关系到居住活动的便利困难，而且象征着以居舍为中心的某种人文次序，隐喻家庭的前程地位等。风水占断最终是在这一意识层次上体现自身价值的。所以，风水是一门通过客体而实现主体价值追求愿望的旧术。

**复习思考题：**

1. 什么是风水？
2. 风水的具体操作程序（"地理五诀"）。
3. 如何正确地看待中国的风水？

**视频教学指南：**

《世纪大讲堂·风水文化与华夏文明》等。

# 第九章
## 流 行 语 ◀

2012年十大流行语

"正能量"
"元芳，你怎么看"
"舌尖上"

"躺枪"
"高富帅"
"中国式"
"亚历山大"
"最美"
"赞"
"接地气"

《咬文嚼字》评选"2012 年十大流行语"

2012 年 12 月 30 日，语文期刊《咬文嚼字》正式发布了"2012 年十大流行语"。该刊坚持一贯的选择标准：第一，重视语词的创新度，纯新闻性词语不选，如"表叔""江南 style"等；第二，重视语词的规范度，以谐音、游戏等手段创造出来的词语不选，如"童鞋""大虾"等；第三，重视语词的文明度，格调不高、低俗不雅的词语不选，如"屌丝""蛋疼"等。

开放的现代社会的一个重要特征是流行、时尚现象不断出现，并经常成为社会焦点，流行语便是独特的流行现象。流行语已不仅是语言符号，而从特定角度反映了价值观念和文化心态。2001 年中国青年十大流行语网上评选，最终"9·11、本·拉登、申奥成功、入世、WTO、翠花上酸菜、出线、QQ、反恐、Flash"等入选，因为这十个词汇反映：网络时代的新奇迷恋与对流行文化的追逐；"中国年"里高涨的民族自豪感与发展期待；全球化背景下强烈的世界关怀与问题意识。

# 第一节　流行语是社会变迁的记录

## 一、流行语的定义

　　流行语是指在某一时期、某一地域或特定人群中迅速盛行、广为传播的词汇，它从特定角度表达着人们的价值观念和文化心态，真实地映照出社会现象和时代变迁。

　　流行语的评选并非发端于中国。目前，美国、日本、韩国等国每年评选流行语已成为惯例。在 2001 年日本流行语大奖揭晓中，小泉纯一郎首相的多条名言，如"没有圣域的改革""米百俵"（为了美好的明天要忍耐今天的艰苦生活之意）"不要恐惧、不要怯懦、不要被束缚"等榜上有名，"抵抗势力""疯牛病""盐爷"（特指日本财务大臣盐川正十郎）"还会有明天"等词语也入选。日本流行语的评选要求是被广泛流传，并能表现出这一年的主要社会现象。2001 年美国十大流行语中大多出现了"Ground Zero"（指世贸中心废墟）"Let's Roll"（我们开始行动吧）等诸如此类与"9·11"紧密相关的词汇，足以让美国民众永远铭记那段举国哀痛的日子。

　　流行语涉及当下社会的重大事件、现象与时弊以及人们日常生活的各个层面，如人生意义、生活方式、爱情、友情、就业、消费、时尚等，时代性强，传播面广，反映了当今社会时局与人们文化心态的变化。流行语丰富了我们的话语空间，对原生态的生活形式和内容有很强的概括性，又不失幽默、调侃的意味，它潜在地消解了一些具有严肃意义的内容。流行语作为社会中一种独特的流行现象，其议题和焦点的丰富性、新颖性、流变性都充分表明，当今的社会心理在总体上正朝着一种日益开放、多样、理性的方向迈进。

　　一位学者将中国改革开放以来 20 年最流行的新词汇总结为：中国特色、平反、一号文件、万元户、顶替、托福、乡镇企业、小康、国债、股票、倒爷、奖金、打工、艾滋病、炒鱿鱼、一国两制、赞助、甲A甲B、希望工程、下海、第三产业、迪斯科、回扣、跳槽、生猛海鲜、电脑、白领、兼职、大款、卡拉OK、快餐、休闲、减肥、打假、商品房、市场经济、转换机制、两个转变、东西联动、费改税、资本运作、资产重组、软着陆、降息、年薪、回归、知识经济、下岗、分流、按揭、克隆、上网。

## 二、晚清以来流行语的变迁

　　从百年前的"万国邮政""电光"到百年后的"电脑征婚""非常爱情"，社会的变迁毫无遗漏地反映在词语的变迁上，浏览世纪流行语就是检阅 100 年来的沧桑巨变。

1. 晚清时新词令国人目不暇接

20 世纪初，当西方的事物、观念潮水般地涌进国门的时候，受孔孟文化熏染了几千年的国人，不仅眼睛、头脑应接不暇，连嘴也跟不上趟儿了——那些新东西简直都没有现成的名称来称叫。思想上接受不接受倒在其次，当务之急是先找到合适的词汇议论它。最直接的办法是采用音译，如沙发、坦克、马达、咖啡、伏特、欧姆、法郎、逻辑、雷达等。但就更多的事物而言，只有更多的得体的意译词才能准确表达。中国早期的留学生以留学日本为多，而日本由于早于中国接受西方文化，明治维新时就已大量使用汉字翻译西方名词，对于中国急于维新的一代青年来讲，最便利的做法就是直接把日本人的译词搬到汉语中来。革命、教育、文学、艺术、文化、文明、封建等词汇，虽然都是中国古已有之的，但确实是日本人先拿去用以翻译英文的 revolution、education、literature 等词，中国人又从日本借用回来，从而赋予全新的含义。然而中国古代的词汇库里毕竟没有那么多候选者能恰当地翻译所有外来概念，聪明的日本人就用两个汉字组合成新词，由于每个词里还保留了一些汉字本来的意思，中国人也乐于接受，同样照搬过来，如哲学、科学、物理学、化学、企业、历史、体操等。除了从日本借来的对西方词语的译名以外，还有不少直接借自日语的，如场合、手续、取缔、出勤、见习、引渡、写生等。不管是直接音译，还是从日本辗转借来译名，20 世纪初西方文化的涌入是对相对稳定的几千年词汇史的一次最大冲击，也直接奠定了现代汉语词汇系统的基础。

2. 民国时期新词不再陌生

从 20 年代到 40 年代这 30 年间，汉语词汇的变化基本还是围绕着不断出现的外来事物发展的。这个时期有几个比较明显的特点：

第一，从隔阂到接纳的心理过程。一件新事物最初进入中国后，人们开始不愿认同其为正常生活的组成部分，而是在名称上标明它的异类性质，最典型的做法就是加个"洋"字，如洋烟、洋服、洋火、洋油、洋蜡等。到后来慢慢改成香烟、西服、火柴、煤油、蜡烛等的时候，就标志着中国人对它们的进一步认同。

第二，从恐惧到平和的心理过程。表现为在构词上有明显的夸大色彩，如用"万"形容其多：万邦公法、万国邮政、万牲园、万兽园等；用"电"表示某种神奇的能力：电光、电驴、电码等。后来"万国～"的说法逐渐被"世界～"所替代，"万牲园""万兽园"改成了"动物园"，"电驴"也改成了"摩托车"，"神镜"改称"照相机"，"天船"改称"热气球"，"炫奇会"改称"博览会"。

第三，从追求生动的权宜叫法变成追求规范的明晰称呼。早期"听差的、堂役、老妈子、丫头"等后来一律称为"服务员"，"邮差"改称"邮递员"，"苦力、脚行"改称"搬运工"，"荐人馆"改称"职业介绍所"，"拘票"改称

"逮捕证"等。这些"~员""~工""~所""~证"都是社会分类明晰化在语词里的反映。

第四，词语的变化反映出认识更加准确、精确化。如后来"火机"改称"蒸汽机"，"自行屋"改称"电梯"，"养疯院"改称"精神病院"，"印文机"改称"印刷机"，"玻璃皮包、玻璃雨衣、玻璃丝"分别改称为"塑料皮包、塑料雨衣、塑料绳"等。

### 3. 新中国成立初期甩不掉意识形态

20世纪50年代以后大陆地区的词汇变化主要是意识形态作用的反映，这种作用首先不是在事物的称呼上，而是更多表现在与人有关的称呼上。当以"三反五反、公私合营、生产合作化"为标志的社会主义改造基本完成以后，"掌柜的、老伴、经理、董事长"等也就不再有存在的条件了；当"粮棉统购统销，工人监督生产"等旨在把所有人的社会地位拉平的一系列政策出台，应运而生的响亮称呼便是"同志"：工人同志、解放军同志、售票员同志，乃至有了母亲同志、姨父同志。"同志"两个字蕴含的深刻意义是：共同劳动、共同生活、共同奋斗、共同目标等。

新的道德并不排斥温情脉脉，所要消灭的只是等级观念。过去夫妻称谓带有浓重的社会阶层色彩，如先生、太太、男人、女人、老公、老婆、当家的、屋里的。于是打破一切尊卑意识、性别意识和身份意识的通称"爱人"便成为唯一的称呼。这种情况一直持续到20世纪80年代中期。

时代的特色表现在生活的方方面面。20世纪50、60年代的街道、商店名称，以和平、新华、国华、利民、光明命名的不在少数。反映在人名上，更是成堆成片的"建国、建军、国庆、爱华、爱平、国强、新民、卫国、跃进、学雷、学锋"等。新中国成立以后妇女翻身运动在名字上也造成了矫枉过正、习非成是的循环喜剧。过去"英""平""飒""爽"等字眼都是描写男人英武、豪迈之气的，妇女新中国成立以后自然要拿最英武的男性词汇形容她们巾帼不让须眉，于是"飒爽英姿"这种说法不知不觉成了女性的专利，到了70、80年代谁家男孩的名字里要是有个"英"字，往往会招来不少人说"像女孩名"。

### 4. "文革"十年的"革命"污染

十年"文革"给语言造成的冲击可以说是既猛烈又彻底，然而也最短暂。虽然那时的流行词语在生活中和媒体上出现频率之高是前所未有的，然而多数词语最多只有不到十年的历史。有些词语虽然刚刚退出历史舞台20年左右，对当今青年来说却已多数不能辨了：忠字舞、支左、站错队、早请示晚汇报、天天读、现反、跳出来、炮打、走资派、捞稻草、文斗、武斗、红代会、揪斗、牛棚、派性、黑后台、黑线人物、横扫、红海洋、红卫兵、红宝书、工宣队、狗崽子、斗私批修、二月逆流、革命小将、大方向、高大全、大树特树、顶峰论、斗批改、大串联、打派仗、打倒一切、样板戏、安亭事件……"文革"一方面造成了语言形式的刻板，社会语言学家陈松岑这样描述："许多文章一开头就是'四海翻腾云水怒，五洲震荡风雷激'；回顾历史就用'忆往昔峥嵘岁月稠'；感慨巨大变化就用'虎踞龙盘今胜昔，天翻地覆慨而慷'；歌颂革命群众就用'春风杨柳万千条，六亿神州尽舜尧'；批判敌人则用'一从大地起风雷，便有精生白骨堆'；形容任务艰巨就用'雄关漫道真如铁，而今迈步从头越'；文章结尾多半是'多少事，从来急，天地转，光阴迫，一万年太久，只争朝夕'，或是'宜将剩勇追穷寇，不可沽名学霸王'等。"

5. 改革开放年代嘴上追赶的时髦

改革开放以来的语言变化是全方位的，既有为适应新事物而新造的词语，又有外来词汇对语言的深刻影响，也有因社会风气而造成的类推现象，还有港台及其他方言的影响。反映新事物的词语带有浓郁的时代气息，如香波、摩丝、果茶、果奶、时装表、情侣装、度假村、写字楼、连锁店、微波炉、移动电话等。

像 20 世纪初期一样，人们也不惜用一些突现自己惊讶心情的词素冠在新事物上，如高消费、高技术、高科技、高知识、高效率、高品位、高风险、高投资、大制作、大片、超市、超前、超豪华、超一流、超高速等。但另一方面，伴随着现代技术崇拜心理的是现代人本精神的回归，这反映在标志个人感受的概念在生活中逐渐增多，如成就感、失落感、时代感、生硬感、使命感、陌生感、安定感、孤独感、刺痛感、动感等。

新的社会现象毫无遗漏地反映在词语上。金融上的风险意识深入人心，于是有了"风险贷款、风险抵押、风险机制、风险企业、风险意识、风险资本"等；服务业的开展，使人们仿照"导游"造出了"导读、导购、导医"等；教育事业的多层面开展导致了"普教、高教、职教、成人教育"；离婚率的增加导致了"单亲家庭、单亲子女"等词汇的出现。

## 第二节　1978—2002 年的中国流行语

1978 年，世界杯足球赛在阿根廷狂飙、第一个试管婴儿在美国诞生、中国恢复高考、天安门事件得到了平反……最重要的是——从流行时尚角度来说，喇叭裤杀入中国、女性时兴烫发……70 年代，人们梦想的三大件是自行车、手表和缝纫机；80 年代初期变成了电视机、洗衣机和电冰箱。今天三大件又成了奔驰、别墅和美女。区区 25 年，许多人感觉已经活过了好几辈子，翻天覆地的变化从头到脚洗涮着这个东方大国。从前，我们屁颠屁颠地追赶着港台欧美早已过时的流行，今天，终于跟全球同步，甚至领导着某些潮流；从前，我们的街道上稀落着几辆破公车、行人和吱吱响的自行车，今天，我们已成为世界汽车消费大国；从前，我们偷偷摸摸地谈恋爱，今天，在光天化日之下公然接吻；

从前，我们包裹得多么严实，今天，我们穿得越来越清凉；从前，我们围观老外，今天，外国人常常驻足欣赏我们⋯⋯

● 1978 年

**谈恋爱**　此前整整 10 年，年轻人公开的约会被视为可耻和堕落，他们只能以"谈工作"为借口进行地下活动，情书的开头一定要称呼某某同志，结尾也必须是革命的敬礼。但在这一年，爱情开始与"阶级感情"稍稍分开，恋人们手拉着手逛公园、轧马路。"恋爱"，终于能以它的本来面目示人了。

**德国大众**　德国大众公司在这年开始跟中国政府谈判。那时的中国，大街上除了行人和骑自行车的人，只有公共汽车和老气横秋的"上海""红旗"。

**最早的出境游**　能到香港探亲然后购物的人最值得羡慕。

**范思哲**　第一个国际顶尖时尚品牌来到中国。

**劳力士**　戴这表是第一批"先富起来"的人的梦想，也是被伪造最多的品牌表。

**烫个"鸡窝"最时髦**　美国《基督教科学箴言报》1978 年 6 月 8 日：虽然单调的灰色和蓝色衣服仍然是标准的服装，但是妇女开始涌向百货商店，从有限的供应品种中选购衣料。在城市，新时兴的是卷发和电烫发型（这些长期以来都被斥为资产阶级和西方的影响）。北京排队最长的地方是理发店。

**《望乡》**　这部原名《山打根八号妓院》的日本电影对国人的冲击是前所未有的，反响程度竟达到北京电视台转播市民代表座谈会实况的地步。有人说，还可以有色情场面更浓厚的镜头⋯⋯

★本年焦点："不良少年"引领时尚

在街头出现寥寥几个外国人就必遭围观的年代，伟大的喇叭裤动摇了这个东方大国数十年的整齐划一和单调乏味。没错，喇叭裤就是中国人在这25年里最初的冒险，冒险者是中国年轻人中的极少数。这种上细下宽，把整个屁股绷得圆滚滚的，裤脚宽得足以当扫帚扫完几条大街的"奇装异服"，其外表已经不分男女——拉链一律开在正前方。而过去，女装裤从来奉行"右侧开口"路线。绝大部分国人将此裤视为"不男不女，颠倒乾坤"的恶物，不少人站在政治高度上谴责，说它是"盲目模仿西方资产阶级生活方式"的表现。更有热心者出来替天行道，遇到喇叭裤，剪无赦！所以，在我们25年的记忆里，第一批穿喇叭裤的人，不是"男流氓"，就是"女流氓"，通称为"不良少年"。你敢穿喇叭裤？这可是个道德问题！你只要穿上喇叭裤，你就会看到周围的人对你指指点点，你会听见他们骂你"不正经"！游唱歌手艾敬在她的《艳粉街》里记录了这一幕：有一天一个长头发的大哥哥在艳粉街中走过，他的喇叭裤时髦又特别，他因此惹上了祸，被街道的大妈押送他游街，他的裤子已经扯破，尊严已剥落，脸上的表情难以捉摸……25年后，我们对喇叭裤鼓掌。

● 1979 年

第一个电视商业广告　幸福可乐广告于3月份在中央电视台播出。

可口可乐　可口可乐伴随着新中国成立后中美建交重新进入中国市场。

硬派小生和他的板寸　《追捕》中高仓健凭着硬汉形象把充斥中国荧屏的奶油小生们打入冷宫，此后经常听见寻找男子汉的呼声。留着披肩长发，穿着皮靴，外表清纯、内心如火的真由美成了中国男青年第一代梦中情人。

《跟我学》（Follow Me）　掀起了第一次全民学外语的高潮。

**跳舞热**　跳舞从中南海的红墙内蔓延出来，女青年们纷纷涌入涉外舞厅，抱着外国男人准确地踩着舞步，25 年来第一代涉外婚姻就在此时播下了种子。

**公共场所出现裸女画**　北京新机场大楼的壁画《泼水节——生命赞歌》出现全裸的女性画像。要不是画的是少数民族，还略带抽象，估计有人恨不能立即把画家袁运生当作高级流氓送进秦城监狱。谁都得佩服北京人的精神，那么远的机场，能走得动的一半儿都去看了。

**首次接触国际级选美小姐**　印度片《奴里》的女主角扮演者普娜姆·迪伦是 1977 年的"印度小姐"。

**一吻乱江山**　《大众电影》作为当时唯一一本有彩页的娱乐杂志，在第 5 期的封底刊登了英国电影《水晶鞋与玫瑰花》的接吻剧照。一个读者愤怒地给编辑部写了封信提出抗议："社会主义中国，当前最重要的是拥抱和接吻吗？"这一诘问引起不少人的共鸣。

**第一次时装秀**　法国时装设计师皮尔·卡丹亲率 12 名法国姑娘在北京民族文化宫进行了一场时装表演。

**★本年焦点：私家车解禁**

国家首次宣布允许私人拥有汽车，但那时的私家车价格低廉，多是私人用来跑运输或当出租车使。1986 年 11 月，上海第一辆"Z"字私人自备车牌照代码 0001 号诞生。随后，私家车开始在深圳、广州等沿海城市及长春、重庆等拥有轿车生产厂的城市涌现。1988 年，北京市一市民花 6 000 多元买了一辆菲亚特微型车 126P，轰动一时。

**● 1980 年**

**穿白色紧身衣的男子**　上海芭蕾舞学校到湖南演出时，当地观众对舞台上出现身穿白色紧身衣的青年男子十分惊讶，在他们看来，这仅次于完全裸体。落幕时，一个很生气的干部打破了静默。他突然喊道："这同中国有什么关系呢？"

**西服出租**　英国《卫报》1980 年 4 月 14 日报道，上海一家照相馆的橱窗里有一块牌子，写着："这里出租西服"，这迎合了人们喜欢穿外国衣服照相的爱好。橱窗还陈列着一些白色婚纱照，但是，有一张照片旁边贴了一条地地道道的中国口号："为了革命，只生一个孩子！"

麦克·哈里斯旋风　电影《佐罗》的观众达到创纪录的7 000万人次。但这一年最火的是《大西洋底来的人》的主人公麦克·哈里斯，据说当时某单位评选先进典型，有的选票上竟填写了"麦克·哈里斯"的大名。他的"麦克镜"可以写入未来的中国服饰史；游泳池里多了一种泳姿——麦克式。这部电视剧还使一项健身运动风靡全国，那就是飞盘。

新《婚姻法》和独生子女政策　离婚的必要条件被修改为：双方感情确已破裂；并经调解无效。中国人终于认识到"爱情是婚姻的灵魂"。

★本年焦点：偶像时代来临

"文革"后的第一代青年偶像在这一年诞生，他们是：邓丽君、刘文正、罗大佑。"歌星"一词替换了"歌唱家"和"唱歌的"。邓丽君是所有人的梦中情人，对那些听惯了口号式歌曲的男女老少来说，邓丽君那情意缠绵、柔情万缕的歌声，让人情不自禁地"蠢蠢欲动"。刘文正和罗大佑带来了长达10年流行期的校园歌曲，罗大佑更被奉为"音乐教父"。《兰花草》的歌词源自胡适的诗作《希望》，随着胡适的暮年漂泊到台湾，然后又随着刘文正手中的吉他再一次流行内地。早恋的男生几乎都会唱"我从山中来，带着兰花草"，而听到的女生则会心有灵犀地宛然一笑。罗大佑1979年创作的《童年》举国传唱，紧跟着是《光阴的故事》《恋曲1990》《你的样子》《滚滚红尘》《明天会更好》等，罗大佑至今谱写了150多首经典流行歌曲。

● 1981年

女排夺冠　时隔22年后，女排夺得第一个世界冠军，随后写就五连冠的光荣，女排姑娘成为大众偶像。

　　侦探小说　中国第一部推理小说《刑警队长》在上海出版，首印 20 万部册，很快销售一空。

　　文明礼貌　美联社 1981 年 1 月 1 日电，中国曾自诩为有着数千年文明的礼仪之邦，如今报章却要教人说最基本礼仪之语，如"请""多谢""对不起"。有个中国人说，过去的店员对顾客都会有礼貌地问："您要买点什么呢？"现在则改说："你要什么？不许挑，不要就算了。"尤其是北京人，服务态度之恶劣到了举国尽知的地步。

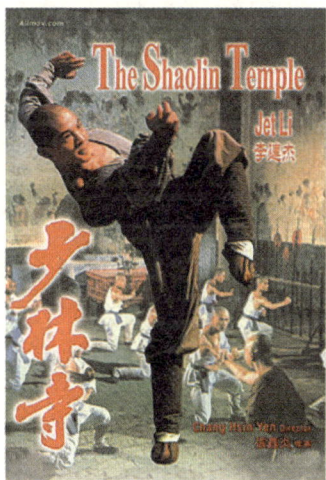

　　好人和坏人并不见得泾渭分明　这是《加里森敢死队》的功劳。由流氓和罪犯组成的特工队在打击德国鬼子的任务中，显示了一种西方生活方式的魅力，成了叛逆的教材。

　　剃光头和学武风　《少林寺》，有人看了 5 遍，甚至 18 遍。离家出走到少林寺拜师学艺的孩子不在少数；男孩子都梦想成为武僧。

　　美容升级　资生堂来到北京。德国威娜公司提供的洗发水威娜宝是首个国外日用品品牌。

　　★本年焦点：琼瑶点燃灰姑娘的梦想

　　女的温柔漂亮、男的英俊潇洒，除了哭哭啼啼地谈恋爱以外什么都不干。女孩子通常出口成章，男孩子总有一个富商老爸。双方因贫富悬殊而本能地相互敌视，进而在情感上互相折磨。女孩子通常人穷志不短，男孩子则甘心为了恋人抛弃万贯家业。最终，富商老爸被他们的纯真爱情所打动，灰姑娘终于修成正果，嫁入豪门。第一批接触琼瑶的是1978 年恢复高考后的大学生，有人回忆起刚看琼瑶电影的感觉说："恍恍惚惚，不知身在何处，第一次知道，原来恋爱可以这样谈！"但到了 1981 年，《窗外》《聚散两依依》《梦的衣裳》《在水一方》……这些耳熟能详的"白痴"故事，才正式征服神州大地的痴心男女；林青霞、吕秀菱（女孩纷纷效仿她们的中分长披肩直发）、秦汉、秦祥林等偶像席卷了内地。"像琼瑶小说里出来的姑娘"成了新的"大众情人"。18 年后琼瑶卷土重来，《还珠》系列再次风靡神州。琼瑶是唯一能"毒害"3 代青少年的华人女作家。

● 1982 年

走上神坛的山口百惠　《血疑》使山口百惠成为中国的超级偶像，满大街"幸子衫""幸子头""光夫衫""大岛茂包"，不仅让个体户赚个钵满盆满，也让中国大众第一次明白了什么叫"名人效应"。

电视版的"狮子王"　日本动画片《森林大帝》开播，讲述小狮子雷欧成长的故事。《森林大帝》也标志着中国广告业进入新时代。日本广告商提供动画片，可在节目进行 30 分钟后插播 1 分钟商业广告。

《武松》　第一部引起轰动的国产电视剧。

神童计划　15 岁的华裔美国儿童秦志斌考上了剑桥大学物理系的研究生。这件事似乎刺激某些部门，国内也开始了自己的神童培养计划，大学纷纷开办少年班，父母们为"制造"神童着迷。

黄书充斥　延边人民出版社出版的《玫瑰梦》被查禁，这是中国现代出版史上的一个焦点事件。这一年，正式出版社被查禁的淫秽色情图书 30 多种，6 家出版社停业整顿，查处因刊有淫秽色情描写或封面插图低级下流的期刊 130 多种。

军装复苏　街头上又重新出现穿草绿色的旧式军装和布鞋、挎军用包的年轻人。

★本年焦点：第一个体育明星诞生

第六届世界杯体操赛中，一个面目清秀的小伙子一人共夺得 7 个比赛项目中的 6 枚金牌，这在体操史上尚属首次，他的名字——李宁，被收录在吉尼斯世界纪录大全里。李宁不仅是 25 年来第一位大众体育明星，也是最成功的一位。李宁一共获得过 14 个世界冠军，包括 3 个奥运会冠军，此外还有 8 个亚运会冠军。他是国际奥委会运动员委员会中的第一位亚洲人。

● 1983 年

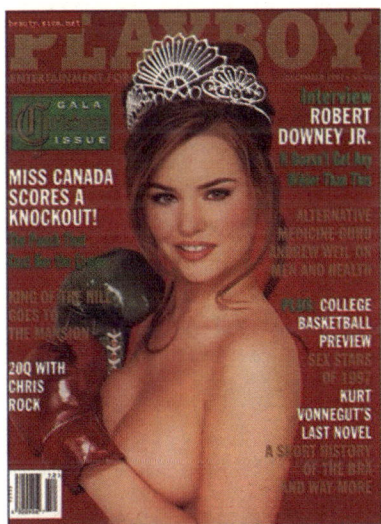

美女封面　鉴于杂志和日历的封面都是美女，有妇联干部提出，"难道不能用女英雄来代替美女吗？为什么不登卓越的工人、农民或在工作中做出特殊贡献的妇女们的相片呢？"并指责出版社侮辱女性。

精神污染　泰国《星暹日报》1983年 11 月 29 日报道，近年来大陆社会上出现的"精神污染"，有下列表现：电视、电影、戏剧追求"完全商品化"，为个人或小团体牟利。如很多城镇大量上演旧剧、旧曲，宣传封建迷信。出版界胡编乱造之风盛行。有些人借写科幻小说之名，行宣传鬼魂、色情之实；"侦探""侠义""奇案""秘闻"一类低级趣味图书充斥，成了书店的"热门货"。文艺界受西方"现代派"思潮影响，创作无主题无意义的小说、散文和诗歌。一些青年追求腐朽生活方式，嗜好裸女相片、色情录像带和黄色读物。

《排球女将》小鹿纯子展示"流星赶月"的发球和"晴空霹雳"的扣杀时，中国女排正进入鼎盛时代。街上流行"纯子头"。

锅盖头　第一部在内地播放的香港电视剧《霍元甲》。黄元申和梁小龙剪的那种前面有刘海，后面长及脖子的发型流行于年轻人中。

第一个变性人　1月，著名外科专家王大玫教授主刀，张克莎成为中国首例变性人。

摩托车　最初引进的摩托车款是本田 CJ70。1994 年，太子车成了时尚的象征之一。

沙发　普遍进入家庭，尤其是转角沙发。

★ 本年焦点：春节联欢晚会风靡

最令人印象深刻的是马季、姜昆、王景愚、刘晓庆主持的春节联欢晚会。虽然电视在当时还不太普及，但在娱乐活动单调、电视节目匮乏的年代，这台晚会还是造成了相当大的影响。王景愚绕着桌子"吃鸡"，李谷一连唱《乡恋》等 7 首歌曲，而最煽情场面是刘晓庆向父母拜年。现场气氛空前热烈。演播厅里，掌声、笑声、欢呼声不断，4 部直拨电话铃声几乎没有停过，北京电信 86 局的线都烧热了。技术人员非常紧张，备用器材、消防器材都准备好了。虽然当时多数人看的是黑白电视机，但一点也不影响晚会效果。春节晚会从此成为大年夜必不可少的一道"大餐"，同时也造就了无数艺人的大红大紫。

● 1984 年

健美操　日本《读卖新闻》1984 年 11 月 2日报道，怎样做才能使自己变得苗条美丽？在邻邦中国，出现了健美操热。健美操的独特之处是，把太极拳和现代舞蹈融合起来。在西欧风格的广播体操中，吸取了"踢腿"和"出拳"这些中国武术动作。

《我的中国心》　当年春节晚会推出的香港歌星张明敏红遍南北，特别是他演唱的《我的中国心》成为除国歌之外，中国人都会唱的歌曲。

涉外饭店　美国《基督教科学箴言报》1984 年 6 月 6 日报道，耸立在北京市郊的长城

饭店是一座富丽堂皇的 20 层高楼。乍看上去，它好像与周围的环境不大协调。长城饭店是令人瞠目的暴发户生活方式的象征，是西方物质主义时尚的一个实例。一位来访的朋友一边在前厅品尝林茨果子牛油蛋糕，一边说道："在这里，只有窗外的尘土是中国货。"

**第一次公开招聘模特儿**　中央美院等 10 所艺术院校在《北京晚报》上联合刊登启事，为美术系公开招聘模特儿，吸引了 171 个报名者，大多数是待业青年。有些报名者不敢告诉父母，要求不要公开名字。

**西式快餐**　合众国际社 1984 年 2 月 19 日电，中国的第一家西式快餐店——"义利快餐厅"开张，这是唐老鸭带动的食品革命。除了汉堡包外，还出售热狗、油炸食品、炸鸡、冰淇淋卷、煎薄饼和份饭。

**街上流行红裙子**　《红衣少女》中的安然掀起了穿红裙子的风尚。

**录像厅**　比比皆是，很多人沉迷于这里播放的港台片和好莱坞盗版片。

★本年焦点：我们都"下海"吧

新中国成立后共有 3 次下海经商浪潮，分别发生在 1984 年、1987 年和 1993 年。1984 年那一拨，多数是靠继承海外遗产、留洋打工、倒腾紧缺商品，甚至包括部分靠辛勤劳作先"富"起来的人群，也就是银行账户上存有十几二十万的人群，俗称"食利阶层"，他们过着悠闲、富足的生活，成为当时社会羡慕的对象。那个年代最受欢迎的职业排序依次是：出租车司机、个体户、厨师……最后才是科学家、医生、教师。"修大脑的不如剃头的""搞导弹的不如卖茶叶蛋的"是当时社会的真实写照。不过，1984 年的经商潮灰色经济特点巨浓，最终被国家整顿下去。当时的"大款"，按现在的标准，不过是一个中下水平的工薪阶层。

● 1985 年

**西方流行乐队首次在中国演出**　英国"威猛"乐团在北京、广州的演出轰动一时。北京的门票是 5 块钱，相当于普通中国人半个礼拜的工资。黄牛票卖到 25 元一张。

**彩电村**　美联社 1985 年 2 月 17 日电，在中国，目前有一个象征富裕的新词，那就是"彩电村"。这种村庄里的每户人家都有一台彩色电视机，黑白电视已经过时了。这个国家的第一个"彩电村"在北京郊区的平谷区。据中国政府统计，中国目前有 4 000 万台电视机，而 10 年前只有 20 万台。

高尔夫球合法化　长期以来被视为资产阶级娱乐活动的高尔夫球和保龄球被正式承认为体育比赛项目。

中国模特儿首次登上法国 T 型台　《法国费加罗报》1985 年 7 月 27 日报道，中国模特儿来巴黎为皮尔·卡丹作表演，这是中国模特儿第一次被允许出国。5 月，这 8 位中国姑娘同其他 25 名男女一起在工人体育馆激起了阵阵掌声。那是皮尔·卡丹在中国举办的第 4 次时装表演。1.5 万名热情的观众欣赏了这位高级时装设计师 1985—1986 年度的最新样品。但是，胸肩过于袒露、紧身裙大腿部分开衩太高……这些东西在看台上引起惊讶和反感。

《上海滩》　周润发主演的《上海滩》
开播。从一个学生到黑道枭雄的演变突破
了内地作品的题材禁忌，而江湖、爱恨、
快意恩仇的主题至今仍未过时。许文强头
戴礼帽，西装革履，白围巾轻拭鼻尖的派
头倾倒无数少女。

第一次"性学热"　阮芳赋的《性知
识手册》和吴阶平的《性医学》出版。"陈
世美"和"第三者插足"变成"婚外恋"，
接着"情人"说法出现；"上床"，变成
"性生活"，然后又变成"做爱"。官方使用
的"色情淫秽录像"一词，被叫作"毛片
儿"。北京处级以上的作家抢购洁本《金瓶
梅》，只印 1 000 套，删去了 19 610 字。

★本年焦点：《男人的一半是女人》

痛诉文革悲惨命运的"伤痕文学"流行一时，张贤亮的《男人的一半是女人》是其中最著名的一部。它第一次谈到了性压抑的问题，一个因右派而入狱，另一个因作风问题被劳改。两个人在劳动的麦田里避开看守做了半个小时的夫妻，再见面时已是 8 年之后。文章的后半部分很像王朔的《过把瘾就死》，都是讲两个人从相爱到分手的无奈和彼此伤害。不同的是，《男人的一半是女人》里有大量描写偷窥、做爱和通奸的情节。在当时，这部小说引起的反响不逊于《洛丽塔》对西方世界的冲击。但是，与 1993 年贾平凹的《废都》不同，张贤亮只是把性当作一种文化的、生命的思考对象，书中的性描写无论怎样惊世骇俗，但都具有理性和美学情致，紧扣人物的个性和命运。在他的作品中，性是一种道德，负载着沉甸甸的内涵，而不是小说情节的调剂物。

● 1986 年

朦胧诗　创造并统治这一时代的有 3 个人：北岛、顾城和舒婷。

婚姻基础　"海陆（落）空"成为婚姻的基础。"海"指海外关系；"陆

（落）"指"文革"期间被没收的财产落实政策后被退回来；"空"指有一个现成的单元房子能够马上搬进去住。婚姻往往要问"有多少条腿"，也就是有多少件家具。农村结婚讲究四大件：自行车、手表、风扇和缝纫机。城市结婚要求"四个现代化"：电视机、洗衣机、立体声和电冰箱。结婚的平均开销是3 500元，这笔钱由男方及其父母筹措。因彩礼数额不够，父子吵架、新娘不出门、新郎被嘲骂的事情时有发生。

　　奔驰开进中国　梅赛德斯-奔驰（中国）有限公司成立。

　　比基尼　第四届全国健美比赛在深圳举行，比基尼女孩在台上的竞技，遭到一通口诛笔伐。

　　到处都是桌球　连路边小吃店或小修车场都放置桌球供顾客娱乐。逃学去玩桌球的孩子增多。

　　★本年焦点：崔健和中国摇滚崛起

　　《信天游》引爆了"西北风"，寥寥数首名作成了"全国粮票"；以齐秦、苏芮为开端，港台艺人大举登陆，原人原唱原作，使大陆歌坛"翻唱歌曲"宣告灭亡。这时，一个穿着黄军装、挽着裤腿、其貌不扬的家伙用沙哑的嗓音喊出了一代人的心声：对自由的渴望、对传统的叛逆、对激情的追求。王朔说过："我第一次听《一块红布》都快哭了。写得透！当时我感觉我们千言万语写的都不如他这二言两语的词儿。"有这种感觉的绝不只是朔爷一个人。崔健的声音就像是我们自己的怀疑："为何你总是笑我，一无所有?!"我们几乎不假思索地爱上了他的音乐。世界一天天在变，变得我们自己都不认识自己了。那时，崔健的歌是我们唯一相信的东西，他的爱情让我们温暖，他的愤怒是我们的不平，他的晦涩令我们拘谨，他的温柔是我们的声音。《一无所有》标志着一个时代的心态。从那以后，歌坛分化了，娱乐方式也多元化了，用现在时髦的话说：人民掌握了自主进入娱乐圈的权力。

● 1987 年

**艾滋病恐惧症** 共同社 1987 年 8 月 31 日电，在饭店服务员、导游人员等涉外旅游工作人员中，艾滋病恐惧症正在扩大，卫生部门正在竭尽全力普及正确的艾滋病知识。饭店服务员最讨厌的工作是打扫外国人房间。他们说："要是染上艾滋病怎么办。"有的导游极力回避和外国人握手。

**霹雳舞** 美国电影《霹雳舞》上映后，"太空步"开始席卷内地，是当时最酷的舞蹈。有些人在大街上跳舞，引得观者如云，堵塞交通。年轻人烫爆炸头。

**彩票** 福利彩票发行，1994 年，又发行了体育彩票。到了 2000 年，最吸引人的地方莫过于彩票销售点了，一两元的彩票最高可中 500 万大奖。

**肯德基** 11 月 12 日肯德基在北京前门设立了中国的第一家餐厅。

**游戏厅** 从都市向乡村蔓延。

★ **本年焦点：费翔铸就第一批追星族**

混血儿的外貌和奔放的舞姿在冬天点燃大火，从此，崇拜明星现象逐渐成为都市文化的主流。第一批追星族出现了。直到 15 年后，我们才逐渐认识到：费翔是一个敬业的艺人，不是明星。"我不知道我是为什么成功的，是我的实力还是'费翔'这两个字，所以我决定到谁也不认识我的美国去。"来到纽约后，费翔租了一个小房子，找了一个经纪人就开始了自己的梦想。他每天把打印好的简历投到不同的地方，在当地登记的 7 万多名演员中寻找机会。除此之外，费翔从不玩"绯闻游戏"，现在哪还有比他更单纯的偶像？

● 1988 年

**《红高粱》** 这部获得第 38 届柏林国际电影节金熊奖的作品，标志着中国电影的复苏。张艺谋和他所属的第 5 代导演日渐活跃。

"你可以保持沉默，但你所说的每一句话都可能作为呈堂证供"《神探亨特》使这句英美法系中的名言路人皆知。

**人体摄影** 在北京的中国美术馆举办的"油画人体艺术大展"，参观者多达 22 万人。同年举行的大型摄影展览《艰巨历程》中出现了两幅人体摄影照片，其中一幅表现一个妇女以自己乳汁喂解放军伤员的新闻照片，后来被列入虚假作品。

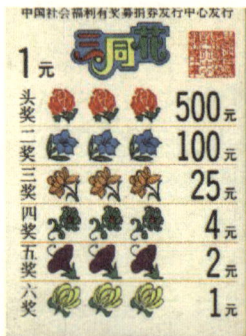

**《囚歌》**　音像公司借一个被判刑的电影演员出狱之际，推出以劳改犯自述为主题的《囚歌》，歌坛炒作达到新高度。

**少儿不宜**　电影《寡妇村》中出现露脐装和"想男人"的主题被列为首部"少儿不宜"。

**那英亮相**　以一曲西北风《山沟沟》成名。早年，她多模仿苏芮，《山不转水转》使她名动神州，奠定了她内地歌坛的"大姐"地位。此后 10 年里，那英垄断了国内所有最佳（最受欢迎）女歌手奖项。

**世界新闻摄影图片展**　1 月 5 日在北京举行，人潮汹涌，挤垮展板。

**宝洁**　宝洁带着飘柔、舒肤佳等产品来了，它掀起了国人到外资公司工作的欲望。

**脑体倒挂**　摆个摊就成"万元户"，而脑力劳动者月均收入只有 172 元。北京地区招收 89 级研究生，计划招收 8 600 名，但报名人数不足 6 000 名。

**★本年焦点：王朔年**

王朔的 4 部作品在这一年被同时搬上银幕，文学界、电影界、评论界不约而同地称 1988 年为"王朔年"。这位真正把握了北京话本质的语言天才，复活了大批鲜活的市井流行语，并以反弹琵琶的方式借用了习惯性话语，用调侃的方式来躲避崇高，从而消解了中国文学严肃、正经的刻板面目。他创造的"我是流氓我怕谁""过把瘾就死""千万别把我当人""一点正经没有"等语录，已成为坊间的日常用语。从纯情篇的《空中小姐》《一半是海水一半是火焰》《动物凶猛》到谐谑篇的《顽主》《一点正经没有》《谁比谁傻多少》，再到后来的《无知者无畏》《美人赠我蒙汗药》，王朔旗帜鲜明的民间语言风格，影响了一代人说话和写字的表达方式，更重要的是，他改变了人们看世界的眼光。王朔的小说让老一代文人找不到北，其中一位这样评价王朔："明明是对非道德现象表示忧虑，他非说你是在建立道德理想国不可。你追求信仰，他说你弱智。你呼唤精神，他说先得解决温饱。你反对物质主义，他说你反世俗，反现代化……"

**● 1989 年**

**模特职业化**　首届"新丝路"模特大赛举行。

**港台明星引进年**　大批台湾歌星的盒带正式引进，形成自邓丽君以来第二次港台歌曲输入的高潮。王杰、童安格、姜育恒、张雨生、千百惠、小虎队、红唇族、谭咏麟、梅艳芳等港台歌星风靡一时。

王菲出道　正式闯荡歌坛时，她还是那个叫"王靖雯"的女孩，模仿邓丽君。然而，当她使用"王菲"一名后，就变成了流行风向标，从熊猫眼、蝴蝶妆到晒伤妆，无一不令人惊艳。

席慕蓉热　那时年轻人有两件大事：背英语、背席慕蓉诗。

名片热　最时髦的小纸片，有身份的象征。

★本年焦点：宫廷风

日本《周刊时事》1989 年 2 月 24 日报道，"宫廷风"正横扫中国。一家酒厂的老板说清朝末代皇帝溥仪的弟弟溥杰为其产品题了"宫廷酒" 3 个字；在传统式样的黄色点心盒上印着"清宫御点"或"宫廷糕点"等字样；在商店的茶叶柜台上，陈列着标有"御用珍品"字样的茶盒；供应宫廷菜肴的高级餐厅位于北京北海公园之内，餐厅门外悬挂着"宫廷风味"的招牌；各风景区出租皇家风格古装，以供拍照。此风不断延伸到电视剧里——满目皆"帝王"，而且，随着中国经济的发展，从亡国帝王题材，以清朝为主，逐渐向兴国帝王转变，如康熙、乾隆。2003 年，汉唐盛世的帝王题材颇为热门。

● 1990 年

"里面的人想进去，外面的人想出来。"《围城》使婚姻关系变得耐人寻味而复杂。

第一部国产泡沫剧　《渴望》是知青时代最后的回光返照。

"传销"日盛　继雅芳后，第二年，安利和仙妮雷德也闯进中国。传销的模式流行起来，这三种外籍品牌受到青睐。

夜总会　在深圳、广州出现。

★本年焦点：诗人时代的终结

汪国真的诗先以手抄本形式风靡全国。5月21日，第一部诗集《年轻的潮》出版，连续5次印刷，印数达15万册，成为本年十大畅销书之一。紧接着又出版了《年轻的风》《年轻的思绪》《年轻的潇洒》等，仅中国友谊出版社就出版了9种《汪国真诗文系列》。出版界将这一年称为"汪国真年"。大学频频举办汪国真诗歌赛，而汪本人走穴四处演讲，并声称要拿诺贝尔文学奖。但狂热转冷后，评论界认为，汪国真的诗歌内容肤浅，是思想的快餐；有人评价说，他的诗歌实际上是将千百年来的各种至理名言，以押韵分行的形式更浅白地表达出来而已。两年后，汪国真淡出人们的视野，1993年，他练起书法，鲜有公众活动。2001年尝试突围失败。

● 1991年

呼啦圈　呼啦圈全民运动，是当时最普及的运动器材。

卡拉OK　这种自娱自唱至今仍是很多人的休闲首选。

性脱离爱情婚姻　80年代我们唾弃婚前和婚外的性行为，现在却有了"傍大款"和"养小蜜"。

传呼机　又叫BP机。先是数字传呼，等到中文传呼机出现，年轻人喜欢用它来传递情话。

★本年焦点：金爷称雄

"飞雪连天射白鹿，笑书神侠倚碧鸳"，14部金庸小说在迷倒了海外华人和港台同胞后，正式刮入内地。三联书店与金庸联姻，真正成就了"有华人的地方，就有金庸小说"的传奇。中国国家两代领导人先后接见了金庸，邓小平笑说："对查先生，我也是知名已久了。"江泽民说："查先生是久仰了。"金庸，原名查良镛，生于1924年，浙江宁海人，与新派武侠小说先锋梁羽生结为好友后，1955年开始发表第一部小说《书剑恩仇录》，神话诞生了，接着，《雪山飞狐》导致洛阳纸贵，而《射雕英雄传》被视为"天书"，奠定了金庸新派武侠小说一代宗师的地位，时年，金爷仅34岁。60年代他又写作了《笑傲江湖》《鹿鼎记》等作品。1972年金庸封笔。至此，"武林"至尊，惟数金庸；风行天下，谁与争锋？金庸小说发行量过亿册。从《书剑恩仇录》起，金庸小说捧红了一代又一代影视导演和明星，金庸（他创办的《明报周刊》是香港地区第一份娱乐杂志）是娱乐界真正的大师、票房的不倒翁。其通俗直白的语言风格、跌宕起伏的故事情节，将民族大义、爱国精神融入惊心动魄的戏剧化冲突中，深浅互见。"这里躺着一个人。在20世纪、21世纪，他写过十几部武侠小说。他的小说有几亿人喜欢。"这是金庸为自己写的墓志铭。

● 1992 年

炒股　全民炒股从此开始，潘虹主演的《股疯》反映了举国的疯狂。

"不管黑猫白猫，能捉老鼠的就是好猫"　邓小平语录，最流行的一句话。

辉煌的校园风　《同桌的你》《睡在我上铺的兄弟》等内地校园歌曲风起云涌，高晓松、老狼、沈庆等人将中国歌坛带入新时期。

国际顶级时尚品牌集体进入　路易威登的第一家专卖店在北京王府饭店开张，阿曼尼、香奈儿和古琦、CD 跟上。专卖国际中高档品牌的国贸商城开业。

洋酒　6 月，轩尼斯 XO 再次打入中国市场。

"讨个说法"　8 月 31 日首映的《秋菊打官司》，令秋菊（巩俐主演）的一句话成为现今打官司者的口头禅。

春节游　大年三十，5 个结伴前往哈尔滨看冰灯的年轻人成了新闻人物，过"团圆年"的观念正在改变。寻呼和贺卡拜年流行。

方便面　台湾顶新集团销售康师傅方便面，这种速食食品成了家庭必备。

足球俱乐部制　第一个洋教头施拉普纳来了，第一代国产足球明星高峰、郝海东等崛起。

第一个电影节　长春电影节有 98 位影星和 45 位歌星出场。

★本年焦点：大半个中国都在笑

王朔"触电"就成了最大的通俗娱乐制造者，他编剧的第一部国产室内轻喜剧《编辑部的故事》，让李冬宝和戈玲式的幽默，笑倒了大半个中国。一代笑星葛优问世。国人头一回发现，鸡毛蒜皮的小事和市面上令人烦恼的不正之风也可挖掘出调剂快乐的元素。从这一年起，我们开始学习在各种困境中找到快乐。一年后，英达与梁左又推出了 120 集《我爱我家》，它是国内第一部情景喜剧（现场有观众、掌声和笑声），成为国产情景轻喜剧里不可逾越的高峰。

● 1993 年

第一份吃喝玩乐的报纸　1 月 8 日，《精品购物指南》创刊。

第一本时尚杂志　8 月《时尚》杂志创刊。

出国就为了给老外刷盘子？　出国热中电视剧《北京人在纽约》开播。声称不演电视剧的姜文扮演男主角王启明，王姬出演阿春。

最大的商业化民间外语学校　北京新东方外语学校成立。

人体摄影趋于活跃　7 月，澳大利亚华人张晓雄在北京举办了男性人体摄影展；一本反映中国精神病人现状的人体纪实摄影作品《被遗忘的人们》（马小虎摄）在日本出版；旅美女作家闵安琪的《陈冲写真集》在海外发行获得成功。后来，哈日族使"写真"一词流行开来。

别糟蹋了农民　"农民"竟然成了最普遍的骂人的话，以致有人反感地批评说："别糟蹋了农民！"

★本年焦点：《废都》废了谁？

以美文著称的贾平凹冒了他平生最大一次险——6 月，《废都》出版，被称为"当代的《金瓶梅》"。正式印刷 48 万册，加上各种盗版发行量在 100 万册以上。半年后，它被国家新闻出版署宣布为"禁书"，批评声波澜壮阔。同样都有性描写，陈忠实的《白鹿原》却受到了欢迎。至今仍有人认为《废都》是自恋的"垃圾"：一个自诩精英的文化人沉溺于与 3 位女性的性游戏中，她们之所以争相与庄之蝶发生肉体关系，主要是因为庄是"名人"。在作品中，贾平

"回到了遥远的古代。在那里，他享受到文人的特权与荣耀，并进入文人的各种习性、癖好和游戏的生活方式之中，同时表现出男人的征服欲和对妇女的狎玩"。小说杜撰了一个叫西京的都市，《废都》之"废"，明显是"颓废"。虽然有文学教授提醒人们《废都》表现了"精英作家的精神还俗"，并对大家是否正确解读了这部小说提出质疑，但事实是，无论这部小说在当时引起多大的"地震"，现在，它已很少被提及。

● 1994 年

《过把瘾》　根据王朔的《过把瘾就死》《空中小姐》等几部小说改编，王志文和江珊成本年度最受注目的影视明星。

第一部进口大片　11 月 12 日《亡命天涯》首映，主演哈里森·福特。

诺基亚　接通中国第一个 GSM 移动电话。2003 年，它挤下摩托罗拉，成为中国最大的手机供应外商。

宝马　在北京设立第一个代表处。国人"开奔驰、做宝马"的财富大梦想由此起步。

哈日　一股崇尚日本明星的风潮从中国台湾吹到了内地，在 70 年代后出生的人中风行开来。他们出门玩滑板，穿 HIP－HOP 的衣裳，扎花里胡哨的头巾，喜欢《樱桃小丸子》《机器猫》《美少女战士》《灌篮高手》《流星花园》等卡通片，看《情书》《爱情白皮书》等日剧，他们穿着松糕鞋和有短流苏的裙子，顶着一头纤维烫发，《HOW》杂志为哈日族提供了精神食粮。他们疯狂地热爱酒井法子、安室奈美惠、宇多田光和木村拓哉。他们对西方时尚文化可不来电。

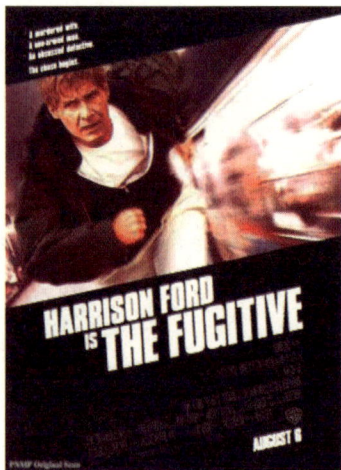

★本年焦点：超市革命

3月26日，马来西亚零售商百盛进入中国，超市出现了。第二年，家乐福和普尔斯马特等蜂拥而至，将超市演变成国人最喜欢的购物场所，先是柜台式超市，然后仓库式的大超市也来了。与传统购物方式不同，超市对我们产生了极大的冲击：琳琅满目的商品近在咫尺，相当有视觉效果，令人充满购买欲望；不必再看售货员的嘴脸，自选自取的方式给了顾客最大的选择权，如果你改变主意可以把商品随时放回原地；在超市流行的初期，偷窃现象时有发生，要抵御不把触手可及的商品偷偷放进自己口袋里的诱惑的确很难，这考验了我们的道德。在超市已经遍地开花中国的今天，逛超市成了很多闲来无事的人的首选，很多男性一直不喜欢去商场，但他们都会喜欢逛超市。这有助于调整夫妻和男女朋友关系。

● 1995年

全民奔小康　《读者》杂志刊登的第一个广告，就是小康之家的形象广告。国人展开了如火如荼的奔小康运动。

正版大片强势进入　进口分账电影成批进入，《北京青年报》率先称其为"大片"。这一年，阿诺·施瓦辛格主演的《真实的谎言》和汤姆·汉克斯的《阿甘正传》引人注目。成龙的《红番区》是首部在全球华人区同步上映的贺岁片。

《阳光灿烂的日子》　姜文执导，他把初出茅庐的夏雨捧成戛纳影帝，此片奠定了姜文顶级电影人地位。

"恭喜发财"　最流行的祝福，1998年由"身体健康"取代。

★本年焦点：《大话西游》

本年拍摄的"大话"系列在香港并没有为周星驰赢得多少声誉，但转战内地后，却造成空前而漫长的轰动。他的"无厘头"风格——要么一本正经地去干一件无聊事，要么嬉皮游戏地去干一件正经的事；语言幽默，甚至低俗；动作夸张，甚至下流。但是却抓住了千百万年轻人的心。在当代中国，只有3个文化人被尊称为"爷"，即金爷（金庸）、朔爷（王朔）、星爷（周星驰）——正是《大话西游》成就了他这个"爷"梦。它分上下两部：《月光宝盒》和《大圣娶亲》，处处都是经典桥段，被 70 年代和 80 年代出生的人长期地大面积地引用，痴迷者要看上十几遍才觉过瘾。如果你遇到年轻的陌生人不知如何开场白，建议你用"I 服了 YOU"或者"你妈贵姓？"对方立时默契莞尔。

● 1996 年

网吧　5 月，第一家网吧威盖特在上海出现，这种高科技休闲方式很快被爱追潮流的年轻人接受。不过，家长通常都痛恨网吧：他们的孩子逃学到网吧玩游戏；网吧暴力事件也时有发生。

搜狐网问世　8 月，著名的尼葛洛庞帝的弟子张朝阳在创办了这家门户网站后，成了时尚人物，受到国内媒体的追捧。

刘罗锅　李保田主演的电视连续剧《宰相刘罗锅》吸引了大批观众。连刘罗锅爱吃的芋头也突然热销北京。同该剧一同蹿红的还有王刚演的和珅。此后，王刚几乎包揽了所有和珅的角色。

中国式的美国梦　只要是美国梦，不少中国人都爱做，不过这一回，好莱坞却做了个中国式《廊桥遗梦》。同名的书籍也在国内热销。

男人弱"性"？　性生活里，女性的期望值开始超过男性，不是处女已不受歧视。壮阳药泛滥。

★本年焦点：韩流入侵

这股潮流从歌坛吹到影视界，连韩国高科技公司也受益匪浅。9 月，SM 公司包装推出了 H.O.T 组合，这 5 位唇红齿白小男生凭借劲爆的视觉张力、颇具颠覆性的自我表现舞曲及炫丽的舞台效果，刮起了强劲的旋风，席卷了整个亚洲及中国，迷倒 18 岁以下的少年人。他们是第一支被中国正式引进唱片的韩国乐队。2000 年 2 月 1 日，H.O.T 乐队在北京举行演唱会，现场狂热犹如当年欧美追随披头士。H.O.T 穿着裤管异常肥大的超级"水桶裤"，戴着亮闪闪的首饰，耳朵上挂着耳环——无一不被争相模仿。中国最大的韩国流行音乐俱乐部 Do-re-mi 有约 1 万名会员，鼎盛期每月以 3000 人的速度递增。随着韩国音乐大行其道，安在旭、张东健、金喜善等韩国明星在中国的声望如日中天；韩剧流行，到《我的老婆是大佬》《野蛮女友》时达到顶点；三星电子和 LG 等韩国公司也大借东风，中国区销售额节节攀升。

● 1997 年

MBA（工商管理学硕士）成抢手货　他们受到中国公司的大力追捧。到国外读个 MBA 成为时尚，书店冒出各种 MBA 书籍。

英语辞典热卖　《朗文当代英语辞典》占据图书排行榜首位。

大家都去逛国美　1 月 1 日，北京国美电器有限公司开始家电零售连锁经营，人们涌进国美，挑选比其他商场便宜得多的家电产品。

"飞黄"的收视高潮　6 月 1 日，柯受良驾三菱车飞越黄河被电视台现场直播，吸引了众多国人收看。从此，国内各种"飞越"壮举不断。

美女都爱穿凉拖　拖鞋本是家居和澡堂里的专利，但今年，大街上出现了跟着五颜六色的凉拖鞋的年轻女性，它们大多以透明塑料和真皮制成。

都市白领的标准着装　男性白领们爱穿浅蓝色衬衫。

★本年焦点：香港回归

7 月 1 日，香港地区终于重回国人手中。香港的回归使中国的大众流行文化进入一个全新的时代：作为亚洲最活跃的娱乐天堂，香港大批的明星可以更自由地到内地发展，内地庞大的电视、电影和演艺市场变得更加活跃；从香港开始的时尚流行都能更迅速地渗进内地；香港娱乐圈的狗仔精神和八卦新闻移植到内地娱乐界。回归前，内地的流行差了香港一截，到此后，就扯平了。

● 1998 年

**小燕子飞上艳阳天**　琼瑶在今年暑期档推出的电视剧《还珠格格》，连续火了两年后，至今仍有电视台重播。女主角小燕子的扮演者赵薇一跃成为中国内地最热门的偶像明星，甚至引发社会上"小燕子热"的大辩论——因为其拥趸都是少年儿童。

**今年过节不收礼，除非你送脑白金**　今年正式上市的脑白金在第二年中秋节格外引人注目，因为它号称"今年过节不收礼，收礼只收脑白金"，而这句广告词逢年过节就成了人们的口头禅。

**冯氏电影称霸影坛**　内地第一部贺岁片、冯小刚导演的《甲方乙方》登场，中国终于有了跟国际大片较劲的电影。

**3 大网站敛聚数千万网民**　3 家对国人产生巨大影响的网站都在这一年诞生：联众网。作为全球最大华人游戏网站，到了 2003 年，全球注册用户高达 1 600 万人；腾讯公司推出的网上即时通讯 OICQ 目前已经拥有 3 900 多万个注册号码，活跃用户大约 1 500 万人，许多网恋者均通过 OICQ 认识；12 月，四通利方

公司并购海外最大的华人网站华渊资讯，成立全球最大华人门户网站新浪网。这3大网站为互联网网络了数千万网民。

★本年焦点："伟哥"火大发了

Viagra 在美国上市，顿时全球震动。美国辉瑞药业公司第一个季度销售额为4.09亿美元，创下行业纪录；3位美国科学家罗伯特·佛契哥特、罗伊斯·伊格纳罗和弗瑞·慕拉德，因探索出 Viagra 治疗机理获得1998年诺贝尔医学奖。Viagra 主治阳痿，非常有效，以致台湾省叫它"威尔刚"，而内地和香港称呼它"伟哥"。从此，"伟哥"大名带着强烈的暧昧弥漫了中国——在国人看来，它就是种春药。"伟哥"引发的全球社会效应前所未有：在美国，一位77岁老翁要求卖给他1 000粒，以便讨回他多年来的"损失"；它在中国台湾一上市，一些老太太就投诉说，她们清晨在公园里运动时，有部分老先生对她们毛手毛脚；一名60岁埃及男子视"伟哥"为唯一的救星，但收效不佳，一气之下引火自焚；Viagra 尚未在内地上市前，其中文"伟哥"商标之争已引发多起官司，1999年，沈阳飞龙集团销售"伟哥开泰胶囊"被禁事件受到广泛关注。

● 1999年

E 时代到来　都市里，对互联网经济的痴迷已到令人盲目的程度，E 时代就这么来临了。网站遍地开花，以致泡沫泛滥。这股热潮引发了"大跃进"式的炒作概念热、网恋异军突起，也带动了电脑的普及，CNNIC 机构统计，到2000年1月，中国上网电脑有892万台，上网用户数达2 250万人。

星战迷大饱眼福　11月5日，卢卡斯星战系列第4部《星球大战前传之魅影危机》在华首映，将它7个月前在美国制造的狂热照搬到中国。

超级模仿秀成为综艺节目的翘楚　湖南卫视的"欢乐总动员"栏目推出了"超级模仿秀"，完全升华了卡拉 OK 的平民化精神，夺得本年度最受欢迎的综艺节目桂冠。

最美二人组　"羽-泉"是中国台湾地区滚石公司签下的第一支内地组合。这支二人组凭借《最美》上升为当年最红的音乐组合。

第一部国产偶像电视剧　受日韩剧影响，继前一年张扬执导青春偶像电影《爱情麻辣烫》并创下3 000万票房收入后，《将爱情进行到底》正式拉开了炒作国产青春偶像的序幕。

1999 年 9 月 9 日　在整个 20 世纪再也找不出比这个日子更适合结婚的了，本着天长地久的美好愿望，中国婚龄男女有相当一部分都选择了这一天结婚。

★本年焦点：痞子蔡掀起网络文学热

痞子蔡，《第一次亲密接触》中的男主人公，他在网站的留言板上写下了这些话：如果我有一千万，我就能买一栋房子。我有一千万吗？没有。所以我仍然没有房子／如果我有翅膀，我就能飞。我有翅膀吗？没有。所以我也没办法飞／如果把整个太平洋的水倒出，也浇不熄我对你爱情的火焰。整个太平洋的水全部倒得出吗？不行。所以我并不爱你。轻舞飞扬，《第一次亲密接触》中的女主人公，这个患了绝症的女孩在看到上述话后，与痞子蔡展开了一段生死恋，最后她回复道：如果我还有一天寿命，那天我要做你女友。我还有一天的命吗？没有。所以，很可惜。我今生仍然不是你的女友／如果我有翅膀，我要从天堂飞下来看你。我有翅膀吗？没有。所以，很遗憾。我从此无法再看到你／如果把整个浴缸的水倒出，也浇不熄我对你爱情的火焰。整个浴缸的水全部倒得出吗？可以。所以，是的，我爱你。痞子蔡是蔡智恒的网名兼笔名，蔡智恒是《第一次亲密接触》的作者，1999 年，这本书出版，连续 22 个月高居内地畅销书排行榜。而在此之前，他在网上连载的这部小说已经打动了所有中国网民。蔡智恒引出了一大批网络文学作者，如邢育森、王飞雄、俞白眉等。一年后，这些作者纷纷落地，集体创作了《闲人马大姐》和《东北一家人》等情景喜剧。

● 2000 年

MP3　MP3 逐渐替代 CD 机成为年轻人喜欢的音乐播放器。

"爸爸"掀起驭金热　《富爸爸，穷爸爸》讲述一个真实故事。作者罗伯特·清崎的亲生父亲和朋友的父亲对金钱的看法截然不同，这使他对金钱产生了兴趣，最终他接受了朋友的父亲，即富爸爸的建议：让金钱成为他的奴隶，让金钱为他工作——清崎变成了极富传奇色彩的投资家。这本紫皮书让中国人"大洗脑"，人们热衷于学习"怎样才能令金钱拜倒在我们的石榴裙下"。

哈利·波特光临 10 月 6 日，哈利·波特系列丛书中文版之《哈利·波特与魔法石》《哈利·波特与密室》《哈利·波特与阿兹卡班的囚徒》在全国上市。出版商人民文学出版社第一版 3 册书共印了 60 万本，创下第一版印数的最高纪录。

宽带　宽带成为热门话题，通过宽带可从网上快速下载音乐和电影的诱惑，吊足不少青年人的胃口。

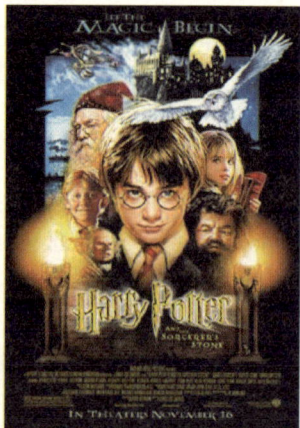

★本年焦点：龙子龙女批发出世

新一轮生育高峰在这一年出现了。作为21世纪的头一年，又是中国农历之龙年，育龄男女们疯狂争做世纪婴儿们的老爸老妈，在前一年，他们仔细计算产期，一不小心怀孕过早，不惜为此堕胎，重新再孕，某些人两次怀孕的时间相差仅一个多月——把健康都豁出去了！但你能说什么呢？连联合国都在全球搞了个"世纪婴儿"评选，传言称，在1月1日凌晨1点1分这段时间，全球有600个婴儿荣誉诞生了。这一年的全球新生儿比以往多出200万～300万，但3年后，中国的世纪婴儿们挤爆了幼儿园。

● 2001 年

"传奇"缔造传奇　7月，上海盛大网络公司引进大型网络游戏"传奇"。一年后，同时在线游戏人数突破50万人。到了2003年，它拥有7 000万注册用户。

丑男人和他的东北版雷锋　雪村在1995年写成《东北人都是活雷锋》做成FLASH后随着网络火遍大江南北，是继任贤齐《心太软》之后最流行的口水歌。

怪论百出的"色小孩"　日本动画片《蜡笔小新》在16～35岁之间的年轻人中大受欢迎，人们模仿主人公小新瓮声瓮气地说话，关于小新的著名段子被反复引用。

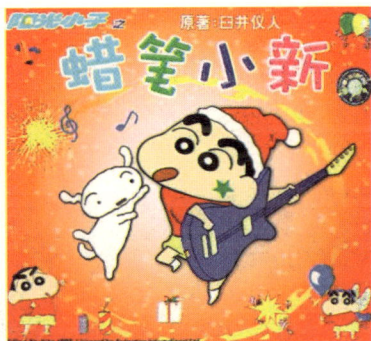

同性恋不再被当作精神病　中国做了个美国28年前就做出的决定——《中国精神障碍分类与诊断标准》第3版发行，同性恋的性活动不再是心理异常。从前，同性恋被归类为性变态，随后又普遍认为它是性心理障碍。

唐装享誉全球　上海APEC峰会上，20位国家领导人集体亮相，他们齐刷刷地穿着大红色和宝蓝色的中式对襟唐装，霎时光彩四射，此情景通过电视、报纸等媒体传遍全球，中国唐装迅速流行。

《花样年华》带动旗袍热　片中张曼玉身着旗袍的造型性感、优雅，使旗袍弥漫了第二年的春夏秋。

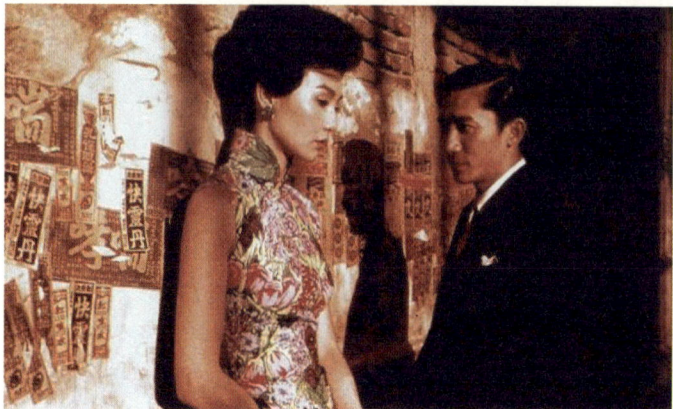

贵族车发表宣言　虽然 1994 年劳斯莱斯就在中国现身，但直到这一年，劳斯莱斯才正式在内地建立了专门的展示厅。

★本年焦点：与世界同时的新闻报道

2001 年 9 月 11 日发生在美国的世贸双子塔被撞毁事件，成就了新浪在新闻即时报道中的盛名：在事发后 8 分钟，新浪就报道了此事；12 分钟后，它的短信用户就收到了这条消息——这是中国新闻界首次以如此短的时间（几乎可说是同步）发出最新报道。仅比布什总统听到被撞消息晚 3 分钟。当中国最大门户网站新浪开始推出新闻频道时，众多人认为它在"炒"其他媒体"冷饭"，没什么意思。但在随后的中国驻南斯拉夫大使馆被撞、1998 年世界杯足球赛的报道中，新浪逐渐显示出快捷的优势。到新浪看新闻已经成为很多拥有电脑的中国人的首选。

● 2002 年

手机短信拜年火爆　据说春节期间，共有 70 万条短信从手机发出。

《谁动了我的奶酪》　中信出版社第一个成功商业作品。2001年9月首次出版，到2002年重印9次。作者斯宾塞·约翰逊在欧美已经创造了出版业的奇迹——自1998年9月由美国普特南出版公司出版后，两年中销售2 000万册，雄踞亚马逊网上书店第一名约80周，同时迅速跃居《纽约时报》《华尔街日报》《商业周刊》最畅销图书排行榜第一名。

新同居时代　非情人非夫妻的异性合住日益普及。女人喜欢跟异性合住，因为男人不会小心眼，更能带来安全感；男人喜欢跟异性合住，因为她们爱干净，善于收拾房间。

新概念炒翻天　"白骨精"综合了以前对"白领""骨干""精英"的称谓；BOBO一词开始流行。

蕾丝　该年里最受欢迎的服饰。它们被点缀在服装中所有能够点缀的地方，从领口到裤脚。

德国大众春风拂面　中国超过美国成为德国大众第一海外市场。满街都是它的桑塔纳、POLO和帕萨特。

江诗丹顿　1755年问世排名世界第二的江诗丹顿手表在北京开了第一家专卖店。

《大腕》独秀　冯小刚出色地暴露了社会上各种炒作手段，极具幽默和嘲讽。

国际级选美　环球小姐大赛第一次设立了中国小姐的席位。卓灵获亚军。

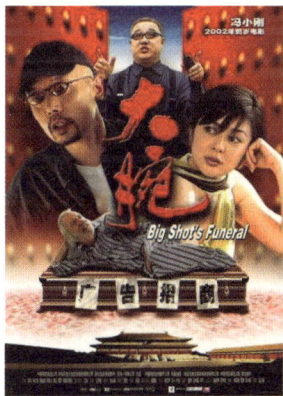

★本年焦点：一本事先张扬的裸体画册

直到2003年9月，这本2002年9月出版的写真集，仍然跻身各大书店的畅销书排行榜。它就是号称"中国第一本人体模特署名"的《汤加丽人体艺术写真》。虽然书店里放置人体艺术画册的柜台，每天都有人头攒动，但画册里的人体模特总像做了什么亏心事似的一律"隐姓埋名"；而汤加丽不同，她敢署名，就意味着她事先已准备好来一场前所未有的张扬。许多国人已经做好了准备，给艺术的裸体及它的主人以应有的尊重。

# 第三节　2002 年以来的十大流行语

中国主流报纸十大流行语的统计和发布始于 2002 年。从 2003 年起，由每年一项年度流行语发布增为每年春夏季流行语和年度流行语两项发布，并且在分类上不断细分。2006 年开始按月统计和发布流行语。从 2007 年开始，活跃的网络语言及 BBS 语言也将进入统计范围。这项活动由北京语言大学、中国新闻技术工作者联合会、中国中文信息学会等机构联合进行。2004 年国家语言资源监测与研究中心，2006 年中国传媒大学加盟其中。流行语的产生是一个复杂的过程：先要通过语料入库、合并媒体文件形成初始表文件，在此基础上计算出词语的全年平均流通度，接着滤除全年中低频词和高频词，然后提取流行语备选词汇，最后考察词语的曲线类型，提取十大流行语。

● 2002 年中国报纸十大流行语

十六大、世界杯、短信、降息、三个"代表"、反恐、数字影像、姚明、车市、CDMA

● 2003 年春夏季中国报纸十大流行语

综合类：非典（SARS）、疫情、消毒、隔离、巴格达、萨达姆、三峡、疑似、伊拉克战争、世界卫生组织（WHO）

经济类：野生动物、三峡工程、股权登记、中药、除息日、社保基金、分餐制、商务部、红利发放、国有资产监督管理

伊拉克战争专题：巴格达、萨达姆、美英联军、提克里特、共和国卫队、美军中央司令部、战后重建、大规模杀伤性武器、库尔德人、萨哈夫

非典专题：非典、疫情、消毒、隔离、抗击非典、疑似、口罩、体温、防控、世界卫生组织

● 2003 年中国报纸十大流行语

综合类：非典、神舟五号、伊拉克战争、全面建设小康社会、十六届三中全会、三峡工程、社保基金、奥运公园、六方会谈、新一届中央领导集体

非典专题：非典、疫情、疑似、隔离、冠状病毒、应急预案、口罩、消毒、发烧门诊、世界卫生组织

经济类：三峡工程、社保基金、反倾销调查、振兴东北、南水北调、商务部、银监会、奥运市场开发、全球经济复苏、人民币升值压力

国际专题：伊拉克战争、战后重建、六方会谈、印巴停火、中东和平路线图、生化武器、世界艾滋病日、人类基因图谱、恐怖事件、环球小姐

● 2004 年春夏季中国报纸十大流行语

综合类：中国市场经济地位、欧锦赛、虐俘（虐囚）、科学发展观、高致病性禽流感、释法、劣质奶粉（问题奶粉）、电荒、和平崛起、审计风暴

国际类：诺曼底登陆六十周年、临管会、哈马斯、雅典奥运火炬、人质事件、塔什干峰会、隔离墙、核冻结、伊拉克主权移交、袭击预警

国内经济类：车展、零关税、限电、双色球、汽车召回、负利率时代、地下保单、不良贷款率、直销立法、彩票立法

科技类：火星探测（火星探测器）、金星凌日、勇气号、双模手机、智能手机、嫦娥工程（绕月探测工程）、转基因食品、气象监测预警、震荡波病毒、无害化处理

文化类：十面埋伏、人造美女、中法文化年、红色经典、女子十二乐坊、三项教育、水煮三国、电影分级制、媒体责任、电影传奇

国内时事类：问责（问责制）、西柏坡精神、航意险、宝马彩票案（体彩造假案）、第二代身份证、诚信缺失、台湾公投、廉政承诺、航班延误赔偿、三农问题

● 2004 年中国报纸十大流行语

综合类：执政能力、雅典奥运、刘翔、审计风暴、零关税、科学发展观、失地农民补贴、反分裂国家法、中法文化年、海啸

突发性事件专题：海啸、人质危机、高致病性禽流感、东航空难、马德里爆炸、矿难、大兴安岭火灾、小浪底沉船、震荡波病毒、山体滑坡

● 2005 年春夏季中国报纸十大流行语

综合类：和谐社会、"同一个世界，同一个梦想"、食品安全、保持共产党员先进性教育、千手观音、连宋大陆行、高考移民、门票涨价、股权分置改革、颜色革命

国际时事类：反法西斯战争胜利 60 周年、世界经济论坛、海啸预警、《京都议定书》、灾后重建、《欧盟宪法条约》、安乐死、伊拉克大选、朝核问题、布莱尔连任

国内时事类：安全生产、破冰之旅、中国台湾水果、欧洲游、社会救助、护渔、佘祥林事件、曾荫权当选、赖斯访华、法治政府

经济类：人民币升值、原油价格、经济普查、房贷利率、财富全球论坛、中欧纺织品谈判、健康住宅、廉价航空、经济自由度指数、报复性关税

教育类：教育公平、四六级考试改革、陈丹青辞职、假 2B 铅笔、丁俊晖现象、留学预警、孔子学院、《东亚三国的近现代史》、"神童"退学、沙兰镇中心小学

科技类：南极科考、干细胞、MP4 播放器、手机电视、新联想、泰坦之旅、深度撞击、神舟六号、物理照耀世界、鸡基因图谱

文化类：感动中国、汉武大帝、陈逸飞、《青红》、郑和下西洋、行为艺术、中国世纪、圆明园环评、超级女声、国学院

联合国专题：联合国宪章签署 60 周年、联合国增常、联合国改革、安理会改革、行使否决权、反对日本入常、咖啡俱乐部、四国提案、准常任理事国、"团结谋共识"运动

安全专题：苏丹红、人造牛奶、奶粉碘含量超标、甲肝疫苗事件、化妆品腐蚀、网络银行安全、高温橙色预警、"回奶"事件、抗生素残留、无照生产

● 2005 年中国报纸十大流行语

综合类：保持共产党员先进性、"十一五"规划、神舟六号（神六）、节约型社会、和平发展、一篮子货币、油价上涨、"同一个世界，同一个梦想"、连宋大陆行、取消农业税

国内时政类：反分裂国家法、和谐社会、环境友好型社会、矿难、松花江重大水污染事件、第二代居民身份证、抗日战争胜利 60 周年、社会救助、文化外交、苏丹红

国际时政类：联合国改革、世界反法西斯战争胜利 60 周年、审判萨达姆、东亚峰会、伦敦连环爆炸、"卡特里娜"飓风、巴黎骚乱、第四轮六方会谈、南亚大地震、四国争常

经济类：个税改革、纺织品谈判、经济普查、汇率改革（汇改）、股权分置改革、工业反哺农业、房地产宏观调控、青藏铁路全线铺通、循环经济、百度上市

科技类：载人航天飞行、禽流感疫苗、深度撞击、太空探测、破译"生命软件"密码、提高自主创新能力、"龙芯 2 号"、燃料电池、纳米新技术、黄禹锡事件

教育类：免费义务教育、教育公平、校园安全、阳光工程、孔子学院、四六级改革、加强职业教育、高考移民、取消博导终身制、博士生四年制

体育类：福娃、十运会、奥运经济、奥运市场开发、奥运吉祥物、丁俊晖、节俭办奥运、奥运特许经营、伦敦申奥成功、姚麦组合

文化娱乐类：超级女声（超女）、千手观音、中国电影百年、复兴国学、香港迪士尼、《大长今》、《无极》、平民偶像、郑和下西洋 600 周年、博客

港澳台专题：台湾水果、马英九、台湾"三合一"选举、曾荫权、春节包机、破冰之旅、第四届东亚运动会、香港世贸会议、香港整改方案、赴台旅游

廉政专题：官煤勾结、行贿黑名单、审计风暴、境外赌博、《联合国反腐败公约》、官赌、《公务员法》、问题高管、《惩防体系实施纲要》（《建立健全教育、制度、监督并重的惩治和预防腐败体系实施纲要》）、反腐倡廉能力

● 2006 年春夏季中国报纸十大流行语

综合类：自主创新、"十一五"规划、和谐社会、社会主义新农村、社会

主义荣辱观、丛飞、消费税、青藏铁路、德国世界杯、双核

国内时政类：科学发展观、先进性教育活动、可持续发展、以人为本、创新型国家、八荣八耻、知识产权保护、廉政建设、转变经济增长方式、两岸经贸论坛

国际时政类：核问题、国际原子能机构、铀浓缩、油价上涨、关塔那摩监狱、沙龙病情、黑狱、漫画事件、哈马斯执政、所罗门群岛骚乱

经济类：循环经济、商业贿赂、交强险（机动车交通事故责任强制保险）、国六条、燃油附加费、区域协调发展、反垄断法、跨行查询收费、存款准备金率、反洗钱法草案

科技类：创新能力、王选、自主知识产权、信息超市、换脸、器官移植、全国科技大会、国家中长期科学和技术发展规划纲要、学术造假、公民科学素质建设

教育类：农村义务教育、教育乱收费、支教、国家助学贷款、洪战辉、义务教育法修订草案、大学生村官、毕业生就业率、校外活动场所、教博会（教育博览会）

社会生活类：应急预案、假药、农民工问题、资源节约型和环境友好型社会、小排量汽车、沙尘天气、快速公交、霸王条款、数字家庭、烟花爆竹安全管理

体育类：都灵冬奥会、姚明、郑洁、皇马、意甲、王治郅、罗洗河、赌球、大满贯、澳网（澳大利亚网球公开赛）

文化类：非物质文化遗产、文博会（文化产业博览会）、李安、文化体制改革、文化创意产业、原生态、吉祥三宝、青歌赛、郭德纲、名人博客

● 2006 年中国报纸十大流行语

综合类：和谐社会、社会主义新农村、青藏铁路、自主创新、社会主义荣辱观（八荣八耻）、中非合作论坛、长征精神、消费税、非物质文化遗产、倒扁

国内时政类：《江泽民文选》、创新型国家、公民道德建设、两岸经贸论坛、农村义务教育、两岸农业合作、俄罗斯年、丛飞精神、软实力、反腐倡廉

国际时政类：哈马斯、潘基文、六方会谈、卡斯特罗、陈冯富珍、伊朗核问题、泰国政变、联合军演、安倍访华、朝鲜核试验

经济类：循环经济、基金热销、交强险、商业贿赂、自主品牌、外资银行、流通股、二手房、现代物流、能耗

科技类：机器人、概念车、科博会、冥王星降级、航展、数字家庭、庞加莱猜想、信息超市、流氓软件、汉芯

文化类：文博会、文化创意产业、孔子、原生态、百家讲坛、于丹、潜规则、易中天、草根文化、恶搞

体育类：多哈亚运会、都灵冬奥会、德国世界杯、刘翔、齐达内、郑洁、丁俊晖、黄健翔、鸟巢、水立方

社会生活类：安全生产、应急预案、社会保障、房价、养犬、看病难、一卡通、留守儿童、北京车展、海选

医疗卫生类：社区卫生服务、禽流感、假药、食品安全、多宝鱼、平价医院、"欣弗"、福寿螺、狂犬病、红心鸭蛋

自然灾害专题："桑美"、"碧利斯"、泥石流、沙尘天气、干旱、"格美"、森林火灾、热带风暴、高温天气、唐山地震 30 年

中国台湾专题：弊案、马英九、赵建铭、施明德、废统、公务机要费、倒阁、新潮流系、检调、北高市长选举

● 2007 年春夏季中国报纸十大流行语

综合类：企业所得税法、黑砖窑、气候变化、牙防组、外资银行、印花税上调、香港回归十周年、人民币升值、火炬手选拔、基民

国际时政类："慰安妇"问题、中美战略经济对话、八国集团首脑会议、朝鲜半岛无核化、弗吉尼亚理工大学枪击案、反对中国台湾法理"独立"、"天然气欧佩克"、俄罗斯"中国年"、中非合作论坛北京峰会、新世界七大奇迹

国内时政类：物权法、方永刚、政府信息公开、国家药监局、铁路提速、自行纳税申报、廉租住房制度、反渎职侵权、突发事件应对法草案、防汛抗洪

经济类：认沽权证、提高存款准备金率、新股民、封闭式基金、燃油税、交强险费率浮动、均线支撑股价、开放式基金、晒工资、大牛市

社会类：城管、熊猫烧香、南海Ⅰ号、就业促进法、打击网络淫秽色情专项行动、太湖蓝藻、最牛钉子户、水污染、网络游戏防沉迷系统、九江大桥坍塌

医疗卫生类：新型农村合作医疗、诺瓦克病毒、群体性不明原因疾病、二甘醇、基本医疗保险、人血白蛋白、医德、人免疫球蛋白、"滤油粉"、猝死

文化类：上海国际电影节、快乐男声、城市人文精神、碉楼与村落、公共文化服务、播客、红楼选秀、明星广告、网络暴民、侯耀文

科技类：Vista（vista/VISTA）、节能减排、杂交水稻、知识产权保护、"阿特兰蒂斯"、温室气体排放、3G、智能手机、MP4、自然科学基金条例

教育类：农村义务教育、职业教育、助学贷款、师范生免费教育、教育经费保障机制、港校、高考三十年、毕业生就业难、和谐教育、假洋文凭

体育类：奥运会门票预定、易建联、奥运会倒计时、斯诺克中国公开赛、直通萨格勒布、奥运志愿者、"祥云"火炬、中国金花、奥运精神、奥运火炬传递路线

民生专题：民生问题、经济适用房、手机单向收费、最低生活保障、住房公积金、街道综合执法、药品监督管理、一卡通、治理自行车被盗问题、猪肉

涨价

● 2007 年中国媒体十大流行语

综合类：十七大、嫦娥一号、民生、香港回归十周年、CPI（居民消费价格指数）上涨、廉租房、奥运火炬手、基民、中日关系、全球气候变化

国际时政类：韩国人质、库尔德工人党武装、红色清真寺、和平使命、萨科齐、核设施去功能化、贝·布托、慰安妇问题、反导、达尔富尔

国内时政类：物权法、又好又快发展、中央宣讲团、入联公投、"和谐号"、国家大剧院、郑筱萸、黑砖窑、道德模范、铁路第六次大提速

社会生活类：华南虎、熊猫烧香、食品安全专项整治、群租、东方田鼠、小产权房、零就业家庭、独居老人、金猪、关停小火电

经济类：企业所得税法、节能减排、土地增值税、人民币升值、燃油附加费、财产性收入、第二套房贷、从紧货币政策、成品油价格调整、贷款基准利率

教育类：师范生免费教育、方永刚、农村义务教育、助学贷款、绿色通道、孔子学院、校园集体舞、创业教育、港校、网游防沉迷系统

文化娱乐类：《变形金刚》、《集结号》、80 后、帕瓦罗蒂、藏友、新七大奇迹、《士兵突击》、社区文化、孙道临、好男儿

科技类：南海 I 号、动车组、绕月探测工程、Vista、阿特兰蒂斯、中华鲟、干细胞、支线飞机、京沪空中快线、海上丝绸之路博物馆

构建和谐社会专题：社区卫生服务、预防腐败局、生态文明、轨道交通、和谐文化建设、最低生活保障制度、服务型政府、劳动合同法、农民专业合作社、带薪休假

民生专题：经济适用房、法定节假日调整、手机单向收费、农村低保、民生净福利指标、惠农政策、居民基本医疗保险、个税起征点、交强险费率浮动、农村合作医疗

金融专题：加息、QDII 基金、股指期货、认沽权证、理财产品、跨行通存通兑、新股民、港股直通车、第三方存管、次级抵押贷款

奥运专题：上海特奥会、好运北京、倒计时一周年、无车日、奥运门票、祥云、奥运测试赛、奥运火炬、微笑圈、金镶玉

● 2008 年春夏季中国报纸十大流行语

综合类：汶川大地震、生命、爱心、北京奥运会、北京残奥会、火炬传递、南方雪灾、众志成城、油价上涨、节能减排

国际时政类：粮食危机、暖春之旅、里斯本条约、美国牛肉、朝鲜半岛无核化、纽约爱乐乐团访朝、伊朗核问题、越南经济危机、缅甸风灾、低碳经济

国内时政类：和谐、民生、改革开放 30 周年、政府信息公开、"大部制"、惩治和预防腐败体系、CPI 上涨幅度、灾难、多难兴邦、集体返航事件

社会生活类：手足口病、二代身份证、"限塑令"、环保购物袋、胶济铁路撞车事故、"五一口号"、大交通、恐怖灵异类、"中国加油"、京剧进校园

经济类：债券、雅虎收购案、大小非解禁、次贷危机、人民币升值、热钱、印花税下调、电信重组、"双转移"、股市低迷

科技类："凤凰"号、京沪高速铁路、杭州湾跨海大桥、T3 航站楼、iPhone、京津城际铁路、新能源汽车、风云三号、中星九号、北京无线城市

民生专题：抑制物价过快上涨、手机漫游费、房价、基本养老金、补贴低收入群体、农产品价格、燃油附加费上调、小长假、食用油价格、新医改

海峡两岸专题：吴伯雄、"立委"选举、大陆游客赴台、马英九、两岸关系和平发展、两岸直航包机、胡萧会、海协会与海基会、陈江会谈、"九二共识"

四川地震专题：抗震救灾、志愿者、堰塞湖、北川中学、失事直升机、重建家园、全国哀悼日、5 月 12 日 14 时 28 分、救灾英雄、"特殊党费"

雪灾专题：南方电网、恢复供电、电煤供应紧张、旅客滞留、电力抢修、回家的路、留下过年、雪中送暖、临时价格干预、鲜活农产品运输

奥运专题：圣火采集、火炬登顶珠峰、北京欢迎你、绿色奥运、国家体育场、平安奥运、奥运志愿者、"顶呱刮"、"和谐之旅"、中国印

社会问题专题：拉萨"3·14"事件、万里大造林、中华文化标志城、"周老虎"、带头大哥、天价头、许霆案、阜阳"白宫"、富锦九０粮库、"范跑跑"

● 2008 年中国媒体十大流行语

综合类：北京奥运、金融危机、志愿者、汶川大地震、神七、三聚氰胺、改革开放 30 周年、降息、扩大内需、粮食安全

国际时政类：亚欧首脑会议、索马里海盗、二十国集团首脑峰会、达沃斯论坛、奥巴马当选、卡拉季奇被捕、美联储、南奥塞梯冲突、孟买恐怖袭击、中法关系

国内时政类：科学发展观、滨海新区、雨雪冰冻灾害、政府信息公开、刘少奇诞辰 110 周年、"中国加油"、公平正义、油价税费改革、服务型政府、创业带动就业

经济类：黄金期货、保增长、CPI 回落、实体经济、新低、经济衰退、刺激经济、信贷紧缩、石油价格、PPI（工业品出厂价格）

科技类：太空行走、TD（第三代移动通信标准）、新能源、京沪高铁、跨海大桥、强子对撞机、"飞天"、混合动力车、CMMB（中国移动多媒体广播）、T3 航站楼

文教体育类：欧洲杯、《梅兰芳》、谢晋、张艺谋、北川中学、李小龙、帐篷学校、垃圾短信、羌族文化、京剧进校园

社会生活类：山寨、结石宝宝、问题奶粉、手足口病、毕业生就业、民工

返乡、"设计之都"、"黑屏"、人肉搜索、"限塑令"

民生专题：保障性住房、家电下乡、手机漫游费、小黄金周、最低生活保障、限价房、京津城际铁路、取消公路养路费、乳品质量安全、"农转居"

金融专题：救市、裁员、雷曼兄弟、金融海啸、麦道夫、"两房"、注资、信贷危机、股市下跌、金融创新

北京奥运专题：奥运开幕式、圣火传递、鸟巢、水立方、菲尔普斯、博尔特、奥运安保、北京欢迎你、刘翔退赛、祥云小屋

汶川地震专题：爱心、堰塞湖、重建家园、对口支援、"5·12"、心理援助、过渡安置房、全国哀悼日、救灾英雄、特殊党费

海峡两岸专题：海基会与海协会、周末包机、"三通"、赴台游、"团团""圆圆"、陈江会、"立委"选举、两会复谈、洗钱案、陈水扁羁押案

改革开放30周年专题：中国特色社会主义、邓小平、十一届三中全会、经济特区、家庭联产承包责任制、一国两制、经济体制改革、发展是硬道理、西部大开发、全面建设小康社会

社会问题专题：三鹿、达赖喇嘛、周正龙案、"3·14"打砸抢烧事件、溃坝事故、刺五加注射液、艳照门、"封口费"、"范跑跑"、"猥亵"门

● 2009年春夏季中国报纸十大流行语

综合类：卢武铉、红衫军、猛虎组织、奥巴马就职、关塔那摩监狱、伊朗大选、法航失事客机、"骗补门"、布内尔地区、"铸铅行动"

国内时政类：兽首、医药卫生体制改革、西藏民主改革50周年、房市、武隆山体滑坡、防灾减灾日、整顿低俗之风、"小金库"治理、大学生就业难、中国渔政311

经济类：伦敦金融峰会、金融危机、经济刺激计划、旅游消费券、宽松货币政策、通用破产、海外并购、中铝力拓、收购悍马、可口可乐收购汇源

科技类：上网本、阿特兰蒂斯号、嫦娥一号卫星、天翼3G手机、"嗅碳"卫星、天宫一号、Windows7、谷歌纬度、生物燃料、小灵通退市

社会生活类：以旧换新、汽车下乡、3G牌照发放、谷歌中国、后悔权、抗旱应急预案、居民健康档案、邮政普遍服务、外贸大集、八百壮士

文化教育类：罗京、《南京！南京！》、文理分科、繁简之争、文怀沙、《国家》、世界读书日、学术不端、绿坝-花季护航、高考舞弊案

体育娱乐类：亚洲之路、直通横滨、中国女子冰壶、奥运缶拍卖、迈克尔·杰克逊、小沈阳、刘谦、《不差钱》、英伦组合、鸟巢演唱会（音乐会）

甲型H1N1流感专题：甲型H1N1流感、猪流感、达菲、出入境检验检疫、居家观察、感染病例、输入型病例、甲型流感二代病例、易感人群、行政处罚（瞒报）

海峡两岸专题：两岸关系和平发展、《告台湾同胞书》30周年、台北市立

动物园、第三次陈江会、两岸空中定期航班、共同打击犯罪、中华大辞典、双赢之旅、台商、大陆行

社会问题专题：躲猫猫、满文军、许宗衡、徐梗荣事件、瘦肉精、嫖宿幼女案、邓玉娇案、罗彩霞事件、成都公交车燃烧、"5·7"交通肇事案

● 2009 年中国媒体十大流行语

综合类：新中国成立 60 周年、落实科学发展观、甲流、奥巴马、气候变化、全运会、G20 峰会、灾后恢复重建、打黑、新医改方案

国际时政类：卢武铉、洪都拉斯、他信、伊朗大选、索马里海盗、护航编队、朝鲜核试验、阿富汗增兵、诺贝尔和平奖、《里斯本条约》生效

国内时政类：上海世博会倒计时、"7·5"事件、王彦生、海上阅兵、"小金库"治理、舍己救人大学生英雄集体、流失海外文物、社会法庭、防灾减灾日、西藏百万农奴解放纪念日

经济类：创业板、保增长、反对贸易保护主义、地王、消费券、IPO 重启、克莱斯勒、迪拜世界、"中国制造"、3G 牌照发放

科技类：钱学森、日全食、美俄卫星相撞、天河一号、港珠澳大桥、电纸书、波音 787、武广高铁、"光纤之父"、Windows7

社会生活类：被××（被就业、被增长等）、楼 AA（楼脆脆、楼歪歪等）、×（房、水、电、油、天然气等）价上涨、蜗居、家电下乡、绩效工资、食品安全法、后悔权、整治互联网低俗之风、全民健身日

文化教育类：双星陨落（季羡林、任继愈）、罗京、有偿家教、奥数、微博、择校、中学校长实名推荐制、作弊器、献礼片、《通用规范汉字表》

体育娱乐类：迪士尼、迈克尔·杰克逊、刘翔复出、小沈阳、酒井法子涉毒、《建国大业》、周立波、赌球假球、亚洲之路、明星代言

新中国成立 60 周年专题：国庆阅兵、彩车、阅兵村、"双百"人物、《复兴之路》、国庆安保、空中梯队、联欢晚会、光立方、民族团结柱

两岸及港澳专题：澳门回归 10 周年、陈水扁获刑、台风"莫拉克"、崔世安、海峡西岸经济区、《告台湾同胞书》30 周年、东亚运动会、陈江会、《中华大辞典》、承认大陆学历

环保专题：哥本哈根气候变化大会、新能源、低碳、节能减排、地球一小时、"无车日"、《京都议定书》、全球行动日、"双轨制"、碳关税

甲型 H1N1 流感专题：甲型 H1N1 流感、流感疫情、甲流疫苗、接种疫苗、输入性病例、二代病例、居家观察、流感防控、猪流感、"金花清感方"

社会问题专题：假币、飙车、躲猫猫、鹤岗矿难、违法酒驾、钓鱼执法、血铅超标、尘肺、罗彩霞事件、手机黄毒

● 2010 年春夏季中国报纸十大流行语

综合类：地震、上海世博会、低碳、房价调控、南非世界杯、维和警察、

债务危机、校园安全、十二五规划、墨西哥湾漏油事件

国内时政类：沈浩、高铁、驻京办、曹操墓、公平正义、杨济源、新生代农民工、学习型党组织、海南国际旅游岛、精神损害赔偿

国际时政类：红衫军、吉尔吉斯斯坦骚乱、核安全峰会、"天安"号事件、鸠山由纪夫、英国大选、莫斯科地铁爆炸、反捕鲸、波兰总统专机失事、美国医改

经济类：高盛、经济复苏、用工荒、经济合作架构协议（ECFA）、收购沃尔沃、创业板指数、中国—东盟自由贸易区、丰田"召回门"、结构性减税、提高存款准备金率

科技类：日环食、3D电视、王跃、一站式、平板电脑、人造生命、强子对撞机、三网融合、大熊猫基因组、厦门翔安隧道

文化娱乐类：吴冠中、《阿凡达》、犀利哥、小虎队、《杜拉拉升职记》、《富春山居图》、"澳门学"、非诚勿扰、华君武、网络春晚

体育类：萨马兰奇、温哥华冬奥会、曼德拉、赌球、东亚四强赛、花样滑冰、瓦瓦祖拉、扎库米、瑞士女排精英赛、女子短道速滑

社会生活类：绿豆、团购、大蒜、秒杀、垃圾分类、火车票实名制、最低工资标准、严打黄赌毒、百度被黑、谷歌退出中国

世博专题："城市，让生活更美好"、世博园、中国馆、海宝、城市最佳实践区、主题馆、生命阳光馆、世博轴、世博门票、世博护照

住房专题：房产税、地王、二套房贷、胶囊公寓、国十一条、政策性住房、投机性购房、经转商、78家央企退出、新国十条

突发事件专题：玉树地震、手足口病、透水事故、雪灾、天坑、山体滑坡、冰岛火山灰、西南大旱、洪涝灾害、校园血案

社会问题专题：富士康、张悟本、地沟油、海上皇宫、天上人间、赵作海案、止咳水、毒豇豆、山寨ATM机、局长日记

● 2010年中国媒体十大流行语

综合类：地震、上海世博会、广州亚运会、高铁、低碳、微博、货币战、嫦娥二号、"十二五"规划、给力

国内时政类：钓鱼岛、驻京办、人民陪审团、第六次人口普查、执行力、人民调解法、包容性增长、公共服务均等化、打黑除恶、特区扩容

国际时政类：红衫军、菅直人、朝韩关系、维和警察、柠檬水起义、超级细菌、维基解密、菲律宾人质事件、季莫申科、沙门氏菌

经济类：高盛、股指期货、黄光裕、车船税、人民币升值、加息、融资融券、通货膨胀、民间资本、二次探底

科技类：3D（3D电视、3D电影、3D技术）、三网融合、物联网、智能手机、珠海航展、云计算、探月工程、空天飞机、平板电脑、蛟龙号

教育类：教育规划纲要、杨济源、高考加分、自主招生、国考、义务教育均衡发展、学前教育、校园安全、南方科大、去行政化

文化类：胡其俊、张季鸾、郭明义、钱伟长、方舟子、《富春山居图》、丹霞地貌、裸捐、曹操墓、慈善晚宴

娱乐类：阿凡达、唐山大地震、陈志云、相亲节目、周立波、中国达人秀、郭德纲、学历姐、广告植入、犀利哥

体育类：中国足协、南非世界杯、呜呜祖拉、亚残运会、萨马兰奇、温哥华冬奥会、世界武搏运动会、刘翔、章鱼哥、海心沙

社会生活类：团购、毕明哲、实名制、物价上涨、麻疹疫苗、蜱虫、限电、微XX（微时代、微新闻、微情书、微投诉等）、腾讯与360、纠结

世博专题：世博园、中国馆、海宝、城市最佳实践区、国家馆日、世博游、主题馆、生命阳光馆、世博护照、"城市，让生活更美好"

楼市专题：限购令、房产税、地王、空置率、保障房、楼市新政、房贷新政、胶囊公寓、棚户区改造、央企退出

环保专题：节能减排、电动汽车、新能源车、零碳、资源税、绿色发展、供热计量、垃圾分类、清洁能源、坎昆气候大会

灾害专题：火灾、泥石流、漏油、矿难、水污染、空难、旱灾、踩踏事件、火山灰、洪水

社会问题专题：富士康、张悟本、强拆、圣元奶粉、问题疫苗、王贝整容、学历门、曲美、空巢老人、智障工

● 2011年春夏季中国报纸十大流行语

综合类：食品安全、"十二五"规划、日本地震、核泄漏、醉驾入刑、中国共产党建党90周年、京沪高铁、击毙本·拉登、个税起征点、利比亚局势

国内时政类：中国特色社会主义法律体系、幸福广东、红歌、离岛免税、稳定物价、国家赔偿、"新国八条"、辛亥革命100周年、胡锦涛访美、南海问题

国际时政类：柏威夏寺、斯特劳斯·卡恩、古滕贝格、埃及骚乱、欧债危机、石油危机、金砖五国、中俄石油管道、肠出血性大肠杆菌、白俄罗斯地铁爆炸

经济类：支付宝、征收房产税、楼市调控、上调存款准备金率、支付牌照、金融IC卡、房价涨幅、"双反"措施、住房公积金利率上调、海峡两岸经济合作框架协议

科技类：沃森、ipad2、歼20、北斗卫星系统导航、V750无人直升机、X-47B无人机、"太阳驱动"号、盘古搜索、李氏果、朱鹮全基因组序列图

教育类：五道杠、虎妈、南方科技大学、异地高考、教育规划纲要、网络公开课、上海纽约大学、清华大学百年校庆、大学校长全球峰会、本科生阅卷

文化体育类：红色旅游、中国旅游日、国家博物馆、《富春山居图》、国家形象宣传片、中欧青年交流年、西湖申遗成功、博物馆免费开放、李娜、刘翔

娱乐类：建党伟业、旭日阳刚、伊丽莎白·泰勒、王室婚礼、咆哮体、裸婚时代、"锋芝"婚变、私奔体、《志·氏》、虐心剧

社会生活类：摇号购车、幸福感、网络水军、旱涝急转、超级月亮、动车实名制、恐艾症、故宫被盗、公共场所全面禁烟、赴台个人游

日本海啸专题：核辐射、福岛核电站、抢盐、核危机、放射性污染、核素碘-131、9级地震、谣言、日本海啸、福岛50死士

社会问题专题：瘦肉精、塑化剂、药家鑫、郭美美、电信欺诈、天价酒、染色馒头、三公消费、微博打拐、西瓜膨大剂

● 2011年中国媒体十大流行语

综合类：中国共产党建党90周年、"十二五"开局、文化强国、食品安全、交会对接、日本大地震、欧债危机、利比亚局势、乔布斯、德班气候大会

国内时政类：辛亥革命一百周年、三公经费、走转改、加强和创新社会管理、稳定物价、"7·23"甬温线特别重大铁路交通事故、打四黑除四害、赴台个人游、南海问题、中国特色社会主义法律体系形成

国际政治类：卡扎菲、击毙本·拉登、穆巴拉克受审、"占领华尔街"、柏威夏寺、季莫申科被捕、伦敦骚乱、伊朗核问题、叙利亚局势、俄罗斯大选

国际时事类：福岛核泄漏、挪威爆炸枪击案、飓风"艾琳"、窃听丑闻、"9·11"十周年、英国王室婚礼、泰国洪灾、英国大罢工、"魔鬼交易员"、卡恩案

经济类：金砖国家、美债危机、戛纳峰会、民间借贷、调整存款准备金率、房价调控、小微企业、离岛免税、个税起征点、入世十年

科技类：天宫一号、神舟八号、屠呦呦、"沃森"、云电视、"阿特兰蒂斯"号、Siri、歼20、超级稻、"蛟龙"号

社会生活类：红十字会、京沪高铁、小悦悦、电荒、抢盐、河南宋基会、最美妈妈、菜贱伤农、微博打拐、反淘宝联盟

文化类：《富春山居图》、中国旅游日、北京精神、茅盾文学奖、西湖申遗、百度文库（微博）、西安世园会、哥窑瓷器、非遗法、史铁生

教育类：校车安全、南科大、虎妈狼爸、绿领巾、打工子弟学校、网络公开课、"入园难"、异地高考、义务教育均衡发展、中非希望工程

体育娱乐类：李娜（微博）、深圳大运会、"穿越"、某某体（撑腰体、淘宝体、断电体等）、姚明退役、hold住、旭日阳刚、NBA停摆、伊丽莎白·泰勒、限娱令

中国共产党建党90周年专题："七一"重要讲话、伟大历程、建党伟业、共产党人、红色经典、唱红歌、理论创新、学党史、红军小学、红色记忆

民生专题："幸福感"、醉驾入刑、控烟、PM2.5、农超对接、城镇居民养老保险试点、提高最低工资标准、猪肉价格上涨、北上广、收费公路专项清理

楼市专题：限购令、保障房、公租房、房贷利率、新国八条、一房一价、房价控制目标、房产税试点、房产加名税、房闹

社会问题专题：郭美美、药家鑫、达·芬奇家居、天价酒、尼美舒利、彭宇案、故宫（微博）"十重门"、渤海溢油事故、华商协会、网络谣言

食品安全专题：瘦肉精、地沟油、塑化剂、肠出血性大肠杆菌、膨大剂、染色馒头、牛肉膏、"潲水油"、毒豆芽、明治奶粉

● 2012 年春夏季中国报纸十大流行语

综合类：神舟九号、明胶、黄岩岛、伦敦奥运会、穆巴拉克、小微企业、欧洲杯、学雷锋、农业科技、舌尖上的中国

国内时政类：社保基金、文化体制改革、梁振英、钓鱼岛、小产权房、公立医院改革、三沙市、刑诉法修正案、共青团成立 90 周年、尼尔·伍德死亡案

国际时政类：奥朗德、普京、核安全、穆尔西、叙利亚危机、金正恩、联合军演、伊丽莎白二世登基 60 周年、封锁霍尔木兹海峡、希腊大选

经济类：阶梯电价、战略性新兴产业、下调存款准备金率、金融改革、首套房贷利率、融资难、结构性减税、创业板退市制度、楼市回暖、中等收入陷阱

科技类：手控交会对接、蛟龙号、女航天员、节能补贴、金星凌日、上帝粒子、超级本、Windows 8、"太阳驱动"号、谷歌眼镜

教育类：孔子学院、校车安全、南科大、异地高考、"超级中学"、关爱留守儿童、最美教师、民工随迁子女教育、营养午餐、生源危机

文化体育娱乐类：文化产业发展、延安文艺座谈会 70 周年、代笔门、过云楼藏书、林书豪、巴神、奥运选拔赛、《泰坦尼克号》、惠特尼·休斯顿、杜甫很忙

社会生活类：最美司机、任督二脉、PM2.5 监测、"高富帅""白富美"、最低工资标准、托举哥、93 号汽油、"常回家看看"、"保护性拆除"、烟草院士

社会问题专题：网络谣言、活熊取胆、毒胶囊、医闹、"塑年堂"、吴英案、"双非"孕妇、嫖宿幼女罪、"三非"外国人、"小产权墓"

● 2012 年中国媒体十大流行语

综合类：十八大、钓鱼岛、美丽中国、伦敦奥运、学雷锋、神九、实体经济、大选年、叙利亚危机、正能量

国内时政类：小康社会、生态文明、顶层设计、三沙市、网络反腐、农业科技、走转改、海洋强国、辽宁舰、结构性减税

国际时政类：穆尔西、骑马舞、碳税、铁穹、光明星 3 号、飓风"桑迪"、核安全峰会、联合军演、独岛问题、世界末日

经济类：小微企业、稳增长、民间资本、逆回购、营改增、欧盟"财政契约"、电商价格战、利率市场化、财政悬崖、希腊退出欧元区？

科技类：蛟龙号、好奇号、手控交会对接、页岩气、歼–15舰载机、金星凌日、科技体制改革、上帝粒子、龙飞船、大数据

社会生活类：最美XX（最美司机、最美警察、最美妈妈等）、阶梯电价、高富帅、屌丝、异地高考、失独者、养老金入市、抵制网络谣言、中国式过马路、你幸福吗？

文化类：文化强国、莫言、微电影、舌尖上的中国、字母词、新"24孝"、南怀瑾、道德讲堂、保护性拆除、过云楼藏书

体育娱乐类：林书豪、孙杨、中国好声音、徐莉佳、消极比赛、江南Style、鲍姆加特纳、元芳体、甄嬛体、某某很忙

民生类专题：节能补贴、毒胶囊、12306（网购火车票）、大病保险、PM2.5监测、医药分开、高速免费、白酒塑化剂、阿尔茨海默病、强农惠农富农

● 2013年春夏季中国报纸十大流行语

综合类：中国梦、H7N9禽流感、雾霾天、神舟十号、国五条、雅安地震、八项规定、正能量、棱镜门、厉行节约

国内时政类：新交规、家庭农场、新型城镇化、大部制改革、简政放权、最难就业季、学习粉丝团、光盘行动、铁路政企分开、"老虎""苍蝇"一起打

国际时政类：塞浦路斯危机、博鳌亚洲论坛、波士顿爆炸案、别列佐夫斯基、朝鲜半岛局势、马肉风波、朴槿惠出访、习奥会、"罗老"号发射、查韦斯去世

经济类：钱荒、抢票软件、比特币、余额宝、营改增、影子银行、中国大妈、限奶令、流动性紧张、汇金增持

科技类：3D打印、太空授课、"蛟龙"号、天河二号、运–20、北斗导航系统、iOS7、高分一号、功能性治愈、太空船二号

社会生活类：高温、袁厉害、临时工、限外令、婴幼儿奶粉监管、假离婚、先看病后付费、发泡餐具解禁、斑马行动、中华遗嘱库

文化体育娱乐类："刀锋战士"、关天朗、《致青春》、我是歌手、大黄鸭、旅游法、哈尼梯田、卡马乔下课、大文化、你摊上事儿了

社会问题专题：房多多、死猪、板蓝根、镉大米、到此一游、厦门公交车起火案、维C银翘片、神农丹、聂树斌案、电梯安全

● 2013年中国媒体十大流行语

综合类：三中全会、全面深化改革、斯诺登、中国梦、自贸区、防空识别区、曼德拉、土豪、雾霾、嫦娥三号

国内时政类：党的群众路线教育实践活动、钓鱼岛、党内法规、专题民主生活会、八项规定、新型城镇化、车改、周边外交、正"四风"、"老虎""苍蝇"一

起打

国际时政类：叙利亚问题、台风"海燕"、波士顿爆炸案、撒切尔夫人逝世、美政府关门、韩亚空难、底特律破产、穆尔西下台、开城事件、泰国局势

经济类：民营银行、遗产税、互联网金融、比特币、钱荒、中国大妈、信息消费、余额宝、自住型商品房、存款税

科技类：神十、4G（第四代移动通信技术）、3D打印、无人机、旅行者1号、运-20、天河二号、可燃冰、"玉兔"号、石墨烯

教育类：太空授课、汉字听写大会、高考改革、最美校长、通用规范汉字表、游学团、积分入学、减负十条、慕课、大学章程

文化体育类：旅游法、大黄鸭、恒大夺冠、最美乡村、网络文学、卡马乔、孙杨、园博会、文明出游、申遗（珠算、天山、哈尼梯田等）

娱乐类：《小时代》、小伙伴、女汉子、爸爸去哪儿、飞机大战、高端大气上档次、上头条、五仁月饼、网络新成语、熊孩子

社会生活类：双十一、H7N9禽流感、转基因、郑益龙、光盘行动、社会抚养费、广场舞、二维码、潮汐车道、打车软件

民生专题：以房养老、汽车三包、宽带中国、常回家看看、棚户区改造、"三旧"改造、定制公交、清洁空气行动计划、新消法、弃婴岛

● 2014年春夏季中国报纸十大流行语

综合类：马航失联、乌克兰局势、新"国九条"、京津冀一体化、国企改革、丝绸之路经济带、权力清单、零容忍、雪龙号、去哪儿

国内时政类：单独二孩、不动产登记、国家公祭日、南海问题、财税体制改革、人的城镇化、打大老虎、新环保法、三个一亿人、油改

国际时政类："岁月"号沉船、克里米亚公投、日本解禁集体自卫权、塞西、伊拉克局势、封锁曼谷、诺曼底登陆70周年、侵华档案、环太军演、夫人外交

经济类：利率市场化、房产税、虚拟信用卡、楼市限购松绑、微信红包、移动支付、"宝宝"大战、微刺激、微店、自住房摇号

科技类：智能家居、中国南极泰山站、可穿戴设备、月宫一号、天河二号、"罗塞塔"号、门线技术、XP退役、车联网、微软小冰

文化教育类：邵逸夫逝世、职业教育、夺刀少年、在线教育、红楼梦、马尔克斯逝世、纸熊猫、深泉学院、穿青人、工士学位

体育娱乐类：巴西世界杯、索契冬奥会、马上体、点赞、都教授、最强大脑、中国好歌曲、且行且珍惜、苏神咬人、你懂的

社会生活类：最美家庭、婴儿安全岛、电子港澳通行证、聘任制公务员（微博）、茶叶蛋、主席套餐、儿童安全座椅、人物同检、裸辞、电子鞭炮

● 2014 年中国媒体十大流行语

综合类：依法治国、失联、北京 APEC、埃博拉、一带一路、巴西世界杯、沪港通、占中、国家公祭日、嫦娥五号

国内时政类：十八届四中全会、核心价值观、新常态、三张清单、巡视组、国家宪法日、落马、京津冀一体化、追逃追赃、深改

文化体育类：文艺工作座谈会、中华优秀传统文化、一河一路、焦裕禄精神、高考新政、烈士纪念日、夺刀少年、青岛世园会、红七条、就近入学

社会生活类：APEC 蓝、登革热、去哪儿、暴恐、冰桶挑战、台风威马逊、鲁甸地震、点赞、小苹果、微信红包

民生专题：治霾、单独二孩、不动产登记、居住证、最强禁烟令、舌尖上的安全、净网行动、最美家庭、扶贫日、公众号

● 2015 年春夏季中国报纸十大流行语

综合类：创客、三严三实、四个全面、反法西斯战争胜利七十周年、宪法宣誓、国际足联、控烟、股市、MERS、希腊债务

国内时政类：简政放权、十三五规划、司法改革、复兴航空、京津冀协同发展、红色通缉令、天网行动、也门撤侨、新国家安全法、双引擎

国际时政类：尼泊尔地震、也门危机、李光耀、缅甸事件、万隆会议召开六十周年、德国之翼、红场阅兵、美国古巴恢复外交关系、中拉论坛、查理周刊

经济类：自贸区、O2O、大众创业、纳什、G7、中国制造 2025、救市、高通公司、互联网+、普惠金融

社会生活类：专车、东方之星、留守儿童、上海外滩踩踏事故、抢红包、姚贝娜、柴静、粉尘爆炸、僵尸肉、闰秒

体育娱乐类：苏炳添、真人秀、女足世界杯、颜值、大白、孙楠退赛、Duang、撕名牌、足球改革、聂隐娘

文教科技类：校园足球、汪国真、平凡的世界、物联网、校园暴力、苹果手表、人工智能、文化惠民、生源大战、5G

● 2015 年中国媒体十大流行语

综合类：抗战胜利 70 周年、互联网+、难民、亚投行、习马会、巴黎恐怖袭击事件、屠呦呦、四个全面、大众创业万众创新、互联互通共享共治

国内时政类：十八届五中全会、十三五规划、三严三实、一带一路、脱贫攻坚、阅兵、北京冬奥、中国共产党廉洁自律准则、智库、全面二孩

国际时政类：反法西斯战争胜利 70 周年、俄土交恶、李光耀、打击"伊斯兰国"、国际足联、习奥会、新安保法案、中非合作论坛、新型国际关系、巴黎气候大会

经济类：股市、自贸区、三证合一、众筹、中国制造 2025、微众银行、

O2O（线上线下）、人民币入篮（SDR）、长江经济带、众创空间

科技类：青蒿素、大飞机 C919、开普勒−452b、人工智能、虚拟现实技术、火星液态水、长征六号、天河二号、4D 打印、智慧城市

社会生活类：控烟、专车、二维码、实名制、颜值、创客、微信红包、提速降费、世界记忆、获得感

● 2016 年春夏季中国报纸十大流行语

综合类：十三五规划、两学一做、知识产权、脱欧、南海、阿尔法狗、熔断、工匠精神、寨卡病毒、暴雨

国内时政类：慈善法草案、创新驱动、五大发展理念、新型城镇化、精准扶贫、振兴东北、合议庭、国家安全、智能制造、九二共识

国际时政类：奥兰多枪击、恐袭、"萨德"反导系统、杭州 G20、维和部队遭袭、里约奥运会、熊本地震、罗塞夫、邮件门、伊核问题

经济类：互联网金融、供给侧改革、经济下行、跨境电商、万科、e 租宝、开放型经济、"反思创新、重塑增长、重设体系"、赤字率、营改增

文教科技类：人工智能、引力波、杨绛、长征七号、实践十号、自动驾驶、陈忠实、spaceX 猎鹰 9 号、虚拟现实、双一流

体育娱乐类：欧洲杯、科比、梅葆玖、情怀、上海迪士尼、莱昂纳多·迪卡普里奥、papi 酱、翻船体、拳王阿里、猴赛雷

社会生活类：抗洪、魏则西事件、号贩子、问题疫苗、毒跑道、血友病吧、负面清单、多校划片、快递实名制、公安部儿童失踪信息平台

**复习思考题：**

1. 什么是流行语？

2. 流行语如何体现从晚清至现在的社会变迁？

3. 民国时期词汇变迁的主要特点。

**视频教学指南：**

《见证·亲历（二十五年流行语)》 《追忆 30 年：流行语见证时代变迁》等。

# 参考文献

[1] 齐涛. 中国民俗通志. 济南：山东教育出版社, 2005 年版

[2] 雪犁. 中华民俗源流集成. 兰州：甘肃人民出版社, 1994 年版

[3] 钟敬文. 民俗学概论. 上海：上海文艺出版社, 2009 年版

[4] 陈高华, 徐吉军. 中国风俗通史. 上海：上海文艺出版社, 2001 年版

[5] 秦永洲. 中国社会风俗史. 济南：山东人民出版社, 2000 年版

[6] 王弘力绘. 古代风俗百图. 沈阳：辽宁美术出版社, 2006 年版

[7] 庄华峰. 中国社会生活史. 合肥：合肥工业大学出版社, 2003 年版

[8] 毛配琦. 岁月风情——中国社会生活史. 南宁：广西教育出版社, 2000
年版

[9] 薛君度, 刘志琴. 近代中国社会生活与观念变迁. 北京：中国社会科学出
版社, 2001 年版

[10] 仲富兰. 图说中国百年社会生活变迁. 上海：学林出版社, 2001 年版

[11] 王跃年, 孙青. 百年风俗变迁. 南京：江苏美术出版社, 2000 年版

[12] 沈从文. 中国古代服饰研究. 北京：商务印书馆, 2011 年版

[13] 李妙龄. 中国历代服饰大观. 台北：百龄出版社, 1982 年版

[14] 华梅. 服饰与中国文化. 北京：人民出版社, 2001 年版

[15] 袁杰英. 中国历代服饰史. 北京：高等教育出版社, 1994 年版

[16] 赵荣光. 中国饮食文化概论. 北京：高等教育出版社, 2003 年版

[17] 杜景华. 中国酒文化. 北京：新华出版社, 1993 年版

[18] 王从仁. 中国茶文化. 上海：上海古籍出版社, 2001 年版

[19] 梁思成. 中国建筑史. 香港：三联书店（香港）有限公司, 2001 年版

[20] 王其钧. 中国古建筑图解. 北京：机械工业出版社, 2007 年版

[21] 史建. 图说中国建筑史. 杭州：浙江教育出版社, 2001 年版

[22] 周成. 中国古代交通图典. 北京：中国世界语出版社, 1995 年版

[23] 鸿宇. 中国民俗文化——节俗. 北京：宗教文化出版社, 2004 年版

［24］韩养民，郭兴文 . 中国古代节日风俗 . 西安：陕西人民出版社，2002 年版

［25］李莉 . 实用礼仪教程 . 北京：中国人民大学出版社，2004 年版

［26］陈顾远 . 中国婚姻史 . 上海：上海文艺出版社，1987 年版

［27］高成鸢 . 中华尊老文化探究 . 北京：中国社会科学出版社，1999 年版

［28］杨文衡，张平 . 中国的风水 . 香港：国际文化出版公司，1993 年版

［29］刘晓明 . 风水与中国社会 . 南昌：江西高校出版社，1994 年版

［30］赵健雄 . 当代流行语 . 上海：上海人民出版社，1994 年版

［31］陈芳 . 当代流行语 . 北京：中国社会出版社，1999 年版

［32］郭大松，陈海宏 . 五十年流行词语（1949—1999）. 济南：山东教育出版社，1999 年版

民俗传统与现代生活

# 第2版后　记

　　本书系安徽师范大学通识教育课、院系选修课教材，曾以胶印讲义形式使用过数年。由于民俗内容与日常生活密切相关，比较容易引起青年朋友们的兴趣。课程开设后从未间断，选课人数迄今已逾万人，对教师授课满意度逐年提升。这对于我们来说是莫大的鼓励，督促我们继续查找资料，使教材日臻完善起来。2006年承蒙安徽师范大学教材建设基金资助，使得教材出版的心愿有了坚实的基础。2008年由合肥工业大学出版社出版后，被全国多所高校作为教材使用。教材出版后获得广泛好评：2009年入选安徽省农家书屋目录；《内蒙古日报》2012年9月17日曾向读者推荐；2016年"书香安徽阅读季"推荐20种皖版优秀出版物之一；并被中国国家图书馆、新加坡国立图书馆等机构收藏。

　　经过数年的教学实践，本课程及其教材取得诸多成就：主编荣获安徽师范大学优秀教学奖一等奖，安徽师范大学"三育人"先进工作者称号；本教材获得安徽师范大学优秀教材，教学团队制作的课件获得全国多媒体课件大赛优秀奖、全省多媒体课件大赛二等奖，并获安徽省高等学校省级教学研究三等奖一项。由于不断推进内涵建设，社会影响不断扩大，主编曾多次接受安徽电视台、芜湖电视台、《芜湖日报》、《大江晚报》等媒体专访，畅谈中国古代建筑、传统节日等民俗，制作多期专题节目，赢得了广泛好评。

　　本教材是协同合作的结果，集体智慧的结晶。初版由王彦章、张丽、李岩拟定编写体例、章节设置，并由王彦章负责组稿及统稿工作。参加撰稿人员包括（排名不分先后）：东北师范大学王占仁教授（博士），哈尔滨师范大学张丽副教授（博士），牡丹江师范学院张云霞副教授（博士），空军第一航空学院陈华林老师，丽水学院李岩副教授（博士），浙江工贸职业技术学院杨松涛副教授（博士），安徽师范大学谢超峰博士、王彦章副教授（博士）等。

　　本次修订删除了个别不合时宜的部分，订正了一些表述不够准确之处，补充了学术界最新研究成果以体现学术的前沿性。此次修订邀请安徽师范大学王德民副教授（博士）参加，由王彦章负总责，王彦章、张云霞、王德民分别负责几章，安徽师范大学历史与社会学院几位研究生参加部分章节的修订工作，具体分工情况如下：绪论（王彦章），第一章（王艳、王彦章），第二章（李团结、王彦章），第三章（张云霞），第四章（徐笑运、王彦章），第五章（程亚运、张云霞），第六章（徐彩霞、张云霞），第七章（王德民），第八章（王彦章、王德民），第九章（孙小蕾、王德民）。

感谢安徽师范大学教材编写基金的大力资助、合肥工业大学出版社陆向军编辑的热心支持以及为本书出版付出智慧与劳动的相关人士！在编写过程中，借鉴了不少学者的研究成果，谨向这些学界同仁致以崇高的敬意和衷心的感谢！有些参考资料可能未完全列出，特此表示深深的歉意！由于编者水平有限，书中难免存在疏漏和不尽人意之处，热忱欢迎各位专家和广大读者批评指正。

王彦章

2016 年 8 月于安徽师范大学

民俗传统与现代生活

**图书在版编目(CIP)数据**

民俗传统与现代生活/王彦章主编 . —2 版 . —合肥:合肥工业大学出版社,
2014.8(2016.8 重印)

ISBN 978 - 7 - 5650 - 1919 - 7

Ⅰ. ①民…  Ⅱ. ①王…  Ⅲ. 风俗习惯—中国—高等学校—教材  Ⅳ. K892

中国版本图书馆 CIP 数据核字(2014)第 187031 号

# 民俗传统与现代生活

## (第 2 版)

| | | | |
|---|---|---|---|
| 主编 王彦章 | | 责任编辑 陆向军 | |
| 出  版 | 合肥工业大学出版社 | 版  次 | 2008 年 12 月第 1 版 |
| 地  址 | 合肥市屯溪路 193 号 | | 2014 年 8 月第 2 版 |
| 邮  编 | 230009 | 印  次 | 2016 年 8 月第 8 次印刷 |
| 电  话 | 综合编辑部:0551 - 62903028 | 开  本 | 710 毫米×1010 毫米  1/16 |
| | 市场营销部:0551 - 62903198 | 印  张 | 17  字  数  325 千字 |
| 网  址 | www.hfutpress.com.cn | 印  刷 | 安徽联众印刷有限公司 |
| E-mail | hfutpress@163.com | 发  行 | 全国新华书店 |

ISBN 978 - 7 - 5650 - 1919 - 7          定价: 48.00 元

如果有影响阅读的印装质量问题,请与出版社发行部联系调换。